부모 · 교사 · 자녀가 함께하는

그림책이랑 놀이랑

사단법인 색동회

창지사

머리말

그곳에는
맑은 샘물과 쏟아지는 햇빛 속에
솜털 같은 바람과 구름의 이야기가 있습니다.
때론 '우르릉 쾅쾅' 소낙비가 쏟아지지만
어느새
나비와 벌들의 날갯 짓에
어린 꽃들의 웃음이 피어나고
사랑의 속삭임이 있으며
무지갯빛 꿈이 펼쳐집니다.

그림책, 그 곳에는 행복이 넘칩니다.

요즘 '책 육아'라는 말이 있습니다. 아이에게 책을 읽어 주며 책을 좋아하는 아이로 키우고 싶은 부모의 마음이라고 볼 수 있습니다. 예나 지금이나 육아가 쉽지 않습니다. 옛날의 아버지는 법도로 자녀들을 다스려 의(義)를 이루게 하였고, 어머니는 자애로움으로 자녀들을 대하였다고 하는데 요즘의 부모는 어떤 모습이어야 할까요?

그 질문의 답에 '그림책 읽기'가 있습니다.

이 세상의 모든 부모들은 아이를 잘 키우고 싶어 합니다. 아이가 책을 재미있는 놀이의 하나로 인식할 수 있도록 꾸준히 읽어 주고, 아이와 교감하며 스스로 책을 평생 친구 삼게 하는 '최고의 육아'가 바로 그림책 읽기입니다. 그림책 읽어 주기는 아이에게 즐거움과 슬픔의 감정을 제공하고 상상력과 창의력, 풍요로운 정서, 심미감 발달, 주변 세계와 이웃, 상상의 세계에 대한 이해, 사회적 지식습득, 정서적 안정감, 자기 조절력 등을 길러 주는 교육적 가치가 있습니다. 부모와 자녀 사이에 막힌 세대의 벽을 뚫어 주는 일이며, 인성을 키우는 지름길이기도 합니다. 책을 읽어 주고 듣는 과정은 상호작용의 질을 높일 수 있는 정서적 교감의 귀한 기회를 제공해 주기 때문입니다. 또한, 학교 교육과정의 거의 모든 것이 읽기에 기초를 두고 있어서 가장 훌륭한 교육 도구라고도 할 수 있습니다.

그림책을 읽어 주는 일은 질 높은 가장 중요한 육아이며 두뇌 발달을 위해 이 시대에 부모, 교사가 할 수 있는 최적의 일이자 우리의 아이들을 위해 꼭 해야 할 일입니다.

페리 노들맨(P.Nodleman)은 그림책 읽는 즐거움의 원천을 생각하기, 자신의 생각 이야기하기, 다른 사람과 토의하기로 설명하고 있습니다. 많이 읽기보다는 하루에 한 권씩이라도 재미있게 잘 읽는 게 중요합니다. 많은 생각을 할 수 있는 책을 읽고, 그 책을 읽으며 떠오르는 생각과 느낌을 표현하고, 또 그것을 다른 사람들과 이야기를 나누고 놀이를 하다 보면 책에서 보고 느꼈던 생각과 감정들이 인지적, 정서적, 전인적 성장발달에 큰 도움이 됩니다.

다섯 명의 선생님들이 2, 30년 이상 교육 현장에서 동화 스토리텔링을 하며 그림책을 연구해 온 생각을 모아 『그림책이랑 놀이랑』 책을 내놓았습니다.

부모 · 교사 · 자녀가 함께하는 그림책 읽기를 위해 1장에서 3장까지는 간략한 이론을 설명하고 4장에서는 실제적인 그림책 읽기와 활동 방법을 실었습니다.

1장에서는 그림책의 개념과 역사, 그림책의 구조, 2장에서는 읽기 과정으로 그림책 읽기 이해 전략, 문학 반응 중심 그림책 읽기를 다루고 있습니다.

3장에서는 어떤 그림책이 좋은지, 좋은 그림책을 선정하는 기준과 선정 방법, 선정 실제를 다루고 있습니다. 4장에서는 그림책 60편을 테마별로 묶어 누구나 쉽게 그림책 읽기와 놀이를 할 수 있게 하였습니다. 생각이 자라는 그림책, 마음이 따뜻해지는 그림책, 더불어 살아가는 그림책, 몸과 마음이 튼튼해지는 그림책, 자연을 사랑하는 그림책으로 나눠 부모나 교사가 상황에 따라 적절한 그림책을 읽고 놀이할 수 있도록 구성하였습니다.

그림책은 어린이만을 위한 책이 아닙니다. 아이와 글과 그림, 그림과 그림 사이를 읽으며 이야기를 나누다 보면 그 속에 삶의 지혜가 보입니다. 디지털 시대에 책 읽는 힘은 건강한 생각의 힘이 되고, 그것은 바로 삶의 힘이 됩니다.

그림책은 어린이에게 마음의 꽃밭이고 생활이며 예술입니다. 그림책을 통해 더 넓은 세상을 만나고 미래를 꿈꾸며, 그 꿈을 이루기 위한 힘을 얻을 것입니다.

어려움을 이겨 내는 용기로, 모든 일에 감사하는 기쁨과 행복으로, 다른 이를 배려하는 희생과 사랑으로, 자신의 꿈을 이루는 희망으로, 이 세상을 살아가는 지혜로 송이송이 아름답게 피어날 것입니다.

부모와 교사와 함께 그림책을 통해 바른 언어와 감성을 키우며 소통과 공감을 통해 맑은 심성과 창의적 사고를 지닐 수 있는 소중한 시간이 되기를 바랍니다.

부모 · 교사 · 어린이를 위한 그림책 지도서 『그림책이랑 놀이랑』을 출판해 주신 창지사 관계자분들께 감사의 인사를 드립니다.

또한, 좋은 책을 집필할 수 있도록 늘 신경 써 주신 색동회 이사장님을 비롯한 많은 회원님들께도 감사드립니다.

2021년 10월
어린이가 행복한 나라를 꿈꾸며
저자 일동

추천사

지나간 100년은 동화 구연과 함께, 다가올 100년은 그림책과 함께

색동회는 1923년 소파 방정환 선생을 중심으로 창립된 한국 최초의 어린이 문화 운동 단체입니다.

어린이날 제정, 어린이란 용어의 대중화, 아동문학의 마중물, 동화 구연, 동요, 동극, 미술, 체육, 어린이 문화, 인권 운동의 시작과 역사를 만들어 가고 있습니다.

1976년 색동회는 엄마가 어린이들에게 동화를 들려주게 함으로써 자라나는 어린이들의 마음속에 사랑과 지혜를 싹트게 하고 동화 구연을 통해 어린이들에게 감동을 주어 정서를 순화하고 고운 꿈, 바른 마음, 건전한 생각을 하도록 이끌어 주자는 기본 취지로 '제1회 전국 어머니 동화 구연대회'를 열어 이 대회에서 입상한 어머니들의 모임 '색동어머니 동화 구연가회'가 창립되어 어린이들의 따뜻하고 행복한 보금자리가 되었습니다.

그 이후에도 색동회는 어른이 어린이에게 들려주는 이야기 대회, 잊혀져 가는 우리 이야기 대회, 교사, 어린이 동화 구연대회 등을 통해 수많은 동화 구연가를 배출하여 동화 구연에 대한 연구, 아카데미 교육을 펼치고 있습니다.

다가오는 미래는 바로 어린이들의 시대입니다. 미래의 어린이 문화 운동은 어린이 삶의 질을 더욱 높여 주는 동시에 풍요롭게 만들기 위한 어린이의 공동 활동에 초점을 맞추어야 할 것입니다.

현대의 어린이들은 들려주는 것만으로는 만족할 수 없으므로 내용, 형식, 방법 등에서 다변화, 다각화되는 방향으로 바꾸어 나가야 할 것입니다.

그동안 동화 구연을 통해 '어린이가 행복한 나라'를 만들어 가는데 50여 년을 줄기차게 뛰어온 동화 구연가들이 재미있게, 실감 나게 공감할 수 있도록 감성적으로 이야기를 들려주는 활동을 해 오다 그 동화 속에 함께 있는 그림들에 관심을 두게 되어 연구하게 되었습니다. 글 작가와 그림 작가가 주는 이야기를 어떻게 잘 전달하여 어린이들의 마음을 열게 하고 감동으로 남겨 줄 것인지에 눈을 뜨게 되었고, 토론하게 되었습니다. 뛰어난 그림책일수록 그림 자체의 이야기가 많았습니다. 이런 그림책의 글자나 그림으로 표현된 이야기를 들려주고 보여 주어야 하는 동화구연가의 역할에 무게와 책임감을 느끼게 되었습니다.

그림책은 주로 아이들을 위해 만들어졌지만 어른과 아이 모두에게 의미와 감동을 주어 예술성과 철학적 가치가 뛰어나 모든 세대들로부터 사랑을 받고 있습니다. 아울러 그림책은 지식과 정보, 언어와 사고력, 창의력과 문제 해결력 등 다양한 교육 과제들을 아우르는 힘을 가지고 있어 최고의 교육 콘텐츠로 자리하고 있습니다.

18세기부터 등장한 그림책이 칼데콧상(1937), 그린어웨이상(1955)등 사회적 분위기에 힘입어 미술과 문학이 함께하는 작품으로 성장하였습니다. 이에 저마다의 소질과 능력으로 문학 중심의 스토리 전달을 주로 하던 동화 구연가들이 그림책에 대한 연구와 관심, 사랑을 갖게 된 것은 당연한 사회적 요구가 되었습니다.

거기에 자신만의 것으로 끝나지 않고 지역, 학부모, 교사, 어린이들과 함께 공유하고 발전하고자 하는 의욕과 사명감이 물결을 일으키고 있습니다. 이 책은 단순히 그림책의 재미나 내용 전달, 민감한 시각과 지식이나 정보를 알려주는 것으로 그치지 않고 그림책을 깊이 보고, 자세히 보고, 보이는 것은 잘 보고, 보이지 않는 것은 마음으로 느낄 수 있는 길을 안내해 줍니다.

어린이의 첫 책이자 노인의 마지막 책으로서 진정성과 품격을 갖춰야 한다는 그림책, 이 어려운 과정을 지나 즐기기, 가르치기의 길 안내까지 새 길을 만들어낸 색동회 집필진 여러분들의 고뇌와 노력에 찬사와 감사를 드립니다. 또한, 지난 100년 동안 '어린이가 행복한 나라'를 만들기 위한 외로운 행진을 해 왔듯이, '어른들도 행복한 나라'를 만들기 위해 새로운 100년을 출발하는 색동회 모든 가족들께도 축하와 감사를 드립니다.

2021년 8월
방정환 교육지원센터 색동회 사무실에서
색동회 이사장 김 순 녀

차례

chapter 03 그림책 선정

chapter 04 그림책 읽기 실제

Chapter
01

그림책의 이해

1. 그림책의 개념
2. 그림책의 역사
3. 그림책의 구조

1. 그림책의 개념

그림책은 글과 그림이 조화를 이루고 더하여진 이야기책이다. 글(문학)로만 이야기를 하는 이야기책과 구별되는 것으로써 그림(미술)이라는 시각예술을 결합한 것이다. 그러나 글과 그림이 단순히 합성된 것이 아니라 각각의 독립된 역할을 하면서도 두 요소가 결합하여 독특하고도 창조적인 예술을 생성해낸다. 즉, 글과 그림의 혼합물이 아닌 그 이상의 상태 또는 그것과는 다른 상태가 된 화합물인 새로운 유기체가 되는 것이다. 따라서 글과 그림이 함께 이야기를 전달한다는 점이 특히 강조되고 있다. 이처럼 그림책은 이야기의 대부분을 혹은 전부를 그림으로 이야기하며 글은 그림이 보여주지 못하는 것을 말함으로써 글과 그림 둘 다 읽히는 것이다.

그림책은 어린이를 대상으로 하는 문학작품에서 시작되었다. 글을 아는 어린이는 스스로 글을 읽기도 하지만 글을 읽지 못하는 어린이는 그림을 읽는다. 그림책은 유아에게 매우 친근하며 흥미로운 매체이다. 책 속의 그림이 갖는 역할에 따라 그림 이야기책과 그림책으로 구분할 수 있다. 그림 이야기책의 그림은 글을 보조할 뿐 독자적인 이야기를 들려주지 않으며 이야기를 들려주는 역할은 글이 한다. 그림은 글이 말하는 것을 다시 한 번 그림으로 보여 주거나 글의 보조역할을 하지만 그림이 없어도 충분히 글이 전하는 이야기를 이해할 수 있다. 그러나 진정한 의미의 그림책은 그림으로 이야기를 하는 것으로 글과 대등한 지위 혹은 글보다 더 많은 이야기를 한다. 심지어 글이 없이 그림만으로 이야기하기도 한다.

유리 슐레비츠(Shulevitz, U., 1985)는 글과 그림의 관계에 대해 "그림책에서 글은 그림을 반복하지 않으며 그림도 글을 반복하지 않는다."라고 하였다. 현대의 그림책은 그림이 글의 이해를 보조하거나 글의 내용을 반복하여 설명하던 예전의 이야기책과는 달리 글 텍스트, 그림 텍스트가 각각의 독립된 혹은 상호 보완하며 보여 주는 문학의 예술성과 미술의 예술성을 읽어야 하며, 나아가 그들이 더해져서 새롭게 만들어 내는 의미까지 읽어야만 온전한 그림책 읽기가 완성된다고 할 수 있다.

즉, 그림책을 읽을 때 단순히 글만 읽는 것이 아니라 그림이 전하는 이야기를 읽어야 하며 글에 그림이 더해진 의미를 찾고 즐거움을 느끼는 것이 중요하다. 오늘날 그림책이 만들어내는 무궁무진한 의미와 예술성은 어린이만을 독자로 하지 않는다. 그림책 독자는 그 대상의 경계가 허물어져 전 연령대를 독자로 하기에 이르렀다.

2. 그림책의 역사

어린이 그림책의 역사는 불과 300년 정도밖에 되지 않는다. 유럽에서 르네상스 시대를 거치고 17세기가 되어서야 종이의 대량생산과 인쇄술의 발달, 아동이 성인과 구분되는 독자적인 존재라는 인식이 형성되면서 아동을 위한 그림책이 등장하고 발전하여 자리 잡게 되었다. 활자가 발명되기 전에는 한 권의 책을 만들기 위해 몇 개월이 걸리는 고된 과정을 거쳐야만 했다. 따라서 책은 소수 계층만 누릴 수 있는 사치품이었으나 인쇄술의 발달로 책이 대량생산되면서 대중화되기 시작했다.

1) 외국의 그림책 역사

(1) 19세기 이전 그림책

세계 최초 아동을 위한 그림책은 코메니우스(Comenius)의 『세계도회(Orbis Sensualium Pictus)』(1658)로 알려져 있다. 그는 교사이며 목사, 교육 철학자였는데 글을 몰라도 이해할 수 있도록 재미있게 지식을 습득하게 하고자 만든 책이었다. 목판화로 그려진 이 책은 세상에 존재하는 주요 사물의 이름과 쓰임을 그림과 함께 제시하고 있어 당대에 획기적인 교수매체와 교육자로 널리 이름을 알리게 되었다. 그러나 세계도회는 백과사전에 가까운 것으로, 아동발달에 대한 이해를 바탕으로 아동을 위한 정서와 문학적 감성을 다룬 책을 쓴 최초의 작가는 프랑스의 샤를 페로(Charles Perrault, 1628-1703)였다. 페로는 구전되어 오던 옛날이야기를 재화하는 형식으로 『옛날이야기 또는 짧은 이야기』(1697)를 출판하였는데 이 콩트집에 실린 『잠자는 숲 속의 미녀』, 『장화 신은 고양이』, 『빨간 모자』, 『신데렐라』 등은 현재까지도 사랑받는 작품들이다.

이전에는 아동을 위한 문학은 존재하지 않았다. 아동을 위한 문학뿐만 아니라 아동이 성인과 구별되는 존재이며 인격을 존중해야 하는 대상으로 인식조차 하지 않았던 것이다. 단지 아동은 '축소된 어른(Miniature Men and Women)'에 지나지 않아 어머니나 유모가 온종일 돌봐 주지 않아도 살아갈 수 있게 되면 사회의 동등한 구성원으로서 성인처럼 행동해야 했다. 이 시기 아동문학은 아동의 교육적 계몽이 그 목적이었다. 따라서 어린이의 즐거움과 요구보다는 도덕심, 올바른 생활습관, 신앙심 등을 고취시키는 교훈적 내용들이었다. 새로이 인식하게 된 어린이의 속성은 17세기에서 19세기를 거치면서 변화와 발전을 거듭하게 된다.

어린이에 대한 새로운 관념이 널리 퍼지면서 어린 자녀들은 가정에 기쁨을 주는 존재로 자라는 것이 당연시되었다. 이러한 관념의 변화로 어린이의 독립된 인격을 인정하고 교육제도가 만들어지게 되었으며 어린이 심리에 대한 전문적인 연구가 생기게 되었다. 나아가 어린이의 이성을 개선시키기 위한 교육적 내용을 담은 책의 필요성이 제기되었고 그로 인해 '어린이 책'이 탄생하게 되었다.

어린이에 대한 관념의 변화는 1697년 페로에 의해 출간된『빨간모자(*Little Red Riding Hood*)』와 1823년에 그림형제(Brothers Grimm)에 의해 다시 쓰인 『작은 빨간모자』를 비교함으로써 확인할 수 있다. 페로의 작품은 성인이 아이에게 이야기하는 듯한 어조를 사용하고 있으며 어린이에게 도덕적 메시지를 직설적으로 전달하는 경향이 짙은 반면 그림형제의 작품은 어린이의 관점에서 이야기를 서술하고 있다. 페로의 경우 늑대가 빨간 모자를 삼키고 끝이 난다는 비극적 결말을 맺고 있는 반면, 그림형제의 이야기에서는 위기에서 벗어난 빨간 모자가 엄마의 말을 잘 들어야겠다는 교훈을 얻고 늑대의 유혹을 뿌리쳐 할머니에게 달려온다. 그리고는 할머니와 함께 대비책을 마련하여 늑대를 잡음으로 빨간 모자가 구출된다는 결말을 맺고 있다. 17세기 페로의 이야기에서 어린이의 욕구가 표현되었다면 19세기 그림형제의 이야기에서는 어른들의 지도와 훈육의 필요성이 첨가되어 오늘날까지 아동문학을 교육적 도구로 이용하는 계기가 되었다.

18세기 영국은 인구의 급증과 산업구조의 변화로 빈민층이 양산되고 어린 아동들이 공장에서 일하게 되었다. 비인간적인 아동노동이 문제가 되면서 빈민아동들에게도 교육을 제공하려는 노력이 시작되었다. 이러한 사회적 분위기로 글을 읽을 수 있는 계층이 점차 확대되었다. 오늘날 그림책의 전형이 된 챕북(Chap Book)은 이 시기에 유행하던 인쇄물로 종이를 접은 일종의 팸플릿 형식의 인쇄물이다. 『로빈슨 크루소』, 『걸리버 여행기』, 『아라비안 나이트』를 인쇄하여 저렴한 가격으로 대중에게 큰 인기를 얻었다. 이야기가 짧고 그림이 많아서 글을 읽지 못해도 내용을 이해할 수 있으며 교통수단의 발달로 기차, 배 등의 대중교통을 이용하는 승객들이 따분한 시간을 보내기 위해 챕북을 읽을거리로 선호하게 되었다. 또한, 잠자리에 들기 전 온 가족이 한자리에 모여 시간을 보내던 일종의 사회적 습관의 영향을 원인으로 들 수 있다. 영국에서 18세기 중엽은 챕북 출판의 최대 성황기였다. 근대적 의미의 출판업자 존 뉴베리(John Newbery, 1713-1767)는 당대 최고의 교육철학자 존 로크(John Locke, 1632-1704)를 추종하며 그가 추천하는 책과, 교과서, 격언집 등 아동물을 출판하기도 했다. 1745년 뉴베리는 영국의 세인트폴 처치야드(St. Paul's Churchyard)에 어린이를 위한 서점을 열고 20여 년간 운영했으며 그의 후손들이 사업을 이어 받아 이야기, 쓰기, 지리, 역사, 우화 등 다양한 분야의 어린이책을 만들어 냈다. 어린이를 위해 좋은 종이와 재미있는 그림 등으로 어린이에 대한 새로운 태도와 출판의 발달을 이끌었다. 그러나 뉴베리는 더 좋은 책을 만들기보다는 더 잘 팔리는 책을 만드는 방법을 고민하는 상업성을 목표로 하였으나 아동을 위한 최초의 서점이라는 의의를 갖는다. 미국 도서관 협회에서는 1922년 뉴베리상을 제정하여 문학성이 뛰어난 작품을 선정, 시상하고 있다.

1719년 출판된 영국의 정치가이자 저널리스트 대니얼 디포(Daniel Defoe, 1660-1731)의 『로빈슨 크루소(*Robinson Crusoe*)』, 1726년 아일랜드의 성직자이자 작가인

조너선 스위프트(Jonathan Swift)의 풍자물 『걸리버 여행기(*Gulliver's Travels*)』는 환상적 동화의 세계를 경험하게 한다. 프랑스의 보몽(Beaumont)부인은 옛날이야기를 토대로 『미녀와 야수』 이외에 아동을 위한 작품을 일 년에 한 권 이상을 출간할 정도로 활발한 작품 활동을 했다. 보몽부인은 17세기 말의 요정이야기를 당대의 사상적 흐름에 맞는 합리적 모습으로 재구성하였다.

(2) 19세기의 그림책

아동문학의 황금기를 맞이한 19세기는 산업혁명의 폐단이 극에 달한 시기로 물질의 풍요와 정신적 궁핍이 빚어낸 낭만주의 문학의 영향으로 아동문학이 최고의 발전을 이루게 된다. 새로운 기술, 문화 등은 물질적 풍요와 함께 인간 존재의 소외라는 역기능을 낳게 되었다. 낭만주의자들은 인간 보편의 감수성을 바탕으로 새로운 삶의 가능성에 대해 탐색을 시도했다. 또한, 프랑스혁명과 산업혁명을 비롯한 부르주아의 등장 및 가족 개념의 대두는 '아동'과 '아동기'의 중요성을 인식하는 계기가 되었다. 낭만주의가 강조하는 '상상력'은 아동문학 발전에 크게 기여하게 된다.

사회적으로는 아동기에 대해 새로운 인식을 하게 되었다. 영국에서는 1833년 공장법(Factory Act)을 제정하여 13세 이하 아동이 하루 8시간 이상 노동하는 것을 제한하였다. 여전히 노동계층 아동의 삶은 비참하였으나 아동에 대한 사회적 인식과 삶의 변화는 아동 독자의 확립에 기여하게 되고 아동문학은 다양한 발전을 하게 된다.

덴마크의 안데르센(Andersen)은 1835년 『어린이를 위한 동화집』을 출판하기 시작하여 특유의 상상력으로 150여 편의 동화를 창작하거나 민담이나 전설을 재화하여 아동문학사에 이름을 남겼다. 『눈의 여왕』, 『백조 왕자』, 『벌거숭이 임금님』, 『인어공주』, 『미운 오리새끼』 등의 작품이 있다.

영국은 19세기 아동문학을 주도하며 부흥기를 맞이하게 되었다. 찰스 킹즐리(Charles Kingsley)는 어린이를 위한 그리스 신화 이야기인 『영웅 이야기(*The Heroes*』(1856)와 『물의 아이들(*The Water-Babies*』(1863)이 출판되었다. 『물의 아이들』은 최초의 환상동화로 아동 노동에 시달리는 주인공 굴뚝 청소부 톰(Tom)이 환상 속에서 신기한 모험을 통해 성장하는 이야기다. 영국에서 많은 인기를 끌었으며 오랫동안 영국 아동문학의 중심을 차지했다. 톰을 통해 아동 노동을 비롯한 사회문제를 지적하기도 했으나 인종차별에 대한 내용이 부적합하다고 평가되기도 했다.

1865년 옥스퍼드대학의 수학자 루이스 캐럴(Lewis Carroll)의 『이상한 나라의 앨리스(*Alice's Adventure in Wonderland*)』가 출판되었다. 평생 독신이었던 그는 새로 부임한 학장의 딸들과 친분을 맺어 재미있는 이야기를 들려주곤 했다. 이것이 계기가 되어 그녀들에게 들려줄 환상적인 이야기를 만들기 시작했고 『이상한 나라의 앨리스』가 탄생하게 된다. 이 작품은 환상의 즐거움과 더불어 텍스트에 담긴 수많은 텍스트 외적 의미들을 읽어낼 수 있는 사유의 공간을 제공한다.

19세기 후반, 영국 그림책의 세 거장 월터 크레인(Walter Crane, 1845-1915), 케이트 그린어웨이(Kate Greenaway, 1846-1901), 란돌프 칼데콧(Randolph Caldecott, 1846-1886)의 등장으로 그림책은 더욱 빛을 보게 되었다. 월터 크레인은 장식미술 분야에서 활약하면서 자신의 디자인 이론을 실천하는 무대로 어린이 그림책을 선택하여 깊은 관심과 정성을 쏟았다. 크레인의 그림은 단순한 이야기의 시각화가 아니라 실내 장식물, 가구, 커튼 등의 배경을 구체적으로 묘사함으로써 주변 사물과 주인공의 의상, 표정, 동작 등의 묘사와 효과적 배치를 고려하여 다양한 관심과 흥미를 느끼게 했다.

케이트 그린어웨이는 어려서부터 그림에 소질이 있었으며 문학적 재능이 있었다. 어린 시절 체험했던 시골 생활을 모티브로 삼아 자연과 전원생활을 배경으로 주름 잡힌 긴 원피스, 예쁜 모자를 쓴 소녀들이 꽃을 꺾거나 단정하게 차려입은 소년 등 여성작가다운 세련되고 섬세한 표현으로 큰 인기를 얻었다. 대표작으로는 『메리골드 정원』과 『창문 아래서』가 있다. 영국에서는 그녀를 기념하기 위해 1955년 케이트 그린어웨이상을 제정해 매년 아동문학에 많은 공로와 기여를 한 아동문학가에게 상을 수여하고 있다.

칼데콧은 일러스트레이터인 동시에 작사가, 안무가, 무대감독으로 표지에서부터 마지막 장의 광고까지 직접 디자인하는 열정을 보였다. 그는 글과 그림의 연관성을 연구하고 실험한 '현대 그림책의 아버지'라 불린다. 이야기를 전달함에 있어 그림과 글이 서로 조화를 이루어 글이 이야기하지 않는 부분은 그림이, 그림이 이야기하지 않는 부분은 글이 전달하는 방식을 잘 보여 주었다. 오늘날에는 쉽게 볼 수 있는 구성이지만 이야기 위주의 그림책이 주류를 이루던 당시로서는 획기적인 방식이었던 것이다. 이로써 칼데콧은 그림책의 새로운 가능성을 연 것으로 평가된다. 또한, 그는 자신만의 독특한 유머 감각을 사용하여 이야기를 완성시켰다. 미국 도서관 협회에서는 1939년 칼데콧상을 제정하여 그림이 우수한 작품에 시상하고 있다.

1880년대까지 생산되던 영국의 챕북은 미국까지 전해졌으며 점차 그림의 비중이 커지고 정밀해지면서 어린이책으로 자리 잡게 되었고 그림책의 전신이 되었다. 이 시기 미국에서는 독립국가로서 그 기틀을 세우던 때로 오락보다는 도덕적인 가르침을 주는 책과 애국심을 고취하는 내용이 많았다. 1865년 남북전쟁(1861-1865) 이후 그림책의 본격적인 발전이 이루어지는 시기로 지금까지도 읽히고 있는 작품들이 출판되었다. 마크 트웨인(Mark Twain)의 『톰 소여의 모험(*The Adventures of Tom Sawyer*)』(1876), 『허클베리 핀의 모험(*The Adventures of Huckleberry Finn*)』(1884)이 출판됐다. 마크 트웨인은 이전 미국 작가들이 영국이나 유럽의 영향을 받은 것과 달리 자신의 나라에 대한 깊은 애정과 자부심을 작품을 통해 보여 주며 미국 서부 및 남부사회의 현실을 주제로 미국적 정서를 잘 나타내 본격적인 미국문학의 정립에 기여한다. 그 외에도 프랜시스 버넷(Frances Burnett)의 『소공자(*Little Lord fauntleroy*)』(1886), 프랭크 바움(Frank Baum)이 글을 쓰고 덴슬로우(Denslow)가 그림을 그린 『오즈의 마법사(*The Wizard of Oz*)』등을 들 수 있는데, 이 작품들은 어린이들로 하여금 꿈과 모험심을 갖게 해 주었다.

(3) 2000년대의 그림책

20세기 초에는 석판인쇄를 대신해 컬러 인쇄가 도입되었다. 이 인쇄방법은 섬세한 수채화의 느낌을 잘 표현해 주었는데 베아트릭스 포터(Beatrix Potter, 1866-1943)의 『피터 래빗』은 큰 호응을 얻으며 대량생산하게 된다. 그녀의 작품은 농장을 배경으로 사랑스럽고 정감 있는 동물들을 주인공으로 하고 있다. 그러나 세계대전의 여파로 성장을 멈추게 된다. 그 후 1960년대가 되어서야 영국 정부에서는 노동자 계층의 아동을 고려하여 교육에 대한 투자를 우선시했다. 이로 인해 아동도서관 예산이 증가되고 아동도서관의 수가 급증하게 된다. 발전된 인쇄기술의 완성과 역량 있는 작가들의 탐구정신으로 다양한 내용의 그림책들이 끊임없이 출간되었다. 이후 그림책은 어린이책이라는 개념이 자리 잡게 된다.

오늘날 영국의 3대 작가로 손꼽히는 작가의 활약이 두드러진다. 브라이언 와일드스미스(Brian Wildsmith, 1930-), 존 버닝햄(John Burningham, 1936-2019), 찰스 키핑(Charles Keeping, 1924-1988)이 그들이다. 색채의 마술사로 불리는 브라이언 와일드스미스는 『브라이언 와일드스미스의 ABC』로 영국 최고의 그림책상인 케이트 그린어웨이상을 수상했다. 그는 표현제로 수채물감과 아크릴물감을 주로 사용하는데 광산촌에서 태어난 그가 온통 주위가 검은 무채색의 탄광촌에서 느꼈던 색에 대한 갈증이 자신을 열렬한 색 예찬론자로 키워낸 것이라고 한다.

존 버닝햄은 첫 번째 그림책인 『깃털 없는 기러기 보르카』로 케이트 그린어웨이상을 수상했다. 아크릴로 두텁게 칠해진 단순한 장면들이 소박하고 정겨운 느낌을 주는 것이 특징이다. 10년 후인 1973년에 『검피 아저씨의 뱃놀이』로 두 번째 케이트그린어웨이 상을 받게 된다.

찰스 키핑 또한 색채를 강조하는 일러스트레이션으로 크게 주목받았다. 삽화가 경력 10년차에 이르던 1966년에 첫 번째 그림책 『검은 돌리』를 발간하고 다음 해 1967년 『찰리, 샬럿, 금빛 카나리아』로 케이트 그린어웨이상을 수상한다. 두 주인공 어린이 중 한 아이의 가족이 새롭게 건설된 탑 근처로 이사를 가게 되면서 둘은 헤어지게 되지만 애완용 앵무새로 인해 다시 만나게 된다는 이야기다. 『조지프의 마당』으로 두 번째 케이트 그린어웨이 상을 수상한다. 조그만 나무가 커다란 나무로 자랄 때까지 조지프라는 소년이 겪는 심리 변화를 표현한 그림책이다. 그의 그림책은 어둡고 불분명한 선, 다양한 테크닉을 사용하여 어린 독자들이 접근하기 어렵다는 평가를 받기도 한다.

영국의 극작가 제임스 매튜 배리(James Matthew. Barrie, 1860-1937)의 『피터 팬』은 1904년 런던에서 초연된 이후 오늘날까지 여전히 연극, 영화, 뮤지컬 등으로 끊임없이 재현되고 있다. 프랑스를 대표하는 장 드 부르노프의 『코끼리 왕 바바』는 출간 당시 유럽과 미국 등 18개 국가에 번역되어 화제를 불러일으켰다. 고급종이, 커다란 크기, 상세한 묘사, 구어체를 사용하는 등 어린이의 기호를 고려하면서도 부모를 여의고 2차 대전의 어두운 시대를 꿋꿋하게 살아가는 어린 코끼리의 모험을 통해 가족애, 지혜, 책임감 등의 교육적 내용을 효과적으로 전달하였다.

미국의 아동문학은 빠른 속도로 성장하여 20세기에는 세계 아동문학사의 중심에 위치하게 된다. 아동도서관을 설치하고 1922년 뉴베리, 1937년 칼데콧을 기리기 위한 상을 제정하는 등 아동문학의 창작과 보급에 적극적으로 힘썼다. 미국 그림책의 발전은 칼데콧상을 받은 작가의 계보를 따라 살펴볼 수 있다.

레오 리오니(Leo Lionni, 1910~1999)는 경제학 박사로 네덜란드에서 출생하였으나 1939년 미국으로 이주하고 나서 디자이너, 조각가로 인정을 받았으며 1959년이 되어서야 손자들을 위해 즉흥적으로 잡지를 찢어 만든 『파랑이와 노랑이(*Little Blue and Little Yello)*』로 『뉴욕타임즈』 최고 그림책상을 받는다. 이후 칼데콧상을 네 번이나 수상하였다.

에즈라 잭 키츠(Ezra Jack Keats, 1916-1983)는 폴란드에서 부모님과 함께 뉴욕으로 이민 온 후 빈민가에서 생활하였다. 어려운 집안 형편 때문에 독학으로 미술공부를 하고 잡지사 일러스트레이터로 일했다. 1962년 처음으로 흑인 아이를 주인공으로 등장시킨 콜라쥬 기법의 『눈 오는 날 (*The Snowy Day)*』로 칼데콧상을 수상했다. 주인공 피터가 자라는 모습을 계속 그림책에 담아 1970년 『피터의 안경(*Goggles!)*』으로 다시 칼데콧상을 받았다.

에드 영(Ed Young, 1931~)은 중국에서 태어나 20살에 미국으로 이주하여 미술을 공부했다. 옛날 중국에 엄마와 세 딸이 살았는데 엄마가 할머니 댁에 가자 늑대가 할머니로 변장하고 집으로 온다. 이를 알아차린 첫째가 늑대를 물리친다는 『해와 달이 된 오누이』와 비슷한 내용의 『늑대할머니』로 칼데콧상을 수상하며 『일곱 마리 눈 먼 생쥐』, 『황제와 연』으로 3번이나 칼데콧상을 수상한 몇 안 되는 동양인이다.

20세기에는 인종 문제 이외에도 판타지 주제로 영역의 확장이 이루어졌다. 경제적, 사회적 요인들이 그림책의 양과 질적인 발전에 끊임없이 작용하며 근래에는 그림책의 다양한 장르와 형태의 그림책들이 출판되고 있다. 우리나라에도 많은 칼데콧상 수상 그림책들이 번역 출판되어 사랑을 받고 있다. 칼데콧상이 미국에서 발행된 그림책에 한해 수상의 제한이 있는 반면 IBBY에서 주최하는 한스 안데르센상은 전 세계의 작품으로 개방되어 있다. 2000년 수상을 한 앤서니 브라운의 그림책은 많은 사랑을 받는 그림책 중 하나이다.

2) 우리나라의 그림책 역사

(1) 우리나라 최초의 그림책

우리나라 최초의 그림책을 『삼강행실도』로 보는 시각이 있다. 『삼강행실도』는 조선시대에 백성의 교화를 효과적으로 하기 위해 유교의 삼강 윤리를 그림책으로 제작한 것이다. 행실도류 문헌 중 가장 먼저 간행된 것으로 1434년(세종 16)에 간행된 것이다. 중국의 역대 문헌에서 효자, 충신, 열녀 각 110명씩을 뽑아 시(時)와 찬(讚)을 덧붙여 간행 되었다. 방대한 양의 내용이 한문으로 되어 효과적이지 못했다. 이후 1489년 성종 대에 효자, 충신, 열녀 각 35명씩으로 줄이고 우리말로 번역한 언해본 『삼강행실도』가 간행되었다. 이는 세계 최초의 그림책이라 평가되는 『세계도회』보다 200여 년이나 앞섰다는 데 의미가 있다.

『석씨원류』는 석가모니의 일대기와 불법을 다룬 책으로 그 내용을 이해하기 쉽게 그림을 배치하여 목판으로 간행한 책이다. 본래 중국 명나라에서 간행된 것으로 명나라 사신으로 갔던 정두원(鄭斗源)이 가지고 왔던 것을 후에 승려 지습(知什)이 경기도 양주의 불암사에서 목판에 판각하였다고 한다. 현존하는 판본은 선운사와 불암사에서 간행된 것으로 내용은 같으나 편찬체제는 다르다. 불암사본(1673년)은 앞쪽에 그림을 싣고 뒤쪽에 본문을 배치한 형식이며 선운사에 보관되고 있는 『석씨원류』의 목판(1648년)은 상단에 그림이 있고 하단에 본문을 배치한 형식이다. 그러나 『석씨원류』가 글의 이해를 돕기 위해 그림을 넣어 지루하지 않게 하였다고 해도 어린이만을 위한 그림책이라고 하기는 어렵다.

(2) 1980년대 이전의 그림책

한국 그림책은 짧은 기간에 놀라운 발전을 이루었다. 때문에 아직 우리나라 그림책의 역사에 대해 구체적으로 논의된 바는 없다. 한국에서 언제부터 근대적 의미의 그림책이 형성되었는지, 어떤 작품을 그 예로 볼 것인지에 대해 아직까지 정해진 바가 없으나 그림책 연구가들에 의해 지속적인 시도가 이루어지고 있다.

1913년 육당 최남선이 설립한 신문관에서 발행한 『아이들보이』와 아동신문 『붉은져고리』는 글과 그림이 혼재된 양상을 보였다. 이때까지도 그림책은 없었으나 그림의 기능이 중요하다는 것을 인지했음을 엿볼 수 있다.

1923년 색동회를 조직한 방정환(1899-1931)이 발간한 '어린이' 잡지와 문화운동을 바탕으로 근대적 의미의 '어린이'에 대한 개념이 정착되기 시작했다. '어린이'는 17세기부터 써 온 말로 '어리다.'의 의미가 '어리석다(愚).'에서 '나이가 적다(幼).'로 변화하면서 어린이가 되었다. 그러다가 방정환이 1920년대에 유년과 소년을 대접하고 남녀 유소년을 다 함께 부르기 위하여 '어린이'란 말을 새롭게 쓰기 시작했는데, 이때부터 원래의 '어린이'에 없었던 높임의 뜻이 있음을 강조하여 현재에 이르게 되었다. 인쇄 출판업계의 성장과 함께 1922년 『개벽사』에서 출간된 방정환의 번안동화집 『사랑의 선물』은 1만 부 이상 판매되며 최고의 베스트셀러가 되었다. 그러나 일제 강점기에 극심한 조선어 말살 정책에 따라 우리말로 된 어린이를 위한 책은 출간하기 어렵게 되었다. 해방 이후에도 한국전쟁으로 인해 나아질 것이 없는 실정이었으나 한국전쟁 이후 경제성장과 교육열의 확산으로 번역전집물이 중심을 이루고 영유아가 그림책의 독자라는 인식을 형성하게 된다.

1962년에 발행된 『창경원』은 최초의 근대적 그림책이라고 할 수 있다. 이 그림책은 김인평이 그림을 그린 정보 그림책으로 창경원에서 직접 스케치한 실감나는 일러스트레이션이 특징이다. 김인평은 『용궁이야기 토끼와 거북』(1968년), 『나무꾼과 선녀 · 나그네와 호랑이』(1969년), 『재미있는 혹 붙인 이야기』(1969년)를 그렸다.

이 시기만 해도 아직 저작권법이 발효되기 이전으로 저작권도 없이 출판한 외국번역 그림책이 전집 형태로 주를 이뤘다. 이는 이미 외국시장에서 시장성이 확인된 책을 출판함으로써 위험률을 줄일 수 있는 장점이 있었다. 하지만 그림책에 대한 올바른 개념을 갖지 못하고 단순히 그림을 복사하거나 그림의 내용을 반복하여 보여주는 삽화 정도의 수준에 머물러 있었다.

(3) 1980년대 이후의 그림책

1980년대가 되어서야 비로소 현대적 의미의 그림책 형태를 갖추기 시작하며 본격적 태동을 하게 된다. 유치원과 어린이집 등 보육기관의 증설에 따라 교재용 그림책이 많이 출판되었으며 해외 명작동화, 전래동화, 위인전 등이 대규모 기획물로 만들어지면서 양적으로도 급증하게 되었다. 어문각의 『재미있는 어문각 픽처북스』(1981)와 동화출판공사의 『그림나라 100』(1982) 웅진출판의 『어린이 마을』(1984), 보림의 『위대한 탄생』(1989) 등을 들 수 있다. 출판사에서 전집으로 발행하다보니 창의적인 그림을 기대하기 어려웠으나 차츰 일러스트레이션의 중요성이 인지되고 글과 그림 작가들이 전문성을 발휘하여 전문 분야로 자리 잡게 된다.

'올챙이'의 생태를 묘사하고 있으면서도 엄마를 찾아가는 과정에서 '정체성'을 찾는 아동의 이해를 기반으로 창작 그림책의 형식을 갖춘 『올챙이』(김영자 글. 서시철 그림, 1982)가 출판되기도 했으며 이원복의 『쥐들의 성대한 치즈파티』는 볼로냐 국제아동도서전에 출품되어 입선하기도 했다.

우리나라 최초의 어린이 그림책 단행본으로 일컬어지는 류재수의 『백두산 이야기』가 1988년 출판되었다. 당시 우리나라 그림책으로는 획기적인 시도에 가까웠다. 그러나 우리 민족성 고취의 교훈적인 내용으로 글이 페이지의 절반을 차지하는 이야기 위주의 그림책이었다. 2018년에는 출간 30주년을 기념하여 원화에 가까운 느낌으로 재현하고 가다듬은 『백두산 이야기』 한정판을 출간하기도 했다.

1990년대에 이르러서야 그림책에 대한 개념을 형성하며 창작 그림책의 출간이 본격적으로 이루어지게 되었다. 인쇄기술과 일러스트레이션의 기술이 급격하게 발달하면서 그림책 출판이 활기를 띠기 시작하고 그림책의 황금기를 이루게 된다. 많은 번역 그림책을 정식으로 계약하고 출판하기 시작하며 단행본의 형태로 모리스 센닥, 존 버닝햄, 유리 슐레비츠, 바바라 쿠니, 윌리엄 스타이그 등의 작품을 만나게 된다.

그림책은 정치, 교육, 사회적 상황 등의 총체적 산물이라고 할 수 있다. 사회 경제적 성장과 맞물려 1990년대에 이르러 교육기관뿐만 아니라 학부모의 그림책에 대한 인식과 요구가 높아지면서 본격적으로 발전하기에 이른다. 많은 그림책 전문 작가가 활동하게 되고 전집류에서 단행본 출판이 활기를 띠게 되었다. 아울러 한국 그림책상이 제정되고 그림책 관련 연구 모임 발족과 함께 연구가 활발히 이루어지며 어린이 도서관이 만들어지는 등 크게 발전하며 오늘날에는 세계 그림책들과 어깨를 나란히 할 만큼의 독자적 예술장르로 성장을 이루게 되었다. 2000년대 우리 그림책은 예전에 볼 수 없었던 개성적인 작품들이 나오기 시작하며 본격적인 그림책 역사의 시작을 알리게 된다.

이탈리아 볼로냐 라가치상은 1966년부터 전 세계 아동도서를 대상으로 하여 창작성, 교육적 가치, 예술적인 디자인을 기준으로 내용과 미술적 표현이 뛰어난 그림책에 주어지는 상이다. 우리나라에서는 2004년 신동준의 『지하철은 달려온다』와 윤미숙의 『팥죽할멈이 온다』가 라가치상을 처음으로 수상하게 된다. 계속해서 2009년에는 『한국 일러스트레이터 31의 원화전』을 열었으며 이를 발판으로 2015

년에는 볼로냐 국제아동도서전에서 라가치상을 전 부문에서 수상하는 기록을 남겼다. 이후 매년 라가치상을 받는 한국 그림책이 늘어나고 이제는 상을 받지 못한 해가 없을 정도가 되었다. 2020년에는 『구름빵』의 백희나 작가가 아동문학계 노벨상이라고 하는 '아스트리드 린드그렌상'을 수상하기도 했다. 국내외의 공식적인 수상 여부와 무관하게 주목할 만한 작가들이 우리의 그림책 세계를 이끌어 나가고 있다.

3. 그림책의 구조

그림책의 구조는 그림책을 이루고 있는 요소들을 통해 설명될 수 있다. 그림책을 구성하는 요소는 글 텍스트, 그림 텍스트, 그리고 그림책의 형태를 가능하게 하는 주변적 요소들인 파라텍스트(paratext)로 이루어져 있다. 글로 표현되는 이야기를 전달하는 문학적 요소와 그림으로 표현되는 시각적 요소, 그리고 책을 이루고 있는 물리적인 구조적 요소로 나누어 볼 수 있다. 그림책의 개념을 통해 알 수 있듯이 그림책은 그림과 글의 조화를 통해 의미를 생성한다. 따라서 그림책은 문학적 요소인 글 텍스트와 시각적 요소인 그림 텍스트, 구조적 요소인 파라텍스트로 구분하여 각각의 특성을 살펴보아야 한다. '파라(para)'는 '주변', '곁'이라는 뜻으로 저자, 서명, 판형이나 레이아웃 등을 포함한 그림책 디자인 등이 파라텍스트이다. 그림책을 이해하는 데 보조적 역할을 하기 때문에 간접적으로 읽히는 대상이 된다. 이러한 그림책의 특성들은 책에 대한 이해에 영향을 미치는 요소가 된다.

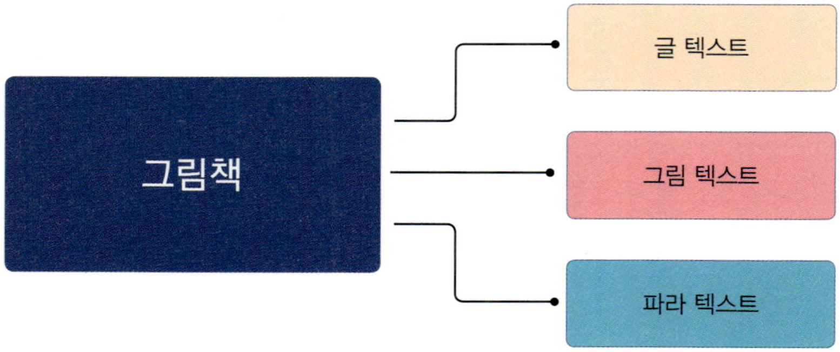

[그림책의 구조]

1) 글 텍스트

그림책은 문학으로서의 가치가 충분히 있기 때문에 문학적 특성에 관심을 갖고 연구할 필요가 있다. 연구자에 따라 문학적 요소에 해당하는 글 텍스트를 인물, 주제, 구성, 갈등, 배경, 문체로 보기도 하며 주제, 플롯, 인물, 문체, 배경으로 분류하기도 한다. 그러나 이러한 글 텍스트의 문학적 요소들은 각각 독립적으로 기능하는 것이 아니라 긴밀한 상호작용을 통해 독자에게 내용을 전달하게 된다.

(1) 주제

주제는 그림책에서 나타내고자 하는 중심사상을 말한다. 작가가 독자에게 전달하고자 하는 주된 사상으로 그림책의 주제는 매우 다양하다. 이야기를 구성하는 사건은 통일성과 일관성을 부여하며 이야기의 의미가 된다. 유아를 대상으로 하는 그림책의 주제는 어린이의 욕구와 발달에 따른 성장이야기를 비롯해서 가족관계, 사회문제, 자연과 관련한 환경, 생태, 죽음에 이르기까지 폭넓게 다루어지고 있다. 또한, 철학적이며 인성을 위한 주제의 인문학을 다루는 내적 세계에서부터 환상적이고 모험을 다루는 흥미진진한 주제까지 확대되고 있는 추세로 그림책에서 다루어지지 않는 주제가 없을 정도이다.

(2) 플롯

이야기 속의 사건을 일관성 있게 엮는 방식이나 기법이다. 원인과 결과에 따라 논리적으로 전개함으로써 긴장감과 흥미를 통해 이야기에 몰입할 수 있도록 해야 한다. 일반적인 기승전결의 흐름으로 문제의 발단이 있으며, 사건의 진행에 따라 갈등이 생기고 갈등을 해결하는 과정에서 장애물을 만나 긴장감을 고조시키며 결국 그 문제를 해결함으로써 대단원을 마무리하게 된다. 유아 대상 그림책의 플롯이자 보편적으로 사용되는 단선적 형식으로 일반적인 기승전결의 흐름을 갖는다.

플롯의 종류에는 단선적 형식 외에 누적적, 일화적, 연쇄적, 순환적 형식이 있다. 누적적 형식에는 인물이나 사건이 시간의 흐름에 따라 계속적으로 첨가되는 형식으로 『검피아저씨의 뱃놀이』처럼 등장인물이 온 동네 아이들부터 시작해서 토끼, 고양이, 강아지, 송아지, 염소, 양, 닭, 돼지가 검피아저씨의 배에 올라타게 된다. 또한, 『좁쌀 한 톨로 장가 든 총각』이야기는 좁쌀 한 톨을 주막 주인에게 맡겨 쥐를 받아오고 쥐를 고양이로, 고양이를 말로, 말을 황소로, 황소를 결국 정승 대감의 딸로 바꾸는 사건들이 누적되어 나타난다. 일화적 형식은 여러 사건의 등장인물이나 배경, 주제가 하나로 연결되어 전개된다. 연쇄적 형식은 원인이 되는 하나의 행위가 다음 행위가 결과로 나타나는 이야기 진행 방식이다. 『오늘은 정말 운이 좋은걸』에서 늑대 우루는 운 좋게 숲에서 낮잠 자는 아기 돼지들을 발견하고 신이 나서 친구에게 알려 주려고 달려온다. 하지만 친구가 카레를 대접하자 맛있게 먹느라 깜빡 잊고는 나오다가 생각이 나서 다른 친구에게 달려가기를 반복하면서 이야기가 이어진다. 순환적 형식은 이야기 속의 사건이 시작되어 진행되다가 다시 원점으로 돌아오는 형식이다. 『쥐의 결혼』은 들쥐 부부가 사랑하는 딸의 결혼 상대를 찾기 위해 길을 나섰으나 해, 바람, 구름, 벽을 만나고 들쥐가 가장 힘이 세다는 것을 깨닫고 쥐를 사윗감으로 고른다는 내용으로 순환적 형식을 띠고 있다.

(3) 인물

그림책 속의 등장인물은 이야기를 이끌어 나가는 핵심적인 역할을 하며 이야기 속 행위를 수행하는 사람 또는 의인화된 동물이나 사물을 말하는 것으로 인물의 성격과 유형을 포함한다. 좋은 그림책의 인물은 이야기 전반에 걸쳐 어린이다운 성격을 나타냄으로써 이 시기에 겪을 수 있는 상황과 사건을 통해유아가 몰입하고 즐기며 동일시하고 공감할 수 있으면 좋다. 흔히 그림책을 통해 유아 자신의 모습을 볼 수 있도록 등장인물이 또래의 유아가 많으며 발달 특성상 물활론적인 사고 단계에 있어 동물이나 무생물이 주인공으로 등장하는 경우도 많다.

(4) 배경

배경은 행동의 주체에 의해 이야기가 진행되는 장소, 시간 등의 공간적, 시간적 환경을 말한다. 분위기 조성과 암시를 통해 인물의 행위를 구체화한다. 시간적 배경은 현재적, 미래적, 역사적, 회상적 배경으로, 공간적 배경은 현실 세계, 환상적 세계로 구분되기도 한다. 시간의 흐름은 변화를 초래하며 공간적 배경의 전환은 이야기에 재미를 더 해준다. 극적인 배경과 대비가 되는 배경 등은 이야기의 재미를 더욱 높여 준다. 배경은 넓게는 작품을 통한 작가의 세계관 혹은 가치관을 반영하는 것을 의미하기도 한다.

2) 그림 텍스트

단테는 삽화를 '책의 미소'라고 말하였다. '일러스트레이션(illustration)'이란 '빛으로 밝힌다.'라는 뜻의 라틴어 일루스트라티오(illustratio)에서 유래하였다. 그림책은 개성 있는 일러스트레이션 표현을 통해 이야기를 전달한다. 특히 아직 언어 구사력이 완성되지 않은 단계이거나 글을 읽고 이해하는 것이 익숙하지 않은 단계의 유아들에게 글은 내용을 전달하는 도구로서의 기능을 완벽히 수행하지 못한다. 그들에게 그림책을 이해하고 내용을 전달하며 의사소통의 도구로서 시각적 요소가 만들어 내는 언어가 필요하다. 또한, 그림은 단순히 현실세계를 보여 주는 것에 그치는 것이 아니라 상징을 통한 풍부한 상상력을 가능하게 한다. 그림책에 표현되는 시각적 요소로 선, 색, 형태, 공간 등으로 분류한다. 이 또한 글 텍스트와 마찬가지로 각각의 기능이 있지만 함께 구성되면서 상호작용하게 된다.

(1) 선

선은 직선, 곡선, 구불구불한 선 등 다양한 형태와 굵기, 질감 등으로 입체감, 공간 등을 표현함으로써 다양한 감정과 아이디어를 전달하는 매개 역할을 한다. 곡선은 자유롭고 개방적인 느낌을 주며 직선은 딱딱한 느낌을 준다. 또한, 수평선은 그림을 보는 시선의 흐름을 천천히 이끌며 편안함과 안정감을 준다. 반면 수직선은 시선의 위치를 위아래로 이끌며 대각선은 불안정함과 긴장감을 느끼게 한다.

『알록달록 오케스트라』는 검정과 형광 분홍, 형광 주황의 세 가지 색만으로 다양한 선과 길이, 굵기를 달리함으로써 소리를 이미지로 표현했다.

(2) 색

인간은 여러 가지 감각을 통해 정보를 받아들인다. 그중 시각이 받아들이는 정보는 전체의 85%에 해당한다고 한다. 또한, 시각 중에서도 색이 미치는 영향이 크다. 색에는 명도, 채도, 색상의 3속성이 있는데 이것을 색의 3요소라고 한다. '사과가 빨갛다. 하늘이 파랗다.' 등으로 표현되는 것이 색상이며 색의 밝고 어두운 정도를 명도라고 한다. 흰색이 가장 밝고 검정색이 가장 어둡다. 흰색과 검정의 혼합 정도에 따라 명도가 달라진다. 채도는 색의 맑고 깨끗한 정도를 말한다. 이들의 조화 정도에 따라 감정적 효과의 심리적 요인을 나타내는 기능을 한다.

우리는 색을 표현함에 있어 밝은 색, 어두운 색, 연한 색, 진한 색, 붉은 색, 밝은 색 등으로 말하는데 이것은 우리의 지각을 반영한다. 모든 사물은 크기와 상대적 위치, 타 물체와의 관계, 관찰자의 시각적 적응 상태 등 관찰자의 개인차에 따라 다르게 지각할 수 있다. 예를 들어 따뜻한 느낌은 빨간색, 차가운 느낌은 파란색으로 인식하지만 똑같은 색을 보고도 각기 다른 것을 떠올리는 것은 각각의 주관과 경험이 다르기 때문이다. 신호등처럼 상징적 의미가 정보전달 기능을 가지는 것과 동시에 심리적 연상 작용으로 인해 감정을 나타내는 기능을 하기도 한다. 따라서 유아 그림책에 사용되는 색은 내용이나 발달시기에 따라 그에 적절한 색이 사용되어야 한다.

그림책 표지에 사용되는 색은 책 내용을 집약적으로 표현할 수 있으며 호소력이 있어서 마음을 사로잡을 수 있어야 한다. 또한, 긴장감, 평온함 등 이야기전개에 따라 주제와 배경을 나타내는 적절한 색채 표현으로 내용 이해에 도움이 되도록 한다.

『눈 오는 날』(에즈라 잭 키츠 글 · 그림)은 첫 눈 오는 날의 설레는 마음을 표현한 내용이다. 주된 색은 흰색으로 눈의 느낌을 충분히 표현하면서 집중할 수 있는 색으로 주황색 계열을 사용하여 흰색 배경의 포근함에 따뜻한 느낌을 더해 준다.

『일곱 마리 눈 먼 생쥐』(에드 영 글 · 그림)에서는 검정색과 원색의 강렬한 대비로 내용을 효과적으로 전달한다. 검정색은 유아들이 선호하는 색이 아니지만 검정색을 사용함으로써 주인공 눈 먼 생쥐가 바라보는 세상을 상징적으로 표현하고 원색으로 표현되는 생쥐들로 집중도를 높이고 있다.

빨강과 노랑의 순색이 채도가 가장 높다. 명도가 높고 채도가 낮은 색은 보는 사람에게 온화한 느낌을 준다. 반대로 명도가 낮고 채도가 높은 색은 굳건한 느낌을 준다. 명도와 채도가 모두 높은 색은 가볍고 화려한 느낌을 주고 반대로 명도와 채도가 모두 낮은 색은 무겁고 수수한 느낌을 준다.

(3) 형태

그림책에서 형태는 대상의 특성을 전달하는 강력한 힘을 지닌다. 형태가 어떤 모양을 보이는지에 따라 독특한 느낌, 단순한 느낌, 추상적인 느낌, 실제적인 느낌 등 정서적 반응을 일으키게 한다. 둥근 류의 형태는 부드러움, 따뜻함, 안정감이

들게 하며 각진 류의 형태는 날카로움, 정돈됨, 불안정함 등을 느끼게 하는데 내용에 맞추어 적절한 형태를 사용할 때 효과가 커진다. 영아 책일수록 형태를 단순하게 표현한다. 또한, 형태는 대부분 평면적인 이차원의 모양으로 표현되는데 인물이나 배경 등을 부각시키며 환상적이거나 입체적으로 표현되기도 한다.

(4) 공간

공간은 그림책에서 일러스트레이션이 차지하는 공간의 크기뿐만 아니라 문자와 일러스트레이션과의 조화, 그림 속에서 공간이 주는 느낌까지 포함하는 요소이다. 공간은 여백이다. 그림을 보고 느끼는 감정은 공간의 정도에 따라 달라질 수 있다. 일반적으로 공간의 밀도가 조밀하면 폐쇄적인 느낌을 갖게 한다. 반면 빈 여백의 공간은 쉼으로써의 여유를 주거나 그려진 사물에 집중할 수 있는 효과를 줄 수 있다. 다양한 공간 구성 방법은 주제를 강조하는 역할을 하기도 하며 관심을 유도하는 방법이 되기도 한다. 또한, 어떤 위치와 크기로 나타내는지에 따른 공간 활용으로 다양한 느낌을 표현하는 방법이 될 수 있다.

3) 파라텍스트

파라텍스트는 주변적 요소를 일컫는 말로 '파라(para)'와 '텍스트(text)'의 합성어이다. 책은 글과 그림으로 구성된 본 텍스트 외에 주변 텍스트들이 함께 어우러져야 책으로 만들어지게 된다. 파라텍스트는 책의 표지, 면지, 제목, 속표지 등의 속성을 의미하는 것으로 물리적으로 종이의 선택, 판형, 저자명, 제명, 서문, 글자배열, 서체, 글씨 크기 등과 책에 수록되어 있지 않은 저자의 공적인 논평, 인터뷰, 출판발표까지 포함된다. 그림책은 종이의 감촉을 느끼며 책장을 넘기고 읽고 보고 느끼는 물성이 중요한 매체이므로 형태적 특성을 잘 이해하고 활용함으로써 부가적으로 그림책 읽기의 즐거움을 느낄 수 있다.

(1) 표지

그림책의 표지는 앞표지와 뒤표지로 나눌 수 있는데 앞표지에는 제목과 그림, 작가명, 출판사명을 주로 담고 있다. 그림책의 대문이며 얼굴 역할을 하는 앞표지는 표지를 여는 순간 이야기 세계 속으로 들어간다. 내용을 핵심적으로 요약하여 보여 주거나 전체적인 분위기와 인상을 표현함으로써 독자의 눈길을 사로잡을 수 있도록 한다. 표지는 독자가 그림책을 선택할 때 가장 먼저 접하게 되는 것이므로 책의 내용이나 특징을 한눈에 알아볼 수 있어야 하며 그렇기 때문에 글과 그림의 조합이 좋아야 한다. 표지의 그림과 제목을 보고 책의 내용을 예상할 수도 있다. 그러나 어떤 제목은 궁금증을 자아내며 내용을 추측하게 만들기도 한다.

앞표지와 뒤표지가 연결되어 하나의 통일된 이야기를 하는 경우도 있는가 하면 뒷문의 역할로써 이야기의 마무리나 뒷이야기를 전하기도 한다. 최근의 그림책들은 뒤표지에도 많은 메시지가 담겨 있기 때문에 뒤표지까지 꼼꼼히 읽어 주어야 전체 내용을 볼 수 있게 된다.

(2) 면지

면지는 겉표지를 넘긴 다음 쪽인 앞면지와 뒤표지를 넘긴 안쪽의 뒷면지가 있다. 면지는 단순히 표지와 내지를 단단히 붙여 주는 역할을 했으나 그림책에 따라 이 앞뒤 면지에 그림을 넣어 이야기를 끌어내거나 결말을 보여 주기도 한다. 『난 무서운 늑대라구』에서는 앞면지에서부터 그림으로 이야기가 시작되고 뒷면지에서 그림으로 이야기가 끝이 난다. '여행에 지친 늑대가 마을로 들어섰습니다.' 하는 글 텍스트의 첫 문장을 앞면지에서 그림으로 보여 주고 있다. 뼈만 앙상한 모습의 늑대가 괴나리봇짐을 어깨에 둘러매고 터덜터덜 마을로 들어서는 그림을 면지에서 보여줌으로써 늑대가 여행에서 돌아오며 지쳐 있음을 보여 준다. 또한, 뒷면지의 그림은 마을사람들에게 둘러싸여 책을 읽어 주는 늑대 그림으로 이야기꾼이 된 늑대의 역할을 보여 준다. 그림책을 볼 때 앞 면지와 뒷 면지는 그냥 지나치기 쉬

우나 최근 그림책 작가들은 이곳에도 이야기와 관련된 그림을 그려 넣어 이야기의 시초나 결말에 해당하는 내용을 구성하기도 하면서 기대감이나 흥미감을 유발하는 공간으로 활용한다. 책 제목과 삽화가 그려진 부분은 속표지라 한다.

(3) 판형

그림책의 경우 다른 분야의 책보다 더 다양한 크기와 형태가 존재한다. 그림책의 다양한 판형은 독자로 하여금 다양한 상상을 가능하게 한다. 판형은 인쇄, 출판의 경제적, 실용적 요소 또는 미학적 측면으로만 결정되는 것이 아니며 판형 그 자체가 의미 전달에 영향을 주는 요소가 될 수 있다. 인쇄 가능하며 출판을 위한 경제성을 고려해야 하지만 최근에는 고정된 직사각의 판형이 아닌 가로로 길거나 세로로 긴 판형, 꽃잎이 한 장씩 펼쳐지는 판형 등 개성 있고 메시지에 따른 표현 의도를 효과적으로 전달할 수 있으며 작가의 의도를 전달할 수 있는 판형이 고려되고 있다. 그림책의 경우 다른 어느 분야의 책들 보다 다양한 판형을 사용한다. 크기도 다양하고 가로 세로의 비율도 다양하고 비정형적인 형태에 이르기까지 매우 다양하다. 『아기 오리 뚱이의 일곱 색깔 무지개』는 책을 접으면 부채꼴 모양, 펼치면 아름다운 무지개 모양의 판형이다. 이야기가 진행되면서 무지개 색이 하나씩 보여지며 이야기가 끝나면 화면 가득 일곱 색깔 무지개가 펼쳐지면서 경이로운 색채를 경험하게 한다.

(4) 타이포그래피

타이포그래피는 문자의 그래픽적인 시각화를 구성하는 것으로 글자에 의한 그래픽 디자인이라 정의할 수 있다. 글자체, 글자 크기, 배열 등을 다양하게 디자인하여 시각화함으로써 내용을 이해하는 데 영향을 준다. 전달하고자 하는 메시지의 성격에 따라 활자의 크기나 굵기 등 글자 표현방법을 다르게 함으로써 텍스트의 해석을 명확하게 한다. 따라서 타이포그래피는 단순한 활자체의 배열이 아니라 미학적 차원에서뿐만 아니라, 의미 차원에서도 중요한 역할을 한다. 이제 타이포그래피는 읽혀지고 보여 주며 들려주는 역할을 하게 되었다. 『지각대장 존』의 속표지는 반성문을 쓰며 철자가 틀린 아이의 글씨를 손글씨 그대로 사용함으로써 실제감을 살렸다.

Chapter 02

그림책 읽기

1 그림책 읽기 과정

2 그림책 읽기 이해 전략

3 문학 반응 중심 그림책 읽기

1. 그림책 읽기 과정

1) 그림책 읽기의 의미

그림책은 글과 그림으로 이야기를 전달하는 책이다. 글로도 이야기를 전달하고, 그림으로도 이야기를 전달한다. 이야기는 인간 경험에 관해 기술한 내용이다. 그림책 속 이야기는 인간 삶에서 일어나는 이야기, 일어날 수 있는 이야기, 일어날 법한 이야기이다. 이야기는 인물, 사건, 배경 등으로 구성된다. 이에 그림책 읽기는 그림책의 전체적인 분위기를 이해해야 하고, 등장하는 인물의 행동, 생각, 느낌을 이해해야 하고, 사건을 알아채고, 사건의 해결 과정을 이해해야 한다. 그리고 글과 그림 이외의 파라텍스트까지 읽는 책이 그림책이다. 세상의 모든 책 중에서 이렇게 읽는 책은 그림책이 전무후무할 것이다.

그림책 작가 유리슐레비츠(Shulevitz, U., 1985)는 진정한 그림책을 다음과 같이 이야기했다. '진정한 그림책의 글은 독자적으로 설 수 없다. 그림이 없다면 이야기의 의미는 불명료하게 될 것이다. 그림은 글 속에 포함되어 있지 않은 정보를 전달한다. 더욱이 그림은 글을 보완할 뿐만 아니라 글의 위상을 결정하거나 명료화하기도 한다. 그림책에서는 글과 그림을 모두 읽어야 한다.'라고 말했다. 또한, 그는 '그림책'은 작가가 글을 쓰는 것과 마찬가지로 일러스트레이터가 그림을 '써서' 만든 것이라고 하였다. 이것은 독자가 글 텍스트를 읽어야 하는 것처럼 그림도 읽어야 한다는 것을 의미한다.

그림책을 접하는 독자는 이 독특함에 한번 놀라고, 이야기에 한번 더 놀라고, 제한된 공간 안에 담긴 이야기에서 느끼는 재미와 감동에 또 한번 놀란다. 이때 '어떻게 읽느냐'는 무엇보다도 중요한 사안이다. 왜냐하면, 그림책은 읽는 책이기 때문이다. 읽는다는 것은 읽은 내용을 이해해야 한다는 것이다. 즉, 그림책을 읽는다는 것은 독자가 글과 그림, 그리고 판형, 표지, 면지 등의 주변 텍스트를 통하여 작가와 의사소통하는 과정이다. 그림책 안에는 정보가 담겨 있고, 작가가 전달하는 메시지가 담겨 있고, 독자가 이해해야 할 의미가 들어 있기 때문이다. 독자가 그림책을 읽으며 이 모든 걸 알아채야 비로소 그림책을 읽고 이해한 것이다. 그림책의 글과 그림은 의미를 지닌 기호로써의 역할을 하기 때문이다.

이처럼 그림책 읽기란 독자가 글과 그림을 통하여 작가와 의사소통하는 과정이다. 이 과정에서 작가가 전하는 메시지를 이해하고 의미구성하는 과정이 그림책 읽기이다. 따라서 그림책 읽기는 글자를 소리 내어 읽는 단순한 활동이 아니라 적극적으로 사고하고 의미를 구성하는 매우 복잡한 지적 활동이다. 결코 그림책 읽기가 녹록지 않다.

2) 그림책 함께 읽기

그림책 출판인이자 평론가인 마쯔이 다다시(Tadashi, M., 1990)는 그림책은 아이 혼자 읽는 책이 아니라 누군가 읽어 주는 책으로, 읽는 것은 단순히 글자를 읽는 것과는 명백히 다르다고 하였다. 그림책 읽기의 궁극적인 목적은 그림책 속에 담긴 의미를 이해하는 것이기 때문이다.

성인은 어린 독자에게 들려주는 그림책 읽기가 단순히 그림책을 줄줄 소리 내어 읽어 주는 것에서 끝나는 것이 아니라, 어린 독자에게 그림책이 담고 있는 내용과 분위기를 잘 파악할 수 있도록 지원해야 한다. 어린 독자 스스로 능동적으로 해석하고 이해할 수 있도록 도와주어야 한다.

성인은 그림책의 글을 읽고 그림을 보지만, 어린 독자는 먼저 그림책의 그림 속에 담겨 있는 정보를 읽는다. 그리고 그와 동시에 귀를 통한 글의 정보를 합쳐 하나의 이야기 세계를 체험한다. 귀로 듣는 이야기 세계와 눈으로 읽는 이야기 세계가 하나가 된다. 이 과정을 거쳐 온전한 그림책 읽기가 완성되는 것이다.

또한, 독자가 그림책 본문의 글에만 집중하며 읽거나, 본문 외의 파라텍스트에 관심을 가지지 않거나, 그림을 제대로 읽지 않아 그림 안에 담겨있는 의미를 제대로 파악하지 않는다면 그림책이 표현하는 이야기 세계의 절반 이상을 놓치는 것이다. 독자는 이 모든 것을 꼼꼼히 살펴 그림책을 읽고 이해해야 한다. 독자가 그림책 읽기 과정에서 하나의 그림책을 효과적으로 감상 할 수 있도록 그림 읽기를 중요시하여 통합적인 이해를 위한 밑거름이 되도록 해야 한다.

다시 말해서 그림책은 펼침과 동시에 글과 그림이 단짝인 것처럼 글을 읽는 성인과 그림을 읽는 어린 독자가 단짝이 되어 그림책을 읽는 방법이 최상의 방법이다.

어린 독자는 성인이 입으로 글을 읽어 주면, 눈으로 그림을 읽으면서, 귀로 이야기를 듣고 그 찰나의 순간에 이 둘을 합쳐 하나의 의미로 해석하게 되는 고도의 사고 활동을 하게 된다. 성인이 책이라는 물성을 들고 펼쳐 읽고, 넘기고, 이야기 나누는 순간, 2차원의 그림책은 어린 독자의 눈앞에서 생생하게 움직이는 가상의 세계가 되고, 얼마 전 내가 경험한 생생한 이야기가 되고, 내 친구의 이야기가 되고, 어디서 본 듯한 흥미진진한 이야기가 된다.

3) 그림책 읽기 의미구성

어린 독자는 앞에서 설명한 바와 같이 그림책 읽기 과정에서 눈은 그림을 보며, 귀는 부모나 교사가 읽어 주는 말을 들으며 의미구성 활동을 하게 된다. 여기서 의미를 구성한다는 것은 책의 내용을 단순히 파악하는 정도가 아니라, 자기만의 해석으로 이해하는 것을 말한다.

그림책 읽기는 일차적으로 그림책의 글 텍스트나 그림 텍스트 속에 표현된 여러 가지 명시적 내용을 찾아내고, 이차적으로는 글과 그림이 전하는 내용들이 어떻게 구조를 이루고 있는지 관계를 따짐으로써 이차적 의미를 만들어낸다. 그리고 마지막으로 자신의 배경지식이나 경험의 유기적 관련성을 활용하여 의미를 구성한다. 따라서 그림책 읽기 과정은 개인의 읽기 맥락과 상황, 문화, 경험 등 각자의 환경에 따라 매우 다양하게 나타날 수 있다.

독자가 의미를 찾아가는 과정에서 텍스트 외적 세계의 맥락적 요인들을 관련지어 의미를 더욱 확장해 나갈 때, 독자는 독자 자신을 둘러싸고 있는 상황 맥락 등에 근거한 경험과 배경지식을 동원하여 의미를 확장해 간다. 즉, 독자가 그림책이라는 문학 텍스트를 읽고 구성하는 의미는 그림책의 글, 그림, 파라텍스트의 교섭의 결과뿐만 아니라, 독자 자신의 경험이나 배경지식을 토대로 나타난다.

아리즈페 & 스타일즈(Arizpe, E., & Styles, M., 2004)는 『그림 읽는 아이들』의 연구에서 아이들이 그림책을 읽는 방법으로는 다음과 같은 현상들이 나타난다고 하였다.

첫째, 아이들은 먼저 그림을 잠깐 보고 나서 텍스트를 읽고, 다음 행동으로 그림을 좀 더 오래 본다. 이후 독자는 사건의 의미와 이야기의 줄거리에서 어떤 일이 일어나는지를 독자 스스로 알게 되고, 이야기가 어떻게 진행되고 있는지를 알게 된다. 즉, 이미지와 글 사이를 한 번이 아니라 여러 번 왔다 갔다 옮겨 다님으로써 좀 더 깊은 이해를 위해 한 걸음 더 다가서는 것이다.

둘째, 아이들은 주인공, 두드러진 것, 혹은 움직이는 것과 같이 주된 부분을 먼저 보고 그다음 배경을 본다. 또는 익숙한 것을 보고 나서 낯선 것을 본다. 아이들은 처음에는 일상적인 것을 본 후 그다음 예상치 못한 것을 보는 것이다.

아이들의 눈은 주인공의 움직임을 따라간다. 텍스트를 읽으면서 이미지를 읽는 것이 단지 왼쪽에서 오른쪽으로만 움직이는 것은 아니다. 아이들의 눈은 가장 크고 두드러지는 물체 혹은, 특별히 흥미를 갖는 물체에 초점을 맞추는 경향이 있다. 다시 말해 아이들이 그림책의 그림을 보는 시선은 우선 튀는 모양에 초점을 맞추고, 배경을 보고 다른 세부적인 것을 본다는 것이다. 아이들의 시선은 그림책을 읽는 과정에서 끊임없이 단어와 이미지 사이에서 앞뒤로 움직이고, 이해를 위해서 몸을 앞뒤로 움직이며 이야기에서 발생한 사건에 대한 가설을 부인하거나 확신한다.

따라서 독자의 그림책 읽기 과정은 글과 그림 사이를 끊임없이 오가며 그들 간의 관계 속에 어떤 의미가 결합되어 있는가를 파악한 후, 스키마와 상호텍스트성을 활용하여 자신만의 의미로 재구성해야 한다. 성인은 어린 독자가 그림책 읽기 과정에서 하나의 그림책을 효과적으로 감상할 수 있도록 그림 읽기를 중요시하고, 어린 독자가 능동적으로 의미구성을 할 수 있도록 지원하여 통합적인 이해를 위한 밑거름이 되도록 하여야 한다.

2. 그림책 읽기 이해 전략

어린 독자가 그림책 읽기 과정에서 좀 더 쉽게 이해의 단계에 도달하기 위해서는 성인의 도움이 필요하다. 책을 읽는 독자 누구라도 지금 읽고 있는 책의 내용이 이해되지 않으면 재미를 느끼기 어렵다. 그림책도 마찬가지이다. 그림이 전하는 정보를 이해하지 못하거나, 은유적인 표현을 이해하지 못하거나, 함축적인 의미를 미처 알아채지 못할 경우 책에서 느끼는 재미는 반감된다. 그렇기 때문에 어린 독자들에게 책이 전하는 메시지를 이해한다는 것은 무엇보다도 중요하다. 이해가 충분히 되었을 경우, 그 책은 다른 의미로 기억될 것이다. 많은 이론가가 소개한 읽기 이해 전략 중 그림책 읽기 과정에서 독자의 이해를 돕는 몇 가지를 소개하면 다음과 같다.

1) 배경지식 활성화하기

그림책을 읽기 전 독자가 이미 가지고 있는 배경지식과 경험을 자연스럽게 책의 내용과 연결해 이야기를 나누면 책의 내용을 조금 더 이해하기 쉬워진다. 예를 들어, 책의 제목에 나와 있는 단어를 아는지, 혹은 장소가 거론되거나 그림의 배경을 통해 가본 적이 있는지, 어디서 본 적이 있는지, 느낌이 어떤지를 물어본다거나, 표지 그림의 인물을 보며 인물의 표정, 행동 등에 관해서 이야기 나누며 스키마를 활성화하는 것이다. 독자는 스키마를 활성화하고, 상호텍스트적 관련짓기를 통해 의미를 구성하는 능동적인 존재가 된다.

스키마는 글을 읽을 때 글의 내용에 대한 예상치를 만들어내고, 유사성과 차이점을 인식하게 해 주며, 관찰되지 않는 정보를 추론하도록 한다. 따라서 독자는 스키마를 활용하여 자신의 감정적, 심리적, 문화적, 지적 경험을 총동원하여 텍스트와 더불어 자신만의 의미 세계를 만들어 간다.

상호텍스트성은 모든 텍스트는 이전 텍스트와 상호 관련을 맺으며 새로운 텍스트에 영향을 미친다는 것이다. 그림책은 주제, 소재, 내용, 글의 구조, 담고 있는 가치관, 정서, 등장인물의 재등장, 그림의 시각적 특성, 글과 그림의 관계 등 여러 가지 측면에서 유사한 텍스트가 많이 존재한다. 특히, 선행 작품과 인물, 사건, 배경 등을 연결 지어 새로운 텍스트를 만들어내는 패러디나 메타픽션[1] 기법등이 활용된 그림책을 읽는 경우가 이에 해당한다. 그러므로 독자가 이전에 경험했던 유사한 텍스트를 활용하여 현재 읽고 있는 텍스트와 연결 짓는다면 독자는 텍스트의 의미를 조금 더 잘 이해하게 된다. 따라서 독자가 이전에 경험한 텍스트에 따라 그림책의 의미구성은 다르게 나타난다.

예를 들어, 에즈라 잭 키츠의 『피터의 의자』를 살펴보면, 이 책은 주인공 피터가 동생이 생기면서 느끼는 감정을 솔직하게 풀어낸 책이다. 피터는 동생이 자고 있기 때문에 시끄럽게 논다고 엄마에게 꾸지람을 듣는다. 아빠는 동생의 식탁 의자를 만든다며, 피터의 식탁 의자를 분홍색으로 색칠한다. 피터는 동생이 태어나면서 부모의 사랑을 동생에게 모두 빼앗겼다는 느낌이 든다. 이에 심통이 나고 화가 난 피터는 아직 색이 칠해지지 않은 자신의 의자를 발견하게 되고, 이 의자를 들고 강아지와 가출을 한다. 가출 장소는 집 담벼락 아래이다. 피터는 집을 나올 때 들고 온 물건들을 나열해 놓고 아직 동생에게 빼앗기지 않은 의자에 앉아 본다. 그런데 의자가 작아 앉을 수가 없다. 왜 자신의 물건을 동생에게 주는지 깨달은 피터는 가출을 끝내고 아빠와 함께 동생에게 줄 의자를 함께 색칠한다. 이 책은 '의자'라는 단순한 사물에 빗대어 주인공 피터의 심리 변화 과정을 멋지게 표현해 놓았다. 그림책을 읽으면서 다음과 같은 질문을 할 수 있다.

'누구의 의자일까?', '저 의자는 어떤 의자인 것 같아?', '아기 그림도 보이네, 누굴까?', '(동생이 있다면)혹시 네 물건을 동생이 쓰고 있는 것이 있니? 있다면 어떤 거야?', '동생이 쓰고 있는 모습을 봤을 때 기분이 어땠어?', '피터라는 이름을 어디에서 본 적이 있니?' 등이다. '의자'와 '내 동생' 등의 자기 경험이나 작가의 다른 책

1) 메타픽션이란 작가가 의도적으로 독자에게 이야기가 허구임을 알게 하는 장치이다.

'피터'의 이야기에 관해 묻고 이야기를 나눈다. 이때 상호텍스트성을 활성화할 수 있는 질문으로는 '주인공과 비슷한 일을 경험한 적 있니?', '이것은 무엇을 생각나게 하니?', '이와 비슷한 이야기를 텔레비전이나 영화 혹은 다른 책에서 읽은 적이 있니?', '네가 알고 있는 책의 주인공과 이 책의 주인공이 비슷하니?', ' 배경이 되는 장소를 가본 적이 있니?', '어디서 본 적이 있니?' 등이 있다.

2) 내용 예측하기

예측하기는 다음에 일어날 일이나 상황에 대하여 미리 짐작하는 것을 말한다. 예측하기는 앞으로 나올 이야기에 대한 예측으로 예측한 내용이 맞으면 내용을 조금 더 잘 이해할 수 있고, 예측이 빗나갔을 경우는 자기 생각을 재구성 할 수 있는 기회를 얻는다. 특히 요즘의 작가들은 표지에 많은 정보를 담아 놓기 때문에 그 정보를 이용해 예측하기 활동을 더 재미있게 할 수 있다.

표지에 인물이 그려져 있으면 인물이 보여 주는 분위기를 통해 인물의 성격, 나이, 성별 등등을 예측해 보고, 이 인물을 통해 어떤 이야기가 펼쳐질지 예측해 보는 것이다. 그림책의 판형이라든지 앞표지, 뒤표지를 보고 주는 이 책에 대한 출판사의 소개 글을 보태 조금 더 구체적으로 예측해 보는 것이다.

독자는 그림책의 본문을 읽기 전뿐만 아니라 읽고 있는 동안 글, 그림 등의 정보를 통해 끊임없이 다음의 내용을, 결말을, 뒷이야기를 예측할 수 있다. 그리고 그 예측을 바로 확인할 수 있기 때문에 더 재미있다. 예측해 보는 과정에서 자연스럽게 이야기 짓기도 가능하게 된다.

예를 들어, 존 클라센 그림, 맥 바넷의 『샘과 데이브가 땅을 팠어요』 그림책을 보면, 이 책은 샘과 데이브가 매일매일 반복되는 일상의 지루함에서 벗어나고자 어마어마한 것을 찾기 위해 땅을 파기 시작한다. 둘은 아래로 파고, 옆으로도 파보고, 갈라져 파보지만 점점 지쳐갈 뿐 어마어마한 것을 찾지 못한다. 그러다가 지쳐 잠이 든다. 이 둘은 지쳐 잠이 들었을 뿐인데 처음과 같은 듯 다른 장소로 떨어지게 되고, 두 사람은 "정말 어마어마하게 멋졌어."라고 말하며 이야기가 끝이 난다. 그림이 많은 이야기를 하는 이 책은 주인공이 보지 못하는 무언가가 그림으로 표현되어 있다. 강아지와 독자만 볼 수 있다.

이 책을 읽기 전 예측하기 질문으로는 '앞표지와 뒤표지를 보면 무슨 이야기가 펼쳐질 것 같니?', '이들은 왜 땅을 팔까?', '누가 샘이고 누가 데이브일까?', '이 둘은 친구 사이일까?', '(그림을 한번 죽 넘겨 보여 준다.) 그림을 보니 어떤 이야기인 것 같니?' 등을 질문을 통해 예측하게 한다. 그리고 '다음에 무슨 일이 일어날 것 같니?', '왜 그렇게 생각해?' 같은 질문을 통해 사고를 확장할 수 있도록 도움을 줄 수 있다.

3) 이야기 내용 회상하고 요약하기

그림책을 읽고 난 후 강요가 아닌 자연스럽고 허용적인 분위기 안에서 그림책의 내용을 회상하고, 말해 보는 활동이다. 다시 말하기는 내용을 기억하고 이해하는 데 도움을 준다.

요약하기는 텍스트에서 반복되거나 중요하지 않은 내용을 추려내고 중요한 내용만 모아 내용을 간결하게 정리하는 것을 말한다. 독자는 듣고, 보고, 읽은 내용을 중심으로 이야기를 다시 한번 상기하면서 다시 말해 보기와 요약하기 활동을 통해 주요 내용과 핵심내용을 더욱 분명하게 알게 된다. 이때 아이들은 단순히 기억한 내용을 말하기보다 자기 생각을 보태서 이야기한다.

어린 독자는 지금 읽고 있는 그림책의 내용을 이야기의 흐름에 맞게 중요한 내용과 중요한 장면과 중요한 단어를 기억한다. 처음부터 끝까지 이야기의 흐름에 맞춰 이야기 요약하기가 힘든 친구들은 기억한 단어 위주로 이야기를 해 보게 한 다음 그 단어들을 시간 순서에 맞게 나열한 후 단어에 살을 붙여 이야기를 다시 만들어보는 활동을 먼저 하면 좋다.

예를 들어, 에드 영의 『일곱 마리 눈먼 생쥐』 그림책을 보면 어느 날 일곱 마리 눈먼 생쥐가 연못가에서 아주 이상한 것을 발견한다. 생쥐들은 차례로 아주 이상한 그것이 무엇인지 알아보러 가게 되고, 매일 일곱 마리의 눈먼 생쥐는 차례로 자신이 본 그 무언가를 이야기한다. 그런데 문제는 생쥐들이 돌아와서 하는 말이 다 다르다는 것이다. 모두 일부분만 보고 자신의 주관적인 해석으로 이야기한다. 마지막으로 알아보러 간 하얀 생쥐는 그 이상한 것을 아주 꼼꼼히 살펴보고, 친구들의 말을 종합하여 코끼리라는 것을 알게 된다. 이 책을 읽고 내용을 요약해 볼 수 있도록 다음과 같은 질문을 할 수 있다. '생쥐들은 왜 자신이 본 것이 맞다고 우겼을까?', '흰 생쥐는 왜 코끼리라고 생각했을까?', '흰 생쥐의 친구들은 코끼리인 걸 어떻게 확인했을까?', '이 책의 내용을 처음부터 끝까지 다시 이야기해 줄 수 있겠니?', '어떤 장면이 가장 중요한 장면인 것 같아?', '왜 그렇게 생각하니?' 등이 있다.

4) 추리하고 추론하기

그림책은 장면과 장면의 연결이다. 그림책은 장면이 있어 '사이'가 발생할 수 있으며 동시에 '사이'가 있어 장면이 나누어질 수 있다. 독자는 장면과 장면에 '사이'가 있음으로 시간의 흐름에 따른 사건의 진행, 공간의 변화 등을 의식할 수 있다. '사이'는 기본적으로 장면과 장면에서 발생하지만 장면 내에서도 발생한다. '사이'는 비어 있는 백지의 공간이 아니라 이미지가 연속되는 채워져 있는 공간이고, 독자가 채워야 하는 공간이다.

독자가 채워야 하는 이 공간은 작가가 주는 정보 안에서 독자의 경험과 배경지식을 총동원하여 이야기를 만들어 가야 한다. 작가가 독자에게 주는 이 공간에서 독자는 스스로 생각하고 상상하며 채워 나가게 된다. 즉, 추리하고 추론하면서 이 공간을 채우며 작가와 함께 이야기를 만들어 간다.

그림책에서 작가가 남겨둔 비어 있는 공간이 많다는 것은 독자가 생각하고 상상해야 할 여지가 많다는 것과 같다. 따라서 그림책의 빈 곳은 독자마다 그 해석이 달라진다. 독자의 배경지식에 따라 추리하고 추론하는 능력이 각기 다르기 때문이다.

다시 말해 작가들은 그림책의 글과 그림이 표현하는 이야기 안에 의도적으로 모든 것을 말하지 않으며, 모든 것을 말할 수도 없다. 따라서 독자는 작가가 제공하는 정보 사이 사이의 비어 있는 공간을 각자의 경험과 지식으로 채워 넣으면서 전체적인 이야기를 스스로 완성해 나가야 한다.

그림책 읽기 과정에서 성인은 어린 독자들에게 독자가 채워 나가야 하는 보이지 않는 공간을 채울 수 있도록, 생략된 부분과 숨겨진 정보를 찾아보고, 글과 그림을 단서로 드러나지 않은 내용을 추리하고, 인물의 행위와 표정으로 감정을 추론해보고, 이야기의 분위기와 상황 등을 추론할 수 있도록 도와야 한다.

열린 결말의 그림책일 경우 작가는 의도적으로 뒷 마무리를 독자에게 맡긴다. 독자가 작가가 되어 이야기의 결말을 완성하는 것이다. 어린 독자가 성인과 함께 그림책을 읽으면서 독자에게 맡겨진 공간을 자연스럽게 채워 나간다면 그림책의 재미는 배가 될 것이다. 예를 들어 베빗 콜의『내 멋대로 공주』그림책을 보면, 이 책은 자신의 삶을 자기 뜻대로 가꾸고 싶은 공주의 이야기이다. 공주는 결혼하라는 부모님의 강요에 어쩔 수 없이 신랑감을 선택하기로 한다. 그 결심 이면에는 공주의 계략이 숨겨져 있다. 신랑감 후보 중에서 자신이 시키는 과제를 통과한 왕자와 결혼하겠다는 조건부 승낙이다. 공주의 과제를 무사히 치러내고 공주와 결혼할 왕자는 그 어디에도 없다. 공주의 과제는 보통의 왕자라면 절대 성공하기 힘든 과제이기 때문이다. 결국 많은 왕자 중 한 명도 공주의 과제를 통과하지 못하고 떠난다. 모든 왕자가 떠난 후 이제는 끝이라고 안심하던 공주 앞에 한 명의 왕자가 나타나고, 그 왕자는 특유의 뺀질거림으로 모든 과제를 통과한다. 결혼해야만 하는 갈림길에 선 공주는 마법의 뽀뽀로 왕자를 두꺼비로 만들어 버린다. 그 후 오랫동안 공주는 행복하게 살았다.

이 책을 읽고 추리하고 추론해 볼 수 있도록 다음과 같은 질문을 할 수 있다. '왜 내 멋대로 공주일까?', '공주는 왜 결혼하기 싫은 걸까?', '왜 공주는 왕자들에게 과제를 냈을까?', '허둥지둥 왕자는 왜 동물들에게 먹이를 주지 못했을까?', '무엇을 보고 왕자들의 성격을 알 수 있을까?', '왕자들이 실패했다는 걸 어떻게 알 수 있을까?', '뺀질이 왕자는 어떻게 성공할 수 있었을까?', '뺀질이 왕자는 왜 개구리가 됐을까?', '내 멋대로 공주는 마법사일까?' 등이 있다.

5) 질문으로 이해 점검하기

성인과 어린 독자가 함께 읽는 상황에서 어린 독자가 자연스럽게 이해되지 않는 부분을 질문하게 하거나, 이해를 돕기 위한 성인의 적절한 발문이 필요하다. 질문하기는 책을 읽고 있는 아이 스스로 질문을 구성하는 것이다. 아이의 질문에 다시 한번 더 생각해 보게 하여 아이 스스로 질문의 답을 찾게 하는 것이 좋다. 질문에 대한 해답을 찾기 위해서 어린 독자는 스스로 자신의 배경지식을 많이 활용할 뿐만 아니라, 성인의 대답을 통해서 힌트를 얻게 된다. 그러기 위해서는 성인이 그림책 읽기과정에서 편안하고 허용적인 분위기를 만들어 주어야 한다. 어린 독자가 책을 읽는 과정에서 서슴없이 질문하도록 해야 한다.

어린 독자는 그림책 읽기 과정에서 글 이야기뿐만 아니라, 그림이 말하는 이야기가 이해되지 않을 때, 개념을 모를 때, 한 번도 보거나 경험하지 못해 이해되지 않는 상황이나 배경이 나오면 질문하고, 앞으로 다시 넘어가길 원하는가 하면, 이해되지 않는 책장에 오래 머무르는 등의 행동을 한다. 이러한 일련의 행동을 통해 아이는 스스로 자신의 이해과정을 조정하고 있는 것이다. '어! 이상하네, 내가 지금까지 이해한 것과 다르네'라고 생각하며 질문을 통해 수정하고 채우며 온전한 이해에 한 발 더 다가가게 된다.

과거에는 그림책 읽기 과정에서 질문을 허용하지 않았다. 책에서 풍기는 느낌을 온전히 느껴야 한다는 의미에서 읽기 중 질문을 허용하지 않았다. 하지만 이것은 적절하지 않다. 아이들의 반응은 지속되는 것이 아니라 금방 사라지기 때문이다. 아이들이 읽기 과정에서 그때그때 느끼는 감정이나 떠올리는 질문, 이야기에 빠져 나타내는 다양한 언어적, 비언어적 감정 표현들을 충분히 할 수 있도록 해 주어야 한다.

6) 시각화하기

현대는 이미지 시대이다. 많은 것을 이미지화하여 표현한다. 현대를 살아가는 사람들은 일상에서 많은 이미지를 볼 수 있다. 이미지는 그 어떤 글보다 우리의 머릿속에 강렬하게 전달된다. 그리고 그 이미지는 오래 기억되고 다른 것을 상상하도록 만드는 마중물이 된다.

시각화하기란 그림책의 내용과 관련하여 이미지를 생성하는 방법을 말한다. 즉, 그림책의 장면들을 떠올리며 머릿속으로 그림을 그려보게 하는 것이다. 머릿속으로 그림책의 한 장면을 떠올려보게 한 후 그 떠오른 이미지를 말해보게 하거나 또 다른 이미지를 떠올려보게 하는 것이다.

시각화하기는 특히 아직 글 읽기가 능숙하지 못한 유아들이 사용하기 아주 좋은 읽기 이해 방법이다. 그림책은 여러 장면과 장면들이 이어져 하나의 이야기를 만들어 낸다. 독자는 그 장면 중 특히 기억에 남는 장면이 있게 마련이다. 독자는 읽기 과정에서 내용상 중요한 장면이 아니더라도 자신이 좋아하는 동물이 있는 장면이나, 자신이 경험했던 일과 비슷한 내용이 담겨 있는 장면, 자신도 한 번쯤은 상상해 보았던 내용의 장면, 평상시 꿈꿔 왔던 장면, 가고 싶은 장소가 있는 장면, 긴장감을 유발하는 장면, 웃음이 저절로 나는 장면, 그림이 특이한 장면 등 자기만의 특별함으로 떠올리는 장면이 머릿속에 남게 된다. 이렇게 책을 읽다가, 혹은 읽은 후에 책 속에 있는 중요한 장면 하나를 머릿속으로 그려볼 수 있도록 의도적으로 개입하는 것이다.

그림책 읽기 이해 전략을 정리하면, 성인은 그림책 읽기 과정에서 어린 독자 스스로 능동적으로 의미구성을 할 수 있도록 지원하여야 한다. 의미를 구성한다는 것은 책의 내용을 단순히 파악하는 정도가 아니라, 내용 파악과 더불어 내용을 해석하고, 이해하고, 새롭게 의미를 깨달아 자기 것으로 내면화 하는 것이다. 어린 독자의 의미구성 활동은 표지에 있는 제목과 작가 이름, 그림들을 탐색하며 책의 전체적인 분위기나 주제, 내용 등을 예측해 보는 것이다.

또한, 장면 장면의 그림에 대한 언급으로, 사물, 배경을 말해보게 하거나, 등장인물의 생각, 느낌, 행동을 표현하도록 해야 한다. 페이지를 넘기면서 다음에 벌어질 사건이나 내용을 예측해 보고, 이야기에 대한 느낌을 표현하도록 하며, 궁금한 점을 질문할 수 있도록 하고, 이때 보이는 아이의 반응에 성실히 응답해주어야 한다. 그리고 어린 독자가 자신의 질문과 성인의 발문을 종합하여 스스로 의미를 재구성할 수 있도록 도와주어야 한다. 마지막으로 이야기를 회상하고 이야기를 요약하도록 하고, 기억에 남는 장면을 이미지화하여 떠올리고 표현하도록 하여야 한다. 위와 같은 내용은 읽기 맥락과 상황에 따라 자연스럽게 이루어져야 한다. 유의할 점은 한 권의 책에서 이 모든 전략을 다 사용하는 것이 아니라 책마다 한 두 가지만 적절히 적용하도록 함으로써 이해를 도우면 된다.

"그림책을 읽는다는 것은, 이야기를 포함한 이미지들을 읽는 것만이 아니라 그림과 그림 사이를 읽는다는 것이다. '읽는다.'라는 것은 그냥 예쁘다는 것과 잘 그렸다는 유치한 미학을 넘어서 읽는 것이고, 검정과 하양을 읽는 것이고, 절단된 페이지를 읽는 것이고, 그 페이지의 구성을 읽는 것이다. 리듬을 읽는 것이고, 그림과 글을 한 음절씩 읽는 것이고, 펼친 페이지 안에서 이 둘의 상대적 관련성을 읽는 것이다. 이런 일들은 총체적 감각으로 모든 요소를 해석하고 이해하는 시선을 가져야만 이루어지고, 부분으로 흐트러지지 않고 전체에 집중하는 능력을 길러야만 이루어진다."

– 크리스티앙 브뤼엘 –

3. 문학 반응 중심 그림책 읽기

1) 독자 반응 이론

독자반응이론은 독자의 반응을 활성화시켜 문학 감상 능력을 신장시키고 텍스트의 이해를 돕는 방법이며, 독자의 능동적 참여로 교사 중심의 문학 수업에서 학생 중심의 문학 수업으로 전환케 하는 방법이다. 작가들 또한 독자의 적극적 참여를 유도하기 위해 다양한 장치를 사용하여 복잡하고 변화무쌍한 세계를 만들어 독자의 반응을 끌어낸다.

그림책이 매력적인 이유는 그림이 있고 이야기가 있기 때문이다. 이야기 속에는 등장인물이 있고, 등장인물이 사는 시공간적 배경이 있고, 등장인물을 위주로 사건이 벌어지고 사건이 해결되는 과정이 펼쳐진다. 그리고 이 모든 것은 다양한 그림 속에서 살아 움직인다. 이 인물은 사람일 수도 있고, 의인화된 동식물일 수도 있다. 독자들은 이 인물을 통해 울고 웃게 된다. 그리고 등장인물의 생각과 느낌, 행동을 이해하고 이해한 만큼 표현하려 한다. 특히 어린 독자들은 자기가 지금 이해하고 있는, 알고 있는, 혹은 이해하지 못한 부분을 읽기 과정에서 끊임없이 표현한다. 이 표현들이 곧 반응이다.

대부분의 독자는 이야기를 읽을 때 먼저 등장인물에 집중하고, 이 등장인물에 반응을 보인다. 그리고 그림에 관해 이야기하고, 사건이 일어나고 사건이 해결되는 과정에서 추리하고 추론하며 자신이 이해한 부분을 끊임없이 이야기하려고 한다.

로젠블랫(Rosenblatt, L. M., 1978)은 어린 독자들이 그림책을 읽을 때 그림에 대한 느낌, 다음 내용에 대한 예측, 자신의 사전 경험, 이전에 읽었던 다른 책과 연관된 내용 등과 관련된 다양한 반응을 보이면서 그림책의 내용을 능동적으로 이해하고 자기 나름으로 새롭게 의미를 구성하는 유능한 독자라고 하였다.

2) 문학 반응의 특징과 유형

문학 반응의 특징은 다음과 같다.

첫째, 반응은 독자가 문학 텍스트와 교류하는 과정에서 일어나는 내적 변화와 그것이 외부로 표현되는 양상까지 포함하여 매우 다양한 유형으로 나타난다.

둘째, 반응은 문학 텍스트와 독자의 교류에서 일어나는 느낌과 감정뿐만 아니라 인지적 · 정의적 · 지각적으로 조합하여 일어난다.

셋째, 반응은 독자의 능동적 활동이며 언어적, 비언어적 행동 모두를 포함하고 독자의 내면에서 생성되어 독자에 의해 표현되는 이해 양상이다.

사이프(Sipe, 2011)는 어린 독자를 대상으로 그림책 읽어 주기 상황에서 나타나는 반응을 분석하여 다섯 가지 유형으로 분류하였다.어린 독자의 다섯 가지반응 범주는 분석적 반응, 상호 텍스트적 반응, 개인적 반응, 동화된 반응, 연행적 반응이 있다.

첫째, 분석적 반응은 어린 독자가 텍스트 안에 머물면서 분석적 입장을 나타내는 반응으로 그림이 서로 관련되는 방식, 관습적이고 시각적인 기호, 서사의 정통적 요소(배경, 등장인물, 플롯, 주제), 서사 기법, 이야기에서 사용된 특정 언어에 대한 분석, 그림의 디자인과 기호학적 의미에 대한 분석, 허구와 실재와의 관계에 대한 언어적 반응 등이다.

둘째, 상호 텍스트적 반응은 어린 독자가 텍스트를 다른 텍스트와 관련지으며 나타내는 반응이다. 독자가 텍스트 끼리 연결 지어 해석함으로써 이야기를 나누고 있는 책을 더 잘 이해하고, 이야기 속의 세계끼리 연결 짓는 과정을 통해 이야기와 다른 이야기가 어떤 식으로 서로 기대어 있는지를 인식하게 된다.

셋째, 개인적 반응은 텍스트와 독자 자신의 삶을 관련지어 나타내는 반응이다. 텍스트가 개인적 연결을 위한 자극으로 작용하게 된다. 어린 독자가 문학을 개인적으로 이해할 때 어린 독자는 텍스트에 자신의 삶을 연결 짓기도 하고, 텍스트로부터 무언가를 끌어내어 자신의 삶과 연관 짓기도 한다.

넷째, 동화된 반응은 어린 독자가 이야기 세계로 들어가 이야기와 하나가 되며 나타내는 반응이다. 이야기 세계는 어린 독자의 세계와 순간적으로 하나가 되어 독자의 반응으로 나타난다. 어린 독자가 문학을 투명하게 이해할 때 아이들은 자신을 심리학적 위치에 두어 잠깐이나마 듣고 있는 이야기 속을 관통하는 삶을 산다.

다섯째, 연행적 반응은 어린 독자가 텍스트 세계로 들어가 텍스트를 의도대로 조작하며 나타나는 반응이다. 텍스트는 독자의 카니발식 축제의 놀이터이자 어린 독자의 창의성을 발현시키는 연단의 기능을 한다. 문학을 연행적으로 이해할 때 어린 독자는 마치 텍스트가 자신을 창의적으로 표현하게 하는 공간이라도 되는 것처럼 텍스트 위에 위치한다.

정리하면 그림책 읽기 상황에서 텍스트의 의미는 텍스트와 어린 독자 간의 상호작용, 성인과 어린 독자 간의 상호작용, 어린 독자와 또래 독자 간의 상호작용, 개인의 사전 지식과의 상호작용이 이루어지는 사이에 만들어진다. 어린 독자 중심의 상호작용이 이루어지는 사이 독자는 문학적 이해에 한발 다가서는 것이다. 따라서 그림책 읽기는 '이해' 및 '감상'뿐만 아니라 어린 독자의 구체적인 반응을 통해 해석을 명료화할 수 있는 '비평'과 또래의 반응과 성인의 발문으로 자기 생각을 재구성하고 '창작'까지 아우를 수 있는 읽기가 되어야 한다.

장난꾸러기 개미 두 마리

글·그림 | 크리스 반 알스버그
옮김 | 이지유
출판사 | 국민서관

그림책 읽기 과정에서 어린 독자의 반응을 활성화하는 그림책 읽기 예시를 들면 다음과 같다. 예시 그림책은 『장난꾸러기 개미 두 마리』이다. 실제편에 실은 그림책 또한 예시 그림책처럼 한 권씩 분석한 후 조금 더 쉽게 활용할 수 있도록 정리하였다.

내용요약

어느 날 정찰병 개미가 달콤한 수정을 가져온다. 여왕이 좋아하자 개미들은 달콤한 수정을 더 가져오기 위해 길을 떠난다. 개미들은 정찰병 개미 뒤를 따라 거대한 숲을 지나, 가파른 산을 오르며 수정 호수에 도착한다. 개미들은 수정 조각을 하나씩 입에 물고 집으로 떠난다. 하지만 개미 두 마리는 수정 호수 안에서 수정을 맘껏 먹으며 이곳에서 살기로 한다. 이때부터 개미 두 마리의 모험이 시작된다. 개미 두 마리는 정체 모를 물건에 의해 검은 호수에 빠지게 되고, 폭포수 아래로 떨어지게 되고, 뜨거운 불구덩이에 들어가기도 하고 튀어나오기도 한다. 온갖 위험으로부터 간신히 벗어난 개미 두 마리는 다음날 다시 찾아온 개미 동료들의 무리에 섞여 여왕개미가 있는 자신들의 집으로 돌아간다.

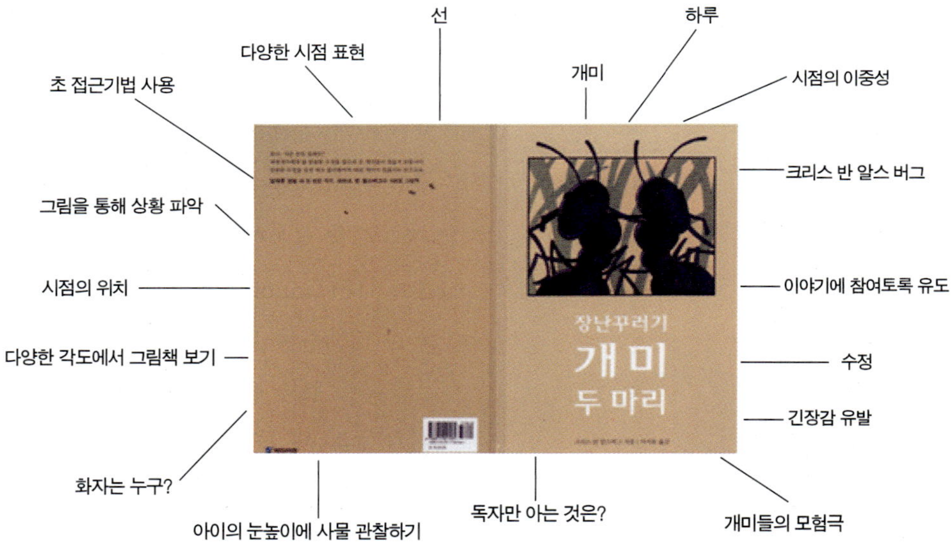

[이 책의 키워드 및 그림 정보]

도 입

이 책의 작가에 대해

『장난꾸러기 개미 두 마리』는 크리스 반 알스버그(Chris Van Allsburg)의 작품이다. 그는 현실과 환상의 경계를 멋지게 넘나들며 독특한 그림책 세계를 구축해 온 미국의 그림책 작가이다. 또한, 칼데콧상을 세 번이나 받은 작가이다. 작가의 다른 작품으로는 『리버벤드 마을의 이상한 하루』, 『세상에서 가장 맛있는 무화과』, 『이건 꿈일 뿐이야』, 『마법사 압둘 가사지의 정원』, 『자수라』, 『쥬만지』, 『북극으로 가는 기차』 등이 있다.

전 개

읽기 전

그림책 판형의 모양과 크기에 관해 이야기를 나누며 앞표지를 탐색한다. 표지 배경 그림에 관해 물어본 후 인물은 누구이며, 어떤 행동을 하는지에 관해 이야기를 나누고, 표지의 제목과 그림을 연관지어 어떤 이야기인지 예측해 보도록 한다.

읽기 중

자연스럽게 장면과 장면을 읽을 때 경험과 다른 텍스트에 관련된 이야기에 대한 반응을 독려한다. 독자가 다음 장면에 관한 이야기가 궁금하거나 해당 페이지에서 이야깃거리가 없어 빨리 넘기기를 원할 경우 머무르는 시간 없이 페이지를 넘기도록 한다. 또한, 장면 속 숨은 그림의 의도를 찾을 때나 상상의 날개를 펼치며 이야기를 꾸며 나가면 이를 독려하면서 해당 장면에 충분한 시간 동안 머무른다.

[질문예시]

- (그림의 한 장면을 펼치며) 이 장면은 어느 위치에서 개미를 보고 있는 것 같아요?
- 글은 누가 이야기하는 걸까요? 개미가 이야기하는 걸까요?
- 수정 호수는 뭐라고 생각해요?
- 검은 호수는요? (원반은요? 숨기에 알맞은 검은 구멍은 뭔지 알겠어요?)
- 숨기에 알맞은 검은 구멍에 들어가면 어떻게 될까요?
- 개미들은 왜 모를까요?, 우리가 알려줄까요?
- 혹시 자신의 눈에 아주 아주 커다랗게 보이는 물건이 있나요? 있다면 무엇일까요?
- 그림을 자세히 볼까요? 각각의 선들은 어떤 느낌이 드나요?

읽기 후

가장 인상적인 장면과 재미있는 장면에 관해 이야기를 나눈다. 또한, 전체적인 느낌에 대해서 다시 한 번 이야기를 나눈다.

[질문예시]

- 가장 재미있었던 장면은 어떤 장면인가요? 왜 그렇게 생각해요?
- 가장 중요한 장면은 어디이고, 왜 그렇게 생각하나요?
- 어떤 이야기인지 간단하게 이야기해 줄래요?
- 개미 두 마리는 어떻게 수정 호수에 남게 되었나요?
- 장난꾸러기 개미 두 마리는 다음에 또 수정 호수에 갔을까요?
- 장난꾸러기 개미 두 마리에게 해주고 싶은 말이 있나요?
- 이 책 외에 부지런한 개미 이야기를 알고 있나요?
- 뒷이야기를 꾸며 볼까요?

마무리

- 장난꾸러기 개미 두 마리처럼 어려움을 경험한 이야기를 나눈다.
- 동물들의 눈에는 내가 어떻게 보일지에 관해 생각해 본다
  (개미의 눈엔 내가? 기린의 눈엔 내가? 사자의 눈엔 내가? 등)

[확장 활동 예시]

- 아이와 함께 줄자를 이용해 사물의 크기를 재어보며 비교해 본다.
- 부모가 오리걸음으로 아이의 눈높이에 맞춰 눈을 맞추고 걸어보며 사물을 관찰한다.
- 선만을 이용해 그림을 그려본다(직선, 곡선, 사선 등등의 선들의 느낌을 이야기 나눈다).
- 설탕의 달콤함을 맛본다. 달콤한 것들에 관해 이야기 나누어 본다.

함·께·읽·어·보·세·요

- 『벽 속에 늑대가 있어』 닐 가이먼 글, 데이브 맥킨 그림 | 비룡소
- 『피자를 구워주는 피아노 선생님』 주잔네 얀센 글·그림 | 비룡소
- 『1999년 6월 29일』 데이비드 위즈너 글·그림 | 미래아이
- 『위를 봐요』 정진호 글·그림 | 현암사
- 『커다란 순무』 알릭세이 톨스토이 글, 헬렌 옥슨버리 그림 | 시공주니어
- 『아기 오리들한테 길을 비켜주세요』 로버트 맥클로스키 글·그림 | 시공주니어

이 책의 특징

『장난꾸러기 개미 두 마리』는 일반적인 그림책과는 다른 시점의 이중성을 지니고 있다. 일반적인 그림책의 글은 1인칭, 그림은 3인칭의 시점으로 이야기가 펼쳐진다. 하지만 『장난꾸러기 개미 두 마리』의 글 텍스트는 대화체가 거의 없는 3인칭 전지적 작가 시점에서의 설명조로 대부분 이루어져 있다. 글 텍스트는 시종일관 개미의 관점에서 이야기한다. 그림 텍스트 또한 사람의 눈이 아닌 개미의 눈으로, 개미의 입장에서 바라보는 3인칭 관찰자 시점에서 또 다른 서술자가 이야기하고 있다. 이처럼 시점의 이중성을 지닌 그림책은 연극처럼 서로 다른 형식으로 전달되는 정보 사이의 모순된 관계에 의존하여 대화체로 진행된다. 즉, 『장난꾸러기 개미 두 마리』는 글과 그림, 텍스트 모두 3인칭 시점에서 바라보는 이중성을 지녔다. 이로 인해 『장난꾸러기 개미 두 마리』는 긴장감을 유발한다. 독자는 관객의 시점에서 연극을 보는 것과 같은 느낌으로 텍스트를 바라보기 때문이다. 책 속의 등장인물이 모르는 많은 사실을 알고 있는 독자는 시종일관 책 속 내용에 관여하게 된다. 이는 이 그림책이 더욱더 재미있게 느껴지는 이유이다. 책 속의 이야기에 관여한다는 것은 몰입하면서 읽고 있다는 것이기 때문이다. 이 책은 끝내 화자가 누구인지 알 수가 없다. 독자는 단지 글과 그림이 주인공 개미 두 마리에 관해 이야기하고 있다는 사실만 알 수 있을 뿐이다.

Chapter 03

그림책 선정

1 좋은 그림책의 정의

2 좋은 그림책의 선정 기준

3 그림책 선정 방법

4 그림책 선정 실제

1. 좋은 그림책의 정의

일반적으로 그림책은 부모나 교사가 아이와 함께 읽는 책이다. 그러므로 좋은 그림책을 선정하여 읽어 준다는 것은 아이에게 좋은 음식을 먹이는 것과 같다. 좋은 음식이란 맛과 영양이 있어야 하며 아이가 그 음식을 먹었을 때 소화할 수 있어야 한다. 즉, 그림책을 보며 이해 하고 재미를 느끼며 아이의 모든 발달에 도움이 될 수 있는 책이어야 한다.

좋은 그림책은 아이의 생각을 변화시키고 마음을 움직이게 할 수 있다. 아이는 그림책을 통해 많은 이야기를 접하고 주변 환경과 긍정적 관계를 맺으며 자신의 내면을 성장시키기 때문이다. 재미있게 읽어 주는 것도 중요하지만 아이와 즐거운 소통이 될 수 있어야 하며 그림의 숨은 의미를 찾아 아이의 창의성, 사회성, 감성을 깨울 수 있는 책 선정이 우선되어야 한다. 그러기 위해 내용이 좋아야 하고, 글의 리듬성이 있으며 정서적 표현이 풍부한 책이 좋다.

그림책은 글로 이야기하고 그림으로 이야기를 한다. 그림책의 그림은 여러 가지 기법(판화, 점토, 콜라주기법 등)을 사용하여 표현한다. 그림으로 이야기를 잘 표현하는 것이 중요하다.

또한, 글은 간결한 문체로 생동감이 있어야 하며 대구가 맞게 된 글이나 각운이 맞는 글은 리듬감이 있어 아이들이 감각적으로 받아들인다.

상황 중심의 전개보다 심리적인 감정이 자연스럽게 드러나 다양한 감정을 공유하고 공감할 수 있으며, 유아기에 그림책에서 얻은 풍부한 정서가 타인과 소통하는 데 중요한 바탕이 되므로 긍정적인 영향을 주는 책이어야 한다.

그림책 작가 이수지(2011)는 좋은 그림책을 다음과 같이 표현했다. “좋은 그림책은 마치 겉감과 안감을 구분할 수 없는 옷처럼, 이야기와 그 이야기의 표현방식이 서로 딱 달라붙어 있다. 마치 이 표현 방식이 아니면 이 이야기가 아예 성립되지 않을 것 같은 느낌을 준다. 여기서 ‘표현방식’이란 단순히 그것이 글이냐 그림이냐가 아니라 글과 그림의 조합방식, 그림의 스타일과 전략, 책의 모양과 페이지를 넘기는 방향 등 이야기를 효과적으로 독자에게 나르는 모든 방법을 말한다. 작가는 하고 싶은 이야기에 걸맞은 표현방식을 생각하며, 각각의 그림책 형식의 장점과 효과를 선택적으로 이용한다."라고 했다.

2. 좋은 그림책의 선정 기준

현대는 정보의 홍수라 할 수 있을 만큼 많은 책이 출판된다. 읽을거리가 넘치는 이 시대에 어떤 책이 좋은 책이고 어떤 책을 읽혀야 하는지 분별해 내는 기준이 필요하다. 특히 유아기에 그림책을 통해 다양한 체험의 기회를 얻고 풍부한 상상력을 키울 수 있도록 좋은 그림책을 선정하는 게 중요하다.

무엇보다 책을 고를 때 가장 먼저 고려해야 할 사항은 아이의 발달 수준이다. 아이의 연령, 그림책에 대한 사전 경험, 개별적 특성 등을 기본으로 어떤 책을 언제 어떻게 읽어 줄 것인가를 생각해야 한다. 책을 고르는 교사나 부모의 기준으로 아이의 책을 선정하지 않도록 특별히 주의하여야 한다.

하지만 아이들의 흥미와 선택에만 맡기는 것 또한 주의하여야 한다. 좋은 책과 좋아하는 책 사이에 거리가 있을 수 있기 때문이다.

1) 작품성

좋은 그림책은 문학적, 예술적, 교육적으로 훌륭한 작품이다.

(1) 내용

① 아이의 자율성이나 주도성을 형성하는 데 도움이 되는 내용으로 유익하고 재미있으며 감동적이어야 한다. 아이의 수준에 맞게 줄거리가 단순하고 흥미로워야 하며 쉽게 공감할 수 있는 친숙한 소재로 이전에 다뤄지지 않았던 소재나 주제의 내용으로 감동을 줄 수 있어야 한다.

② 책 속의 주인공을 통해 성취감과 만족감을 얻을 수 있어야 한다. 그림책을 통해 간접 경험을 할 수 있으며 등장인물과 동일시 과정을 통해 자존감을 키우고 정서발달을 이룰 수 있어야 한다. 유아기 아이들은 물활론적 사고로 사람만이 아니라 의인화된 동물이나 사물 등 그림책의 등장인물에게 공감과 동일시가 가능하다.

③ 언어적 즐거움을 줄 수 있어야 한다. 아이를 대상으로 하는 작품의 언어 특성중 하나가 '리듬'의 중요성이다. 특히 유아기 어린이들은 주로 어른들이 읽어 주는 것을 통해 감상하므로 눈으로 뿐만 아니라 귀로도 감상하는 특성이 있기 때문이다. 다양한 소리 흉내말, 모양 흉내말이 들어 있는 간결하고 짧은 문장의 리듬성에서 읽는 재미를 더 느낄 수 있으며 우리말의 아름다움을 경험할 수 있다.

(2) 구성

① 쉽게 몰입하고 이해할 수 있도록 구성되어야 한다. 작품의 특성에 따라 작가가 구성하는 형식이 다르지만 아이를 대상으로 하는 그림책은 복선적이기 보다는 단선적이어야 한다. 명확한 기승전결과 분명한 클라이맥스로 이야기의 주제나 등장인물, 배경, 플롯 등을 잘 표현해야 주제와 내용이 더 잘 전달된다.

② 글과 그림의 비중이 적절한 조화를 이루어야 한다. 그림책은 그림의 비중이 크므로 책의 내용을 충분히 이해할 수 있도록 그림이 간결하며 효과적으로 표현되어야 한다.

③ 그림책의 표현 방식이 독창적이어야 한다. 문자 언어와 그림 언어 두 가지로 표현되기 때문에 글과 그림의 유기적 관계가 매우 중요하다. 글의 어휘나 문체, 그림의 표현 기법이나 사용된 재료가 독창적이어야 한다.

④ 구성 요소가 조화로워야 한다. 그림책 속의 글과 그림의 배열 또는 공간의 활용이 내용과 관련되도록 조화를 이루어야 한다. 글과 그림의 조형 요소

(색, 선, 모양 등)가 이야기의 내용과 느낌을 잘 표현하고 있는지 살펴보아야 한다. 질감, 구도, 표지, 면지, 글씨체 등도 이야기 구성에 잘 맞아야 한다.

2) 대상성

① 책을 읽을 대상이 어린 독자라는 점을 간과해서는 안 된다.

② 그림책은 교사나 부모가 자신의 생각을 중심으로 선정하게 되는 경우가 많다. 어린이의 흥미, 관심을 갖는 소재나 주제, 이야기 구성, 문체, 그림의 특성, 장르 뿐만 아니라 어린이의 잠재적 관심을 이끌어낼 만한 면을 포함해서 책을 선정해야 한다.

③ 어린이의 발달에 적합해야 한다. 특히 리듬감이 있고 재미있는 언어, 사건 중심의 이야기와 그림, 빠른 전개는 아이의 상상력을 자극하는 요소로써 아이의 적극적인 반응을 얻을 수 있다. 어린이가 혼자서 보기 적합한 책은 물론, 교사나 부모의 도움을 받아 어린이 혼자 읽기에 적합한 그림책이어야 한다.

④ 어린이가 이해하고 공감할 수 있는 내용, 호기심을 유발하는 내용과 형식으로 되어있어야 한다. 아이의 현실 또는 환상의 세계가 반영되어야 한다. 아이의 욕구를 충족시켜주거나 동일시를 가능하게 함으로써 아이에게 즐거움과 안정감, 카타르시스를 줄 수 있어야 한다.

3) 교수 적합성

① 어린이의 생각과 가치관에 긍정적인 영향을 줄 수 있어야 한다. 그림책을 통해 글과 그림의 상호작용으로 다양한 이미지를 읽고 이해하는 단계이므로 생활하면서 지켜야 할 규범 등 사회적 기술을 배울 수 있으면 좋다.

② 책의 주제가 어린이의 연령과 발달적 특성에 맞아야 하고 교사나 부모에게도 흥미로운 내용이어야 좋다.

③ 좋은 그림책을 선정할 때 교육성은 교육의 목표에 의해 정해진다. 어떤 것이

교육성이 있다고 제시하기보다 언제 어떻게 읽어 주면 좋을 것인가를 고려하여 그림책을 선정할 수 있다.

④ 어린이의 경험이나 관심사, 시사와 관련되는 그림책을 상황에 맞게 선정하여 읽어 주도록 한다.

⑤ 일상적인 생활 주제 외에 소풍이나 견학 등의 경험, 뉴스를 통해 본 사건(산불, 교통사고 등)을 내용으로 그와 관련된 그림책을 선정하여 읽어 줄 수도 있다.

⑥ 교육적 가치가 있는 작품을 선정한다(Lynch-Brown & Tomlinson, 2005).

- 바람직한 방향으로 어린이들을 성장하도록 돕는가?
- 다양한 문제해결에 대한 통찰력을 길러 주는가?
- 다른 사람과 문화를 이해하는 데 도움을 주는가?
- 올바른 인격의 기초를 닦도록 도와주는가?
- 정서적인 안정감을 주는가?
- 삶의 진리를 깨닫는 데 도움을 주는가?
- 문학에 대한 흥미와 취향을 갖게 해 주는가?

4) 그림책의 좋은 그림 평가 준거

그림책에서 그림이 예술적으로 글의 내용과 잘 부합되어 완성되었는지 보아야 한다.

다음은 마쯔이 다다시(Tadashi, M.,1990)의 좋은 그림의 기준이다.

① 생명의 움직임을 볼 수 있어야 한다. 동 · 식물이나 무생물을 표현할 때 생명력이 표현되어 있어 어린이가 생명력을 느낄 수 있어야 한다.

② 이야기가 담긴 그림이어야 한다. 그림책의 그림이 얼마나 풍부하게 이야기를 표현하고 있는가이다. 특히 글이 없는 그림책은 그림을 통해 줄거리를 읽어 낼수 있어야 한다.

③ 탁월한 세부 묘사가 있는 그림이어야 한다. 어린이는 그림 한 장면 속에서 여러 가지 이야기의 뜻과 놀이를 읽어 내는 능력을 가지고 있다. 어린이의 이런 감각을 잘 살리기 위해 정확하게 이야기의 세계를 표현해야 한다. 정확한 세부 묘사는 그림책에 현실감을 주어 어린이가 이야기의 언어세계를 시각적 세계로 발전시킬 수 있다.

④ 좋은 그림이란 어린이의 입장에서 그린 그림이다. 어른의 입장에서 그린 그림은 고정관념이 내포될 수 있다. 어린이가 자신의 세계라고 느끼며 열정적 반응을 보여줄 수 있는 그림이어야 한다.

3. 그림책 선정 방법

1) 책 읽어 주기 계획 수립

어떤 책을 선정하면 좋을까를 고민하기보다 아이의 성장 단계에 따른 독서 계획을 세우는 것이 우선 되어야 한다. 또한, 독서의 목적을 설정하는 것도 중요하다.

독서 계획을 세우면 충동적으로 책을 선정하지 않게 되며 때를 놓치지 않고 적기에 책을 보여 줄수 있어 좋다.

미국도서관협회의 권독 기준은 '적서(適書)를 적시(適時)에 적자(適者)에게(The right book for the right person at the right time)'이다.

아동발달에 따른 독서 계획은 실패할 확률이 적지만 아이의 개인차를 고려해 독서 계획을 세워 책을 선정하도록 한다.

만 2세 까지는 감각 경험과 신체 발달을 도울 수 있는 책을 계획하고 3세 이후는 발달이론에 기초해 언어 발달과 상상력 발달을 위한 그림책으로, 7세~11세는 타인을 이해할 수 있는 그림책을 읽도록 계획을 세우는 것이 바람직하다.

[참고 1] 0~1세 및 2세 표준보육과정 의사소통 영역 목표 (보건복지부, 2020개정)

<table>
<tr><th>연령</th><th>0~1세</th><th>2세</th></tr>
<tr><td>목표</td><td>〈 의사소통 능력의 기초를 형성한다.〉
• 일상생활에서 듣기와 말하기를 즐긴다.
• 읽기와 쓰기에 관련된 관심을 가진다.
• 책과 이야기에 관심을 가진다.</td><td>〈의사소통 능력과 상상력의 기초를 기른다.〉
• 일상생활에서 듣기와 말하기를 즐긴다.
• 읽기와 쓰기에 관심을 가진다.
• 책과 이야기에 재미를 느낀다.</td></tr>
<tr><td rowspan="6">내용</td><td colspan="2">듣기와 말하기</td></tr>
<tr><td>• 표정, 몸짓, 말과 주변의 소리에 관심을 갖고 듣는다.
• 상대방의 이야기를 들으면서 말소리를 낸다.
• 표정, 몸짓, 말소리로 의사를 표현한다.</td><td>• 표정, 몸짓, 말에 관심을 갖고 듣는다.
• 상대방의 이야기를 듣고 말한다.
• 표정, 몸짓, 단어로 의사를 표현한다.
• 자신의 요구와 느낌을 말한다.</td></tr>
<tr><td colspan="2">읽기와 쓰기에 관심 가지기</td></tr>
<tr><td>• 주변의 그림과 상징에 관심을 가진다.
• 끼적이기에 관심을 가진다.</td><td>• 주변의 그림과 상징, 글자에 관심을 가진다.
• 끼적이며 표현하기를 즐긴다.</td></tr>
<tr><td colspan="2">책과 이야기 즐기기</td></tr>
<tr><td>• 책에 관심을 가진다.
• 이야기에 관심을 가진다.</td><td>• 책에 관심을 가지고 상상한다.
• 말놀이와 이야기에 재미를 느낀다.</td></tr>
</table>

출처: 보건복지부(2020)

[참고 2] 3~5세 누리과정 의사소통 영역 목표 및 내용 (교육부 2019개정)

<table>
<tr><th>연령</th><th>3~5세</th></tr>
<tr><td>목표</td><td>〈일상생활에 필요한 의사소통 능력과 상상력을 기른다.〉
• 일상생활에서 듣고 말하기를 즐긴다
• 읽기와 쓰기에 관심을 가진다.
• 책이나 이야기를 통해 상상하기를 즐긴다.</td></tr>
<tr><td rowspan="2">내용</td><td>듣기와 말하기</td></tr>
<tr><td>• 말이나 이야기를 관심 있게 듣는다.
• 자신의 경험, 느낌, 생각을 말한다.
• 상황에 적절한 단어를 사용하여 말한다.
• 상대방이 하는 이야기를 듣고 관련해서 말한다.
• 바른 태도로 듣고 말한다.
• 고운 말을 사용한다</td></tr>
</table>

연령	3~5세
내용	읽기와 · 쓰기에 관심 가지기
	• 말과 글의 관계에 관심을 가진다. • 주변의 상징, 글자 등의 읽기에 관심을 가진다. • 자신의 생각을 글자와 비슷한 형태로 표현한다.
	책과 이야기 즐기기
	• 책에 관심을 가지고 상상하기를 즐긴다. • 동화, 동시에서 말의 재미를 느낀다. • 말놀이와 이야기 짓기를 즐긴다.

출처: 교육부(2019)

2) 그림책 선정 시 주의할 점

① 책을 읽을 어린이의 관심사나 수준, 상황을 고려한 책 선정이 책 읽기 효과를 높일 수 있다.

② 어린이의 독서 능력과 성장단계에 맞아야 한다. 지나치게 어렵거나 쉬우면 책 읽기의 흥미를 잃게 된다.

③ 적절한 분량의 책을 선정하고 준비한다. 많은 분량의 책을 한꺼번에 준비하면 책 읽기가 부담스러울 수 있다.

④ 베스트셀러라고 해서 무조건 좋은 책은 아니다. 소문이나 광고에 현혹되어서는 안 된다.

⑤ 다양한 체험을 할 수 있도록 고전과 신간 서적, 다양한 장르의 도서를 읽도록 한다.

⑥ 권장 도서목록은 어린이들의 개인차를 인정하기 어렵고 관심사나 환경에 따라 능력의 차이가 있을 수 있다. 도서목록에 없어도 좋은 책이 있을 수 있다.

⑦ 부모가 먼저 읽어 보고 자녀의 특성에 맞는 책을 고르는 것도 좋은 방법이다. 부모나 교사의 욕심으로 책을 선정하지 않도록 한다.

⑧ 서점 등에서 나이에 따라 설정해 놓은 권장 도서목록이나 학년별 분류는 아이의 '책 나이'를 신중하게 고려하여 선정해야 한다.

그림책 정보 활용

- 그림책을 선정하려면 신문이나 잡지에 소개된 기사 및 출판 광고를 활용할 수 있다. 하지만 비판적인 시각이 필요하다.
- 주위 사람들과 책에 대한 정보를 교환하거나 TV 라디오 등 매스컴의 책 정보를 이용할 수 있다. 서점과 도서관에 자주 들러 책의 흐름과 책에 대한 안목을 넓히는 것도 좋다.
- 인터넷서점은 인터넷으로 자세히 살펴 볼 수 있어 시간도 절약되고, '펼쳐 보기'가 가능해 작가나 책의 목차 등을 미리 알아볼 수 있어 일석이조다.

4. 그림책 선정 실제

1) 연령별 발달 특징에 따른 선정

(1) 0세~ 만 1세

이 시기의 아이들은 손에 잡히는 모든 것을 입으로 가져가 빨려고 하는 특징이 있다.

❖ 실제 선정 시 고려할 점

- 입으로 물고 빨아도 괜찮은 책
- 크기가 아기 손에 맞는 블록책으로 헝겊이나 부드러운 비닐로 된 책
- 밝고 단순한 배경과 대조적인 그림이 있으며 크고 단순한 그림이 있는 책
- 생활에서 볼 수 있는 사물이나 활동이 들어 있는 책

(2) 만 1세~ 만 2세

초보적 문장 형성을 위해 한 두 단어를 말하는 시기이므로 그림책의 역할이 떨어지더라도 흥미를 갖는 책을 선택하는 것이 좋다 (어휘력 신장).

❖ 실제 선정 시 고려할 점

- 사물의 개념이나 이름을 알 수 있는 책
- 그림과 글이 일치하고 친근한 주인공이나 물체, 친근한 상황이 담긴 책
- 호기심을 자극하고 오감을 발달시킬 수 있는 책
- 아기가 가지고 다니기 좋은 작은 책
- 움직임이 있는 책, 노래나 운율이 있는 재미있는 말소리를 담고 있어 흥얼거리며 익힐 수 있는 책

(3) 만 2세~ 만 4세

이 시기의 아이는 독서 욕구가 넘쳐나므로 책에 대한 흥미를 계속 유지할 수 있도록 다양한 종류의 그림책을 읽어 주도록 한다. 아이나 어린 동물들이 등장해 일상생활을 보여 주는 그림책을 통해 생활 습관을 형성한다.(대소변 가리기, 옷 입기, 혼자 수저 사용하기 등)

❖ 실제 선정 시 고려할 점

- 플랩 북, 팝업 북 등을 통해 흥미를 유발할 수 있는 책
- 환상 이야기책
- 선과 악이 뚜렷이 드러난 책
- 가족의 사랑을 알 수 있는 책
- 단순한 구조의 짧은 내용의 책으로 수 세기나 글자를 배울 수 있는 책
- 색, 모양, 자신의 몸 등 정보 전달과 개념 습득에 관한 책

(4) 만 4세~ 만 5세

어휘력 폭발 시기로 책을 읽어 주고 대화를 많이 해서 어휘력을 확장 시키도록 한다. 전래동화나 환상동화, 생활에서 접할 수 있는 지식과 정보에 관한 책을 읽어 주고 추상적인 언어도 이해하도록 한다.

❖ 실제 선정 시 고려할 점

- 글자와 숫자를 자연스럽게 익힐 수 있는 책
- 자기 존중감을 다룬 책과 가족의 사랑을 알 수 있는 책
- 어린이집이나 유치원에서 좋은 친구 관계를 위한 친구 간의 우정을 다룬 책
- 흥미를 주는 플랩북과 팝업 북
- 예상 가능한 결말을 보여주어 결과성이 나타나는 책
- 글자 없는 그림책을 통해 상상력과 창의력을 기를 수 있는 책
- 과학, 생태계, 성 등 다양한 정보를 다룬 책

(5) 만5세~ 만 7세

이 시기에는 유아의 활동 영역이 넓어지므로 생활 습관 형성과 관련된 책을 선택한다. 책 읽어 주기가 중요한 시기이므로 다양한 책을 선택하여 책에 대한 흥미를 지속시키며 읽고 쓰기를 고려하여 다양한 책을 선택한다.

❖ 실제 선정 시 고려할 점

- 가족의 사랑을 다루거나 일상에서 겪을 수 있는 내용의 그림책
- 스토리가 단순하며 긍정적 결말의 그림책
- 더불어 살아가는 삶을 다룬 책
- 환상동화로 상상력을 신장시키는 책
- 생태계, 성, 과학 등 분야별로 다양한 지식과 정보를 다룬 책

2) 장르별 선정

(1) 옛이야기 그림책

민담, 신화, 전설 등을 재화하여 만든 옛이야기 그림책의 선정 기준은 다음과 같다.

① 심리적 기준 : 문제를 해결하려는 의지와 용기를 주며 자신감과 성취감

을 키워 줄 수 있어야 한다. 정서적 안정감을 주며 좋은 심성을 길러줄 수 있어야 한다.

② 사회 · 문화적 기준 : 삶의 보편적 진리와 가치, 정서를 담고 있어야 하며, 조상의 멋과 지혜, 해학과 풍자 등 민족 고유의 문화를 담고 있어야 한다.

③ 문학적 기준 : 화소(motif)가 충실하게 재구성되어야 한다. 이야기 전개의 개연성이 있어야 하며 즐거움을 주는 언어로 창의적 상상을 불러일으킬 수 있어야 한다. 교훈을 직접적으로 전달하지 않고 감동을 주어야 한다.

❖ 실제 선정 시 고려할 점

- 글과 그림이 조화를 이룬 책
- 재화일 경우 원작에 근거한 책
- 어휘가 쉽고 리듬감이 느껴지는 책
- 권선징악을 다루고 있는 책
- 조상의 멋과 해학, 풍속을 알 수 있는 책
- 효도, 우애, 협동, 정의, 용기 등의 주제를 담은 책
- 구어체의 어미로 친근한 느낌을 주는 책
- 기승전결의 구조가 명확하여 줄거리가 단순하고 명쾌한 책
- 그림을 통해서 전통적인 색감을 경험할 수 있는 책

(2) 전래동요 그림책

전래동요는 아기가 맨 처음 접하는 문학의 형태로 옛날부터 전해 내려오는 어린이의 노래다. 음악성과 흥미성을 갖추고 반복어가 많으며 일정한 음보가 반복되어 기억하기 쉽고 부르기도 쉽다.

① 주제 : 우리 민족의 정신문화와 정서가 담겨 있어야 한다.

② 문체 : 우리 말의 재미와 맛이 살아 있어야 한다.

③ 운율 : 우리 민족의 음악적 특징이 담겨 있어야 한다.

❖ 실제 선정 시 고려할 점

- 노래와 몸놀이를 함께 할 수 있는 책
- 전래동요를 부르며 신명나게 노는 모습을 보여 주는 책
- 요즘 어린이들의 감성을 고려하여 재창작한 책

(3) 시 그림책

동요처럼 음수율이 없이 자유로운 형태의 동시를 그림책으로 만든 것.

① 주제 및 소재 : 어린이의 욕구나 감정, 생활을 주제로 어린이가 이해할 수 있는 소재로 표현되어야 한다.

② 윤율 : 리듬감이나 음악성이 살아있어야 하고 외형률이나 내재율이 뚜렷해야 한다. 의성어, 의태어 등이 적절히 사용되어 리듬감을 느낄 수 있으면 좋다.

③ 비유 : 함축적으로 표현하기 적절한 비유로 상상력이 풍부한 비유여야 한다.

④ 이미지 : 감각어가 적절히 사용되고 뚜렷한 이미지여야 한다.

⑤ 어조 : 처음부터 끝까지 일관된 어조로 주제에 적합한 어조여야 한다.

❖ 실제 선정 시 고려할 점

- 어린이의 시각에서 이해할 수 있는 책
- 시와 그림이 조화를 이루어 어린이가 공감할 수 있는 책
- 어린이가 공감할 수 있는 정서를 담은 책
- 어린이의 생활과 관련이 있는 흥미 있는 내용의 책

(4) 환상 그림책

등장인물이나 배경, 사건 등이 상상력에 기초하여 이루어진 이야기 그림책.

① 주제 : 가치 있는 주제로 새로운 통찰력과 인식을 갖게 해 주어야 하며 현실의 억압으로부터 일탈이나 카타르시스를 경험할 수 있어야 한다. 상상의 즐거움, 심리적 보상과 대리만족감을 주어야 한다.

② 등장인물 : 등장인물의 감정과 상황이 보편성에 근거하여 실제와 연결되어 묘사되어야 한다. 동일시할 수 있는 등장인물로 이야기 전개에 일관성 있는 행동으로 사건에 반응해야 하며 현실과 환상적인 상황에서도 인물의 성격은 일관되어야 한다.

③ 플롯 : 믿을 만한 줄거리로 환상과 실제를 잘 조화시켜 현실과 환상 세계와 전환이 자연스러워야 한다. 사건이 논리적 일관성을 갖고 환상적 요소가 논리적으로 이야기에 잘 조화되어야 한다.

④ 배경 : 시간적 · 공간적 배경이 사실처럼 표현되며 이야기에 잘 조화되어야 한다.

⑤ 문체 : 환상을 주는 문체로 세부 묘사가 줄거리, 장면, 인물, 관점과 일관되어야 한다.

⑥ 결말 : 이야기의 끝이 환상을 깨뜨리지 않아야 한다.

❖ 실제 선정 시 고려할 점

- 이미지를 효과적으로 구현하여 독자의 상상력을 확장시키는 책
- 환상 세계와 현실 세계의 전환이 자연스럽고 환상 세계의 간접 경험을 통해 즐거움을 주는 책
- 배경과 주인공에 대한 묘사가 잘 되어 주인공과 동일시하며 심리적 위안을 얻을 수 있는 책
- 이성적이거나 합리적인 것을 배제한 어린이의 상상력을 격려하는 책
- 생활의 보편성에 근거하여 상상한 이야기 안에 논리성이 있는 책

(5) 사실 그림책

어린이의 구체적인 생활을 소재로 현실 세계에서 일어날 수 있는 사건을 이야기한 것으로 간접경험을 할 수 있게 해 주며 등장인물과 동일시할 수 있게 해주는 그림책.

① 주제 : 자신과 다른 사람을 통찰할 수 있어야 한다. 생활에 적용될 수 있는 주제로 문화적 다양성을 존중해야 한다.

② 등장인물 : 등장인물이 실제 사람이나 동물처럼 말하고 행동하고 느끼는 것처럼 표현되어야 한다.

③ 플롯 : 실제 일어날 수 있는 사건으로 갈등, 문제가 현실적 방식으로 해결되어야 한다. 이야기의 전개가 생생한 속도로 전개되며 어린이가 이해할 수 있는 플롯이어야 한다.

④ 배경 : 실제 존재할 수 있는 장소에서 사건이 일어나야 하고 장면이 떠오를 수 있도록 배경이 묘사되어야 한다.

⑤ 문체 : 서정적 언어로 등장인물의 생각이 사실적이며 자연스러워야 한다.

❖ 실제 선정 시 고려할 점

- 줄거리가 단순하고 긍정적인 결말로 문제 해결이 되는 책
- 사실적 배경으로 인물 묘사가 잘 되어 현실감 있는 책
- 글과 그림이 어린이의 정서 상태를 잘 나타낸 책
- 어린이의 일상과 관련이 있어 공감이 되는 책
- 이야기에 유머와 어휘의 반복이 있어 책 읽는 즐거움을 주는 책

(6) 글 없는 그림책

글이 전혀 없거나 최소한의 글만으로 이야기를 전달하며 거의 그림에 의존하여 이야기를 구성한 그림책

① 어린이가 이해할 수 있는 이야기로 주제가 분명히 드러나야 한다.

② 등장인물의 감정과 느낌 등 인물 묘사가 분명하고 등장인물 간의 관계가 분명해야 한다.

③ 사건, 갈등, 문제 해결 과정이 분명하게 나타나야 한다.

④ 배경이 분명하게 나타나 있어야 한다.

❖ 실제 선정 시 고려할 점

- 친근한 주인공과 소재를 다루고 있어 이해하기 쉬운 책
- 그림만 보고 이야기 줄거리를 알 수 있는 책
- 그림으로 등장인물의 상호 관계, 문제 해결 방식을 충분히 전달하는 책
- 그림이 기승전결의 안정된 구성을 갖고 있는 책
- 그림이 전달하는 분위기가 내용과 조화를 이루고 있는 책

(7) 정보 그림책

최신 정보로 사진 자료나 그림 자료를 통해 정확한 사실을 전달하며 어린이가 이해하기 쉽게 쓴 책으로 주제에 맞는 내용이 정확해야 한다.

❖ 실제 선정 시 고려할 점

- 정보를 명확하게 전달할 수 있는 문체로 그림책의 특성을 나타내는 책
- 성이나 문화 등에 편견이 없고 원인과 결과를 논리적으로 보여주는 책

3) 발달 이론에 따른 선정

어린이의 기본적인 욕구는 그림책을 선정함에 있어 중요하다. 어린이 자신의 잠재적 욕구와 작품 속 주인공의 행동과 느낌에 동일시하는 감정 이입의 기회를 제공함으로써 심리적 · 정서적으로 좋은 교육의 기회가 되기 때문이다.

(1) 매슬로 욕구 이론에 의한 선정

매슬로(Maslow)는 인간의 성장발달을 기본 욕구를 충족해 가는 과정으로 설명하였다. 인간이 기본적인 욕구를 충족시키고 나면 다음 수준의 욕구를 만족시키고자 하는데, 이것은 가장 높은 욕구의 단계에 도달할 때까지 계속된다고 하였다.

즉, 생리적 욕구, 안전에 대한 욕구, 사랑하고 사랑받고 싶은 욕구, 소속감의 욕구, 자아 존중의 욕구, 자아실현의 욕구, 변화의 욕구, 탐구와 이해의 욕구, 심미적

욕구 등을 가지며 강도와 중요성에 따라 위계적으로 배열된다고 하였다.

① 생리적 욕구

인간의 가장 기본적인 욕구로서 선천적이고 본능적인 것과 관련이 된다. 먹는 것, 잠자는 것, 배설하는 것 등 일상적인 생활과 관련된 것으로서 다른 모든 욕구 중 가장 강력하다.

생리적 욕구가 반영된 그림책으로는 잠자리에서 유아가 편안하게 들을 수 있게 리듬감 있는 언어로 되어 있는 『이렇게 자 볼까? 저렇게 자 볼까?』, 『잠자는 책』, 『난 하나도 안 졸려, 잠자기 싫어!』 등의 책이 있으며, 배설의 기쁨이 담겨 있는 책으로 『똥이 풍덩』과 『응가 하자, 끙끙』 등의 책이 있다.

② 안전의 욕구

생리적 욕구가 어느 정도 충족되면 안전의 욕구로 발전하게 된다. 두려움, 불안, 무질서, 전쟁, 질병, 천재지변의 위기로부터 벗어나려는 욕구로 낯선 대상보다 익숙한 대상을 좋아하며 위급한 상황에 절박해진다.

안전의 욕구가 반영된 그림책으로는 애착물건인 담요'뿌뿌'를 꼭 갖고 다니는 『내 사랑 뿌뿌』, 걱정 많은 빌리가 곁에 두고 자는 걱정 인형 덕분에 잠을 잘자게 되었다는 『겁쟁이 빌리』, 어둠을 무서워하던 꼬마 박쥐가 소녀의 도움으로 두려움에서 벗어나게 되는 『어둠을 무서워하는 꼬마 박쥐』, 울고 있는 아기를 달래기 위해 동물들이 젖병, 딸랑이 등 익숙한 물건으로 아기가 새로운 환경에 안정적으로 적응하는 데 도움을 주는 『으앙 으앙』, 시골 쥐가 위험이 많은 도시가 싫어서 다시 시골로 돌아가는 『도시 쥐와 시골 쥐』, 개가 무서워진 주인공이 요정의 도움으로 큰 개가 되었다가 다시 소년으로 돌아오는 『개가 무서워요!』 등의 그림책이 있다.

③ 소속감과 사랑의 욕구

가족, 친구 등의 다른 사람과 따뜻한 관계를 맺으며 애정과 친밀감을 추구하는 욕구다. 가족 간의 사랑과 우정을 통해 긍정적 감정을 갖게 되며, 이 욕구가 충족되지 못할 때 부적응이나 심각한 사회 병리의 원인이 되기도 한다.

소속감과 사랑의 욕구가 반영된 그림책으로는 아빠와 엄마의 사랑을 확인하고 싶은 욕구를 충족시켜줄 수 있는 『내가 아빠를 얼마나 사랑하는지 아세요?』, 『그래도 엄마는 너를 사랑한단다』, 초록색 개구리와 하얀색 오리의 사랑 이야기인 『사랑에 빠진 개구리』, 아름다운 비늘을 혼자만 갖고 싶어하는 무지개 물고기가 친구들에게 자신의 비늘을 나누어 주는 『무지개 물고기』, 엄마의 푸근한 사랑이 잘 나타나 있는 『사랑해 사랑해 사랑해』, 『우리 엄마』, 동전을 모아 엄마가 앉고 싶어 하던 의자를 사서 행복해하는 『엄마의 의자』 등의 그림책이 있다.

④ 자기 존중의 욕구와 성취의 욕구

자신에 대해 다른 사람으로부터 안정적이고 호의적인 평가를 인정받으며 지위, 명성, 관심에 대한 존중을 얻고자 하는 욕구이다. 이 자존감의 욕구가 충족되면 자신감이 생기고 자기 신뢰. 성취감, 독립심 등이 생기며 자신이 가치 있는 존재라고 느끼게 된다. 그러나 자기 존중의 욕구가 충족되지 못하면 좌절감이나 열등감, 무력감, 나약함을 느끼게 되어 자기 비하를 초래한다.

자기 존중의 욕구와 성취의 욕구가 반영된 그림책으로는 작고 못생겨서 버려진 떠돌이 개 심프가 서커스단에 들어가 인정 많은 광대 아저씨를 위해 멋진 묘기를 부려 아저씨와 행복하게 사는 『대포알 심프』, 한 쪽 귀가 쳐진 토끼가 남들과 다른 자신의 모습에 실망하다가 마침내 자신의 귀는 남들과 다를 뿐이라는 점을 알게 되는 『내 귀는 짝짝이』, 자기존중의 욕구가 잘 나타나 있는 『내가 정말?』, 『다 이유가 있어!』 등의 그림책이 있다.

⑤ 자아 실현의 욕구

모든 욕구가 충족 된 후 새로운 일로 자신을 완성하려는 욕구로 자신의 잠재성을 실현하려는 성향의 욕구이다.

자아 실현의 욕구가 반영된 그림책으로는 겨울에 먹을 식량을 모으느라 열심히 일을 한 들쥐들에게 그동안 모아둔 햇살, 색깔, 이야기를 나눠주는 『프레드릭』, 스스로 보잘 것 없는 존재라고 여기던 똥이 자신을 녹이면 민들레 꽃을 피우는 영양분이 된다는 것을 알고 기꺼이 자신의 역할을 해내는 『강아지똥』, 땅 속에 사는 두더지가 바이올린을 취미로 배웠는데, 그 아름다운 소리로 땅 위에 평화가 왔다는 『세상을 바꾼 두더지』, 어려움을 극복한 『이슬이의 첫 심부름』, 『혜엄이』 등의 그림책이 있다.

(2) 에릭슨의 발달 이론에 의한 선정

에릭슨은 출생부터 노인기까지 전 생애를 통해 성격 발달이 이루어진다고 보고 8단계를 제시하였다(이영 외, 2017).

각 단계는 양극적 측면으로 신뢰감 대 불신감, 자율성 대 수치감이나 회의, 주도성대 죄책감, 근면성 대 열등감, 정체감 대 역할 혼미, 친밀감 대 고립감, 생산성 대 침체기, 자아통합 대 절망감이다.

이 중 아동기에 해당하는 4단계까지의 해당하는 그림책을 살펴보면 다음과 같다.

① 1단계 : 출생~18개월 · 신뢰감 대 불신감

어머니와 밀접한 사회적 관계에 따라 신뢰감과 불신감이 형성된다. 어머니가 유아의 요구를 일관성 있게 적절히 만족시켜 주면 세상에 대한 기본적인 신뢰감이 형성되고, 유아의 요구를 무시하거나 일관성 없이 반응하면 불신감을 갖게 된다.

반영된 그림책으로는 아기 침팬지가 세상 구경을 다니면서 모든 동물들이 엄마 품에 안기는 것을 본 후, 자신도 엄마 품에 안긴다는 『안아줘』, 어두워서 잠이 안 온다는 작은 곰에 대해 매우 반응적으로 대하는 큰 곰의 모습에 마음이 푸근해지는 『잠이 안 오니, 작은 곰아?』, 스킨십을 하는 『사랑해 사랑해 우리 아가』, 짧은 이야기가 함께 담겨 영아의 연령에 따라 적절하게 눈 맞춤하며 신뢰감 형성에 도움을 주는 『우리 아기 눈맞춤 책』, 아기 공룡이 잠에서 깨어 엄마를 찾을 때 달님이 아기공룡 치노에게 엄마는 언제나 늘 함께 있다고 신뢰감을 주는 『엄마는 항상 네 곁에』 등의 그림책이 있다.

② 2단계 : 18개월~3세 · 자율성 대 수치심, 회의감

식사하기, 옷 입기, 대소변 가리기 등 여러 가지 능력이 발달하여 독립적으로 하려고 할 때 적절히 도와주고 격려해 주면 자율성을 발달시킬 수 있다. 웅가, 쉬 놀이, 말놀이, 찾기 놀이 등을 통해 영아가 자신이 가진 능력을 알고 자신감을 가질 수 있도록 해줘야 한다. 유아의 미숙함을 우려하여 과잉통제하거나 비난을 하면 자신의 능력에 대해 수치심과 회의감을 갖게 된다.

반영된 그림책으로는 혼자 옷을 입는 아이의 모습을 담고 있는 『손이 나왔네』, 대변을 보는 아이의 모습을 담고 있는 『똥이 풍덩』, 아이가 옷을 입으려고 노력하는 모습이 담긴 『옷을 입자 짠짠』, 동물과 아이가 같은 모양으로 세수하고 이 닦고 밥 먹고 대변을 누고 놀이하는 모습이 그려진 『무엇이 무엇이 똑같을까?』, 주인공이 스스로 옷을 입고 신발을 신고 집 밖으로 나간 모습을 담은 『걸어 보아요』 등의 그림책이 있다.

③ 3단계 : 3세~7세 · 주도성 대 죄책감

이 시기는 프로이트의 남근기에 해당하며 에릭슨의 이론에 따르면 주도성과 죄의식을 경험하게 된다. 목표를 설정하고 계획을 세우며 목표 달성을 위해 노력하는 시기로 책임감이 요구되는 시기이다. 신체 운동 능력과 언어 능력을 사용하여 주변 세계를 탐색하는 유아를 이해하고 격려해 주면 주도성을 확립하게 되고, 이를 제제할 경우 자신감을 잃고 죄책감을 느끼게 된다.

이때 스스로 문제를 해결하거나 성취해 내는 과정이 담긴 그림책을 통해 유아가 스스로 생각하여 계획하고 시도하는 주도성을 발달시킬 수 있다.

반영된 그림책으로는 다음과 같다.

『피터 래빗』은 호기심을 채우기 위해 농장에 간 피터 토끼가 자율적 선택을 했지만 엄마와의 약속을 어기게 되었다는 죄의식을 동시에 경험하게 된다.

『피터의 의자』는 피터가 자신의 어릴적 물건인 의자를 어린 동생과 함께 나누어 쓰지 않겠다고 한 것을 후회하고 자신의 의지로 자기 의자를 동생에게 물려주고자 한다.

『민들레를 사랑한 기니피그 아삭이』는 사라지는 민들레를 키워내기 위해 아삭이가 욕구를 참아내고 어떻게 문제를 주도적으로 해결하는지 잘 나타낸다.

『다 큰 아기 당나귀』는 친구 생일에 초대된 아기 당나귀가 친구 집에 혼자 가겠다고 한다. 걱정이 되기는 했지만 엄마 당나귀는 그런 아기 당나귀의 뜻을 꺾지 않는다.

『휘파람을 불어요』는 휘파람 소리로 개를 부르고 싶은 피터가 계속 휘파람 부는 연습을 한다. 결국 휘파람으로 개를 부를 수 있게 된 피터는 성취감에 기뻐한다.

『괜찮아』는 개미나 고슴도치 등 동물들의 단점이나 약점이 소개되고 그래도 괜찮다고 보는 이유가 반복 제시되면서 긍정적인 자아개념을 형성하고 자아존중감을 높이는 데 도움이 된다.

④ 4단계: 7세~12세 · 근면성 대 열등감

7세부터 12세까지의 시기는 자아 성장에 있어 결정적인 시기로 근면성을 획득하게 되는 시기이다. 학교생활을 하면서 학습을 위한 주의집중과 지속적인 근면을 배우며, 또래와의 생활 속에 사회성을 기르게 된다. 이 시기의 인지적 기술과 사회적 기술 습득은 성인기의 사회에서도 통용되는 유용한 기술로 발전되는 기초가 될 수 있다.

반영된 그림책으로는 다음과 같다.

『우리는 친구』는 고릴라가 동물원 사람들에게 친구가 필요하다고 손짓으로 말을 했더니 작은 고양이를 데려다준다. 둘은 서로 다르지만 함께 있고 싶어 하는 친구가 된다.

『파랑이와 노랑이』는 서로 다른 특성을 지닌 두 등장인물이 진정한 친구가 되는 과정을 보여 준다.

『애벌레에서 나비까지』는 알에서 호랑나비가 되기까지의 과정을 지켜보며 자연의 변화를 느낄 수 있다.

『위대한 비행』은 하늘을 날고 싶은 욕망을 실현하기 위해 루이 블레리오가 끈기

있게 여러 차례 도전을 하여 결국 영국 해협 횡단 비행을 이룬다.

『뛰어라 메뚜기』는 메뚜기가 자신의 잠재능력을 발휘하여 천적들로부터 자유로워 진다.

(3) 피아제의 인지발달이론에 의한 선정

피아제는 아동기가 사람의 발달 과정에서 핵심적이고 중요한 역할을 한다고 했다. 그는 인지발달이 신체적 발달과 동시에 일어나는 점진적인 인지적 발달로 나이에 따라 4단계로 인지적 발달의 특징이 나타나며 단계가 높아질수록 복잡성은 증가된다고 발표하였다.

① 감각운동기 (0~2세)

언어가 발달되기 이전의 단계로 감각 경험이 발달한다. 보고, 만지고, 입에 넣고, 쥐기 등을 통해 세상을 경험한다. 시각, 청각, 촉각 등의 감각기관들을 자극할 수 있는 환경을 만들어 변화를 주면 인지가 발달한다고 볼 수 있다.

또한, 이 시기에는 존재하는 물체가 어떤 것에 가려져 보이지 않고 눈으로 식별되지 않거나 탐지할 수 없을 때도 그 대상이 계속 존재한다고 믿는 대상 영속성 개념이 생성된다.

반영된 그림책으로는 초점 맞추기부터 할 수 있는 시각 그림책으로 『0세, 눈으로 배워요!』, 영아의 시각을 자극하기 위한 『아기 초점책』, 도리도리, 곤지곤지, 죔죔 등 신체 운동을 할 수 있는 『달님이 달강달강』, 감각적 탐색 활동을 할 수 있는 촉각 그림책인 『발바닥이 간질간질』, 『보들보들 만져보자』, 밝고 명료한 색으로 표현된 시각 그림책으로 『구두구두 걸어라』, 세척이 용이한 헝겊 그림책으로 『뮤지컬 부엉이 인형 헝겊책』, 『누가 숨었지?』, 친숙한 사물이 등장하는 『으앙으앙』, 『뒹굴뒹굴 짝짝』, 그림책을 흔들 때마다 딸랑거리는 소리가 나는 청각 그림책의 『코코코코, 코!』 등이 있다.

② 전조작기 (2~7세)

2세 이후부터 초등학교 취학 전까지의 시기로 언어가 발달하고, 모든 대상은 살아 있다는 물활론적 사고를 하기 때문에 인형극이나 장난감 등을 생명체로 생각하는 시기다.

즉, 단어와 이미지로 대상을 표상한다. 논리적 추리보다는 직관을 사용하며 단어와 이미지로 대상을 표상한다. 전조작기에는 언어를 사용하면서 상징적 사고와 자기중심적 사고, 직관적 사고를 하게 된다. 그러나 같은 양의 물을 다른 모양의 비커에 담았을 때 물의 양이 같다고 생각하지 못하는 단순한 사고만이 가능하다.

► 전조작기 중 전개념기(3~4세)에 속하는 시기는 '이게 뭐야?', '왜 그래?' 등의 질문을 많이 한다. 이때는 개념을 익히는 그림책을 선정하는 것이 좋다.

► 물활론적 사고의 발달 3단계
  · 1단계 : 사람에게 영향을 주는 모든 것에 생명이 있다고 보는 단계(나무, 자전거 등)
  · 2단계 : 움직이는 모든 것은 살아 있다고 생각하는 단계 (자동차, 동물)
  · 3단계 : 스스로 움직이는 것만 살아있다고 생각하는 단계(해, 구름, 강물, 바람, 비)

► 실재론적 사고 : 정신적 현상과 물리적 현상이 미분화된 전조작기 유아의 독특한 사고(꿈과 현실이 잘 구별되지 않는 경우)

반영된 그림책으로는 사람처럼 말을 하고, 생각하고, 행동하거나 무생물이 의인화되어 이야기를 진행하는 『강아지똥』, 『누가 내 머리에 똥 쌌어?』, 『아씨방 일곱 동무』, 『세상에서 제일 힘센 수탉』, 『치과의사 드소트 선생님』 등이 있다.

과학적, 논리적으로 설명할 수 없지만 민족적이고 민중적인 이야기로 우리 조상들의 삶의 모습을 담아낸 『마고할미』, 『사물놀이 이야기』, 『단군신화』 등의 옛이야기 그림책, 대부분 동물이 주인공으로 단일한 사건 중심으로 구성되어 시공간적 배경, 기승전결의 과정도 구체적이지 않지만 사람처럼 생각하고 말하고 행동하는 비유를 통해 도덕적 가치를 담고 있는『이솝 우화』,『라퐁텐 우화』 등이 있다.

③ 구체적 조작기(7~11세)

구체적 사건에 대해서 논리적으로 사고한다. '보존개념'이 생겨서 모양이 달라져도 그 양이나 수는 보존된다는 개념을 획득하고 논리적 사고가 가능하며 구체적 유추를 이해하고 수리적 연산을 수행한다.

자기 중심성에서 타인을 생각하고 수평적 위계와 위계적 유목화가 가능해지기 때문에 서열을 알게 되고 사물을 다양한 관점에서 볼 수 있다.

반영된 그림책으로는 친구 관계의 중요성을 나타내는『까마귀와 소년』, 현실에 바탕을 둔『순이와 어린 동생』,『굿바이 마우지』,『피터의 의자』 등은 삶에 대한 이해를 돕는다.『선인장 호텔』,『개구리가 알을 낳았어』 등 학문의 영역에 따라 다양한 종류의 책을 만날 수 있다. 지구와 우주, 동 · 식물의 한살이, 세계의 종교나 스포츠 등 다양한 정보와 지식 그림책으로 호기심을 충족시킬 수 있다.

우리 역사를 제대로 알 수 있으며 자긍심을 키울 수 있는『단군신화』나『빨간 끈』,『만일』 등의 글 없는 그림책은 논리적 추론 능력을 발달시킬 수 있다. 또한, 작가의 의도와 상관없이 자유롭게 상상할 수 있어 구두 언어 능력과 짓기, 쓰기 능력을 향상할 수 있다.

④ 형식적 조작기(11세 이후)

이 시기에는 추상적, 과학적인 사고가 가능하여 논리적이고 과학적으로 추론할 수 있으며 일반인과 같은 사고를 할 수 있는 연역적 사고를 할 수 있다. 통합탐구 과정이 가능하며, 가설에 대한 개념을 바탕으로 가설설정, 실험설계, 가설검증, 결론도출 등을 할 수 있으며 명제적 사고가 가능해지는 시기다.

또한, 관련텍스트를 함께 읽으면 더 좋다.

반영된 그림책으로는 6 · 25를 겪은 이야기를 통해 시대적 문제를 직시하며 통일에 대한 자신의 의견을 도출할 수 있는『엄마에게』, 자벌레의 대화를 분석하며 꾀

꼬리의 폭력을 가설로 토론을 할 수 있는『자벌레』, 전쟁이 일어나는 과정을 알고, 전쟁의 폐해, 세계 평화 등을 생각해 볼 수 있는『여섯 사람』, 평화를 지키는 방법을 이야기해 볼 수 있는『평화란?』 등의 책이 있다.

◆ 유아의 발달 특성에 따른 그림책 선정 시 참조 ◆

0세

구분	발달 특성	시사점
신체 운동 발달	• 턱 들기, 가슴 들기, 몸 뒤집기, 다리 힘주기, 물건 쥐기, 앉기, 기기, 붙잡고 일어서기, 걷기 등 급속한 대근육 발달을 이룬다. • 균형감각이 부족한 시기이다.	• 대근육 발달에 따른 그림책 • 집기 쉬운 두꺼운 재질의 보드책이나 헝겊책 • 신체를 이용하여 동작을 따라 할 수 있는 움직임이 있는 그림책
언어 발달	• 쿠잉, 옹알이 시기를 거친다. • 어른의 말소리에 모방하는 반향적 모방이 나타난다. • 한 단어를 이용하여 다양한 의미를 표현한다. • 성인이 언어로 지시하면 사물을 바라볼 수 있다.	• 친숙한 단어가 포함되어 모방이 가능한 그림책 • 의성어가 있어서 소리 놀이가 가능한 그림책
사회성 발달	• 부모와 기본적 신뢰감을 형성한다. • 주 양육자와 긍정적 경험으로 안정적인 애착을 형성한다. • 주변 사람들과 접촉을 추구하며 관심을 끌고 싶어 한다.	• 신뢰감 형성에 도움이 되는 그림책 • 부모와 영아가 함께 할 수 있는 일상이 담긴 그림책 • 주변의 성인과 간단하게 할 수 있는 놀이가 포함된 그림책(까꿍 놀이 관련)
정서 발달	• 기쁨, 놀람, 슬픔, 혐오, 분노, 공포 등 기본 정서를 표현한다. • 낯가림과 분리불안을 경험한다. • 다른 영아에 대한 관심이 증가한다.	• 주 양육자와 긍정적이고 따뜻한 관계가 담긴 그림책 • 사랑받는 존재임을 느낄 수 있는 그림책
인지 발달	• 기억력이 발달하여 단순한 모방이 가능해진다. • 자신의 신체에 관심을 가지며 감각이 발달한다. • 원색, 사람의 얼굴, 말소리를 선호한다. • 오감을 통한 탐색을 한다. • 열고 닫기, 밀고 당기기 등 형태 변화와 움직임에 관심을 가지고 반응을 보인다. • 대상영속성이 발달하기 시작한다.	• 다양한 감각을 경험할 수 있는 그림책 • 촉감을 느낄 수 있고 소리 나는 그림책 • 원색, 사람의 얼굴이 그려진 단순한 그림의 그림책 • 입과 손에 의한 탐색 대상의 그림책으로 입으로 빨아도 안전하고 세척이 쉬운 친환경 소재의 헝겊책이나 비닐책

1세

구분	발달 특성	시사점
신체 운동 발달	• 걷기가 능숙해지며 주변에 대한 적극적인 탐색으로 활동 반경이 넓어진다. • 엄지와 검지를 이용하여 잡기를 시도할 수 있으며 책장을 넘길 수 있다. • 배변 훈련을 시도 한다. • 손과 팔의 협응력이 발달한다.	• 익숙한 주변 환경과 관련된 그림책 • 걷기, 달리기 등 신체 움직임이나 이동을 표현한 그림책 • 배변에 대해 즐거운 경험을 가질 수 있는 배변 훈련에 관련된 그림책 • 주변에 친숙한 사물을 통해 긍정적인 경험을 가질 수 있는 그림책(식사도구, 양말, 신발, 옷 입기 등을 표현한 그림책) • 책장을 넘길 때 다음 장이 쉽게 튀어 오를 수 있게 만든 보드 책
언어 발달	• 단어나 몸짓으로 의사소통을 시도한다. • 사물에 대한 명명기로 사물에 대한 관심이 증가한다. • 간단한 문장의 이야기를 집중하여 들을 수 있다.	• 사물의 사실적 그림이 그려진 그림책(책에 있는 그림 이름 알기) • 반복적인 패턴의 리듬과 운율이 있는 그림책 • 주변의 사물에 대한 관심을 유추할 수 있는 그림책 • 다양한 의성어, 의태어가 포함된 그림책
사회성 발달	• 자아개념이 생기기 시작한다. • 주 양육자와 안정적인 애착을 유지한다. • '싫어'라는 부정적 태도를 자주 표현한다.	• 긍정적인 일상 경험이 담긴 그림책 • 다른 사람과 함께 즐거운 경험을 담은 그림책
정서 발달	• 얼굴 표정을 통해 다른 사람의 감정을 이해하기 시작한다. • 자신의 욕구가 좌절되었을 때 분노가 나타난다. • 감정 표현이 세분화되지 못해 짜증을 부리거나 우는 것으로 표현한다.	• 긍정적인 정서가 표현된 그림책 • 정서적 안정감, 신뢰감을 줄 수 있는 그림책 • 교사나 양육자와 정서적 교감을 할 수 있는 그림책
인지 발달	• 감각을 활용하여 사물에 접근하고 반복하여 탐색하는 것을 즐긴다. • 자발적인 모방이 이루어지고, 자신이 가지고 있는 도식을 새로운 상황에 적용하려는 경향이 나타난다. • 시행착오 과정을 통해 새로운 인과관계를 탐색한다.	• 다양한 감각을 활용하여 읽는 그림책 • 까꿍놀이를 소재로 한 그림책 • 단순하고 큰 그림이 있거나 대조적인 배경에 뚜렷한 디자인의 그림책 • 시각적 환경으로서의 그림책 • 탈 것, 동물 등에 관한 그림책 • 친숙한 사물이나 그림이 있는 책

2세

구분	발달 특징	시사점
신체 운동 발달	• 걷기가 자유롭고 달리기가 가능하다. • 눈과 손의 협응 능력이 발달하며 간단한 조작 활동이 가능해진다. • 배변 조절이 가능해진다. • 소근육 발달로 밥 먹기, 옷 입기, 양말 신기 등을 스스로 하기 좋아하지만 실수를 한다.	• 다양한 놀이에 관한 그림책 • 또래가 스스로 몸을 움직이며 하는 놀이를 따라할 수 있는 그림책 • 혼자 어려운 상황에 처했을 때 대처하는 주인공의 성공적인 모험담의 그림책
언어 발달	• 문법 발달이 이루어지기 시작하며 문장을 만들기 시작한다. • 자신의 생각을 말하고 타인의 얘기를 듣는 의사소통 능력이 증가한다. • 질문하고 질문에 답할 수 있다. • 상대 높임을 습득하여 성인과의 대화에서 높임말 사용이 가능하다. • 된소리로 발음되는 경음화 현상이 나타난다.	• 다양한 언어적 표현으로 구성된 그림책 • 간결한 문장, 간결한 구성의 그림책 • 교사와 유아가 대화식 읽기를 시도 할 수 있는 그림책 • 높임말이 적절하게 사용된 그림책
사회성 발달	• 성 개념을 습득하기 시작하며 자신과 타인을 구분할 수 있다. • 사회적 관계의 기본이해가 발달하여 또래와의 사회적 상호작용이 가능하다. • 대집단에서의 상호작용에 어려움을 느낀다. • 자신의 감정을 다른 사람이 알아주기를 원한다. • 이타적 행동을 보이기 시작한다. • 공격적인 행동이 처음 시작되는 시기이다. • 도덕성 발달이 시작되어 나쁜 행동에 대한 구분이 가능해진다.	• 또래와 함께 할 수 있는 역할놀이 등 활동이 가능한 그림책 • 친구와 갈등이 생겼을 때 해결해 가는 모습이 담긴 그림책 • 다양한 직업이 소개된 그림책 • 가족 중심으로 한 성 개념이 소개된 그림책
정서 발달	• 기쁨, 분노, 슬픔 등과 같은 기본정서들과 당황, 질투 등 세분화된 정서가 나타난다. • 기본 정서에 대한 원인, 결과 및 행동적 신호를 이해할 수 있다. • 슬픔과 같은 부정적 정서보다 행복과 같은 긍정적 정서를 더 쉽게 이해한다.	• 다양한 정서가 표현된 그림책 • 등장인물의 정서를 간접적으로 공감해 볼 수 있는 그림책

구분	발달 특징	시사점
정서 발달	• 정서조절을 위한 언어사용이 가능하다 • 좌절에 대한 참을성이 나타난다.	• 친숙한 정서적 경험이 담겨 있는 그림책 • 좌절 상황이 나타난 그림책을 통해 주인공이 되어 문제를 해결해 볼 수 있는 그림책
인지 발달	• 지적 능력이 크게 성장한다. • 자기중심적 사고를 하며 자기중심적 언어를 사용한다. • 상징적 사고와 대상영속성 개념에 대한 발달이 완성된다. • 특정 자극이나 사물의 세부적인 부분까지 주의를 집중할 수 있다. • 사물의 일부를 보고 전체를 예측할 수 있다. • 관찰, 질문, 조작 등을 통해 주변을 탐색한다.	• 간단한 사건을 연결하여 생각할 수 있는 그림책 • 모방이 가능한 모습이 담긴 그림책(인형에게 밥먹이기, 인형 업기 등) • 그림책에 등장하는 인물이나 상황을 모방하므로 기본 생활습관이 소개된 그림책 • 다양한 어휘, 문장 등으로 구성된 그림책 • 간단한 사건을 연결하여 '나라면 어떻게 할까?'를 생각할 수 있는 그림책

3세

구분	발달 특성	시사점
신체 발달	• 책장을 넘길 수 있을 만큼 소근육이 발달한다. • 대근육활동, 소근육활동이 정확하지만 신체의 안전을 조절하는데 미숙하다. • 신체활동이 매우 활발하며 활동 반경이 넓어진다.	• 얇은 재질의 종이 그림책 • 혼자서 책을 넘겨가며 읽기를 시도할 수 있는 크기의 그림책 • 신체활동에 활용할 수 있는 다양한 놀이나 성공적인 모험담을 소재로 한 그림책 • 등장인물이 주도적으로 행동하며 성취해내는 과정이 담긴 그림책
언어 발달	• 주변의 문자 언어에 관심을 가진다. • 소리와 문자를 일대일로 대응시키거나 간단한 문자 읽기를 시도한다. • 글 없는 글을 보고 이야기를 꾸며 말할 수 있다. • 좋아하는 책이 생긴다. • 스스로 책 읽기를 시도하고, 그림책 읽어주는 시간을 좋아한다. • 3~4개의 단어로 된 문장으로 말을 하거나 말의 문법적 구조를 이해할 수 있다.	• 재미있는 단어로 되어 있는 그림책 • 글이나 그림을 통해 다음 내용이 예측 가능한 그림책 • 사건이 반복되거나 시간 순으로 이야기가 전개되는 그림책 • 발단과 결말이 분명한 형식의 그림책 • 글자 없는 그림책을 보며 이야기를 끌어낼 수 있는 그림책 • 단순한 구성으로 짧고 전형적인 옛이야기 그림책

구분	발달 특성	시사점
사회성 발달	• 자아개념이 발달한다. • 자신의 능력에 맞는 일을 하고 성취함으로써 자존감이 형성되기 시작한다. • 또래 놀이가 많아진다. • 소규모 집단을 형성하여 타인과 상호작용을 하며 사회적 기술을 습득한다. • 자기중심적 성향이 강해 또래를 신체적으로 공격하는 행동이 나타난다.	• 등장인물이 주도성을 가지고 성취하는 그림책 • 유아 자신과 동일시할 수 있는 대상이 나오는 그림책 • 긍정적인 자아개념을 키워주는 그림책 • 다른 사람과의 관계를 보여 주는 그림책 • 또래와의 놀이에서 갈등과 해결이 나타나는 그림책
정서 발달	• 자의식적 정서를 경험한다. • 다른 사람의 감정을 이해할 수 있다. • 정서가 쉽게 변한다. • 떼쓰기가 나타난다.	• 정서적 안정감을 줄 수 있는 그림책 • 긍정적, 부정적 정서 상황에서 정서 표현이나 조절이 적절히 나타나는 그림책 • 다양한 정서 표현이 담긴 그림책
인지 발달	• 상상이나 생각을 통해 주변을 탐색하기 시작한다. • 세상에 대한 지식 정보에 호기심을 보인다. • 상징 기능이 발달하여 표상활동이 가능해진다. • 논리적이기보다는 직관적으로 정보를 습득한다. • 선택적 집중이 가능하다. • 자기중심적 사고를 한다. • 실재와 상상의 구별이 모호하여 초자연적 사고를 한다.	• 호기심을 충족시킬 수 있는 그림책 • 상상력을 키워주는 그림책 • 직접 경험해 보았거나 간접 경험할 수 있는 일이 나타나는 그림책 • 단순한 모양과 색이 실제적으로 표상된 그림책 • 시간의 순서대로 이야기가 전개되는 그림책 • 사건이나 상황이 단순한 그림책 • 극놀이 활동이 가능한 그림책

4세

구분	발달 특성	시사점
신체 발달	• 매우 활동적이다. • 소근육 활동이 정확하다. • 신체를 활용한 놀이를 즐기며 자신의 신체를 조절할 수 있다.	• 신체 놀이의 내용이 담긴 책 • 판형이 조금 큰 책
언어 발달	• 전보식 언어와 같은 어린이 문법이 사라지고 복잡한 문법 사용이 가능해진다. • 읽을 수 있는 어휘가 증가하여 혼자서 읽기를 시도한다.	• 쉽고 짧은 문장으로 혼자 읽을 수 있는 그림책 • 다양한 어휘와 재미있는 낱말로 이루어진 그림책

구분	발달 특성	시사점
	• 책의 겉장이나 간판, 상표의 글자를 읽어낼 수 있다. • 손으로 글자를 짚으며 소리와 글자 간 일대일 대응을 할 수 있다. • 과거와 미래 시제를 사용할 수 있다.	• 스스로 이야기를 구성해 볼 수 있는 글이 없는 그림책 • 이야기의 구조를 알 수 있는 다양한 장르의 그림책
사회성 발달	• 주도성을 갖고 자율적으로 행동한다. • 타인의 마음이나 생각에 대한 이해가 발달하며 이타적 행동이 증가한다. • 또래 관계에서 사회적 갈등이 줄어드나 언어적 공격성이나 관계를 배척하는 행동이 나타난다. • 자신에 대한 이해가 분명해지며 자신을 나타내는 능력, 태도 등을 구체적이고 논리적으로 말할 수 있다. • 성에 대한 개념을 확실히 습득한다. • 도덕성 발달이 이루어지기 시작한다.	• 또래 관계를 다룬 그림책 • 주도성을 다룬 그림책 • 긍정적 자아개념을 담고 있는 그림책 • 성 개념이 담겨있는 그림책 • 선과 악의 기준이 명확한 그림책 • 또래나 부모와의 심리적 갈등 상황이 해결되는 그림책 • 또래 관계, 교사와의 관계, 이웃과의 관계 등 다양한 관계를 다룬 그림책
정서 발달	• 다양한 정서를 이해할 수 있다. • 친숙한 대상의 정서를 해석하고 예측할 수 있다. • 자의식과 관련된 정서를 경험하며 자신을 평가할 수 있다.	• 등장인물을 통해 자신의 정서를 조절할 수 있는 능력을 키울 수 있는 그림책 • 등장인물의 감정에 공감할 수 있는 그림책 • 정서적 안정감을 주는 책
인지 발달	• 지각에 의존하여 탐색하고 이해하는 편으로 자기 중심적 사고를 한다. • 실재와 상상을 구분하기 시작한다. • 원인과 결과에 대한 추론이 발달하여 유추할 수 있는 능력이 나타난다. • 자신과 타인의 감정, 욕구, 믿음을 탐지하는 능력이 발달한다.	• 이야기나 그림을 통해 환상과 실제 상황을 구별할 수 있도록 배치된 그림책 • 연쇄적, 누적적, 회귀적 방식의 사건이 전개되는 그림책 • 등장인물의 행동과 사건이 명확한 그림책 • 여러 사람의 입장이 드러나는 다양한 관점의 그림책 • 호기심을 충족시킬 수 있는 그림책

5세

구분	발달 특성	시사점
신체 발달	• 빠르게 뛸 수 있다. • 방향 전환이 가능하며 다양한 이동 동작이 가능하다. • 양손을 동시에 조작할 수 있으며 정교한 소근육 발달이 이루어진다.	• 신체 활동에 흥미를 가지고 도전할 수 있는 내용의 그림책 • 성장을 돕는 음식과 영양, 건강과의 관계를 다루는 정보 그림책

구분	발달 특성	시사점
언어 발달	• 기초적인 의사소통을 위한 언어 사용이 늘어난다. • 추상적인 언어 사용이 늘어나고 비유나 은유적인 표현을 이해한다. • 문법 규칙이 숙달되며 단문, 복문의 문장을 사용한다. • 구어를 거의 바르게 사용할 수 있다. • 간단한 구조의 그림책을 혼자서 읽을 수 있다. • 문장의 행간에 숨은 뜻과 말하는 이의 의도를 이해한다. • 복수형과 과거 시제를 안다.	• 단순한 문장과 구조로 되어 있어 혼자 읽기를 할 수 있는 그림책 • 문장의 해석과 추론을 할 수 있는 그림책 • 다양한 장르 및 다양한 구성의 그림책 • 비유적 표현이 잘 나타난 그림책
사회성 발달	• 성 안정성이 나타난다. • 또래 관계가 확대되고 친밀한 관계를 형성한다. • 타인의 관점을 잘 이해하고 친사회적 행동이 나타난다. • 사회적 규칙과 가치를 생각하고 결과보다 의도나 상황을 고려한 도덕적 행동을 판단하기 시작한다. • 협동적 놀이가 증가된다.	• 또래와의 우정 관계에서 오는 갈등을 소재로 한 그림책 • 이타적인 말과 행동을 간접적으로 체험할 수 있는 그림책 • 언어적 공격으로 따돌림, 또래 간의 다툼 등의 상황을 다루는 그림책 • 협동심을 기를 수 있는 내용의 그림책 • 권선징악의 그림책
정서 발달	• 타인의 감정을 공감하고 이해할 수 있다. • 자신의 감정을 조절할 수 있다. • 경쟁적 욕구가 생기며 성취감에 만족하게 된다. • 모든 감정이 분화되어 표정, 태도, 의사 표현이 풍부해진다.	• 등장인물이 자신의 정서를 조절하고 표현하는 내용의 그림책 • 토의할 수 있는 내용의 그림책 • 분화된 정서를 나타내거나 복잡한 정서를 다루는 그림책 • 친사회적 내용의 그림책
인지 발달	• 다양한 호기심이 생기고 인과관계를 이해한다. • '왜?' 궁금한 것에 대한 탐구력이 증가한다. • 상호텍스트로 넓은 범위의 의미를 재구성 할 수 있다. • 점차 논리적으로 사고가 발달한다. • 일정한 규칙의 반복되는 패턴을 알 수 있으며 상징적으로 관련 지을 수 있다. • 기준에 따라 사물을 분류한다.	• 상상력을 키워주는 환상 그림책 • 동 · 식물의 의인화 그림책 • '왜'가 중심이 되는 구성의 그림책 • 상호텍스트성을 가지는 그림책 • 분야별로 다양한 정보를 주는 그림책

Chapter
04

그림책 읽기 실제

1 생각이 자라는 그림책

2 마음이 따뜻해지는 그림책

3 더불어 살아가는 그림책

4 몸과 마음이 튼튼해지는 그림책

5 자연을 사랑하는 그림책

1. 생각이 자라는 그림책

키스 해링 낙서를 사랑한 아이

글 | 카이 해링
그림 | 로버트 뉴베커
옮김 | 황유진
출판사 | 봄나무

1980년대 미국의 대표적인 팝 아티스트인 키스 해링의 막내 여동생이 오빠의 이야기를 들려준다. 키스 해링의 아빠는 강아지와 물고기 등 온갖 재미있는 것들을 그리는 방법을 알려 주었다. 단순하고 굵직한 선과 강렬한 색감의 그림으로 많은 공감을 얻었던 키스 해링은 건물, 옷, 가구, 지하철 광고판, 버려진 물건, 비닐 방수포 등 보이는 곳 어디에든 그림을 그렸다. 키스 해링은 모두가 예술을 즐길 수 있어야 한다고 이야기한다.

나도 '키스 해링'

- **활동목표**
  - 키스 해링의 일대기를 알 수 있다.
  - 팝아트란 어떤 것인지 알고 표현할 수 있다.

도 입

❶ 그림책 속 키스 해링의 작품 중 하나를 보며 이야기를 나눈다.

- 이 그림은 어떤 느낌이 드나요?
- 무엇을 그린 것 같아요?
- 무엇으로 그린 것 같아요?
- 낙서해 본 적 있나요?
- 낙서를 어디에 해보았나요?
- 낙서를 좋아하나요?

전 개

❶ 표지를 보며 이야기를 나눈다.

- 표지에 어떤 그림이 있나요?
- 표지에 있는 사람은 누구일까요?
- 표지 그림은 어디에 그린 그림일까요?

❷ 면지를 보며 탐색하고 이야기를 나눈다.

- 어떤 그림들이 있나요?
- 그림의 느낌이 어떤가요?

❸ 그림책을 감상한다.

- 그림책 속 키스 해링의 그림들을 감상하며 읽는다.

❹ 동화를 회상하며 이야기를 나눈다.

- 키스 해링은 어떤 어린이였나요?
- 선생님이나 교수님은 키스 해링의 그림을 보고 어떻게 생각했나요?
- 키스 해링은 주로 어디에 그림을 그렸나요?
- 키스 해링은 작품을 판매한 돈으로 무엇을 하였나요?
- 키스 해링은 왜 작품을 기부하나요?
- 키스 해링이 자유의 여신상 100주년 행사 때 어린이와 그림을 그린 이유는 무엇일까요?
- 작품 중 가장 기억에 남는 작품은 무엇이었나요?

마무리

❶ 키스 해링은 어떤 사람이었는지 이야기를 나눈다.

❷ 나도 키스 해링처럼 유명한 화가가 된다면 어떤 방법으로 나눔을 실천할 수 있을지 이야기를 나눈다.

- **확장활동**

준비물 : 키스 해링 팝아트 도안(면지 활용), 정육면체 도안이 그려진 마분지, 색연필 등 채색도구, 풀, 가위, 생활용품에 디자인 된 작품들(우산, 셔츠, 신발, 가방 등)

활동방법

❶ 팝아트 디자인을 한다.

- 키스 해링 작품으로 디자인된 생활용품을 감상한다.
- 키스 해링 팝아트 도안을 색칠하고 가위로 오린다.
- 정육면체 도안에 색칠한 팝아트 도안을 자유롭게 디자인하여 붙인 후 정육면체를 완성한다.
- 생활용품에 디자인된 작품을 참고하여 정육면체의 적당한 곳에 자신의 이름을 멋지게 디자인하여 적어 넣는다.

❷ 완성된 키스 해링 팝아트 상자를 친구들과 함께 감상한다

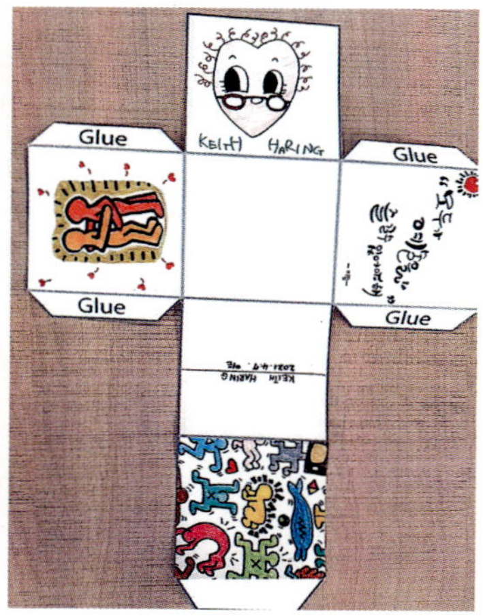

함·께·읽·어·보·세·요

- 『비디오아트의 선구, 백남준의 TV부처』 조경숙 글. 이경국 그림 | 국민서관
- 『로이네 집』 수잔 골드만 루빈 글. 로이 리히텐슈타인 그림. 조수호 옮김 | 톡

빨간 여우야, 안녕
글·그림 | 에릭 칼
옮김 | 조수진
출판사 | 더큰

빨강, 파랑, 노랑 세 가지 기본색이 보색을 가지고 있다는 철학가이며 문학가인 괴테의 색채학에 착안하여 만든 그림책이다. 왼쪽 페이지의 동물 그림 한가운데에 있는 까만 점을 10초 정도 계속해서 바라보다가 오른쪽 빈 페이지의 검은 점을 바라보면 왼쪽 페이지의 동물이 보색으로 변해 보이는 경험을 할 수 있도록 구성되어 있다.

무슨 색일까?

- **활동목표**
  -보색이 무엇인지 안다.

도 입

❶ 다양한 색깔에 대해 이야기를 나눈다.

- 친구들이 좋아하는 색깔은 무엇인가요?

❷ 책 뒷면의 색상환을 보며 이야기를 나눈다.

- 내가 좋아하는 색과 가까이 있는 색은 어떤 색인가요?
- 내가 좋아하는 색과 가장 먼 곳에 있는 색은 어떤 색인가요?

전 개

① 표지를 보며 이야기를 나눈다.

- 표지에 어떤 그림이 있나요?
- 이 여우는 무슨 색 여우인가요?
- 제목은 무엇인가요?
- 초록색의 여우를 왜 빨간 여우라고 말했을까요?

② 면지를 탐색하고 면지에 쓰여 있는 '중요해요'에 있는 지시문을 따라 해본다.

- 빨강 하트를 계속 보다가 오른쪽 검은 점을 보면 어떻게 될지 예측해 보세요? 어떤 일이 일어났나요?

③ 그림책을 감상한다.

- 그림책의 왼쪽 페이지에 나오는 동물들을 응시한 뒤 오른쪽 빈 페이지의 점을 보며 보색 관계를 확인한다.
- 그림책에 나와 있는 색상환을 보며 보색 관계를 알아본다.

④ 동화를 회상하며 이야기를 나눈다.

- 개구리의 생일에는 어떤 동물들이 놀러왔나요?
- 어떤 색 동물들이 나왔나요?
- 오래 바라보았더니 무슨 색으로 보였나요?
- 노란색의 보색은 무엇일까요?

마무리

① 보색관계에 있는 색깔에 대해 다시 한 번 확인해 본다.

- **확장활동**

준비물 : 면봉, 고체 물감, 도안이 그려진 활동지, 색연필, 스펀지, 물

활동방법

❶ 활동지에 면봉 찍기를 한다.

- 스펀지에 물을 적셔 준비한다.
- 면봉을 스펀지에 찍어 물을 묻힌 후, 고체 물감에 문질러 종이에 찍는다.
- 그림 하나에 사용하는 색은 보색관계의 색깔을 사용하여 완성한다.

❷ 활동하면서 어떤 어려운 점이 있었는지 이야기를 나눈다.

추가활동

❶ 색상환을 완성한다.

- 각 색상의 칸을 색칠하여 채운다.
- 우리 주변에 각 색을 가진 물건이 어떤 것이 있을지 생각하여 그려본다.
- 색상환의 맞은편에 있는 색이 보색관계의 색이라는 것을 확인한다.

함·께·읽·어·보·세·요

- 『섞어 봐! 새로운 색깔의 탄생』 아리 청 글 · 그림. 도담도담 옮김 | 키즈엠
- 『무슨 색을 칠할까? 』 안 포르슬린드 글 · 그림. 이승윤 옮김 | 비룡소

배꼽이 없어요!

글 | 진 윌리스
그림 | 토니 로스
옮김 | 이상희
출판사 | 웅진주니어

어느 날 아침, 아이는 자기의 배꼽이 없어진 것을 발견하고 배꼽을 찾으러 떠난다. 밀림으로 들어가 키가 큰 기린, 무서운 사자, 커다란 코끼리, 조그마한 생쥐와 멧돼지까지 모두 만나 보았지만 아이의 배꼽은 없었다. 드디어, 물속에 있는 악어의 배에서 자신의 배꼽을 발견한다. 아이는 옷을 벗고 용기를 내어 배꼽을 찾으러 물속으로 들어간다.

내 배꼽은 어디에?

- **활동목표**

–배꼽이 있는 동물과 없는 동물에 대해 알 수 있다.

도 입

❶ 아이와 함께 노래를 부르며 몸의 명칭을 알아본다.

- '눈은 어디 있나? 여기, 귀는 어디 있나? 여기, 배꼽은 어디 있나? 여기'
- 검지 손가락으로 코를 두드리며 '코코코코코' 라고 말한다.
- 머리, 허리, 귀 등의 신체부위를 말하고 해당되는 신체부분을 만진다.
- 마지막에 배꼽으로 마무리한다.

❷ 내 배꼽이 어떻게 생겼는지 살펴보고 배꼽에 대해 이야기를 나눈다.

- 동물이나 새도 배꼽이 있을까요?
(새끼를 낳아 젖을 먹이는 동물만 배꼽이 있다.–개, 고양이, 소, 말 등
알에서 태어나는 동물은 배꼽이 없다.–거북이, 새, 병아리, 물고기 등)

- 배꼽은 어떤 일을 할까요?
  (입은 말하기와 먹기, 눈은 보기, 귀는 듣기, 배꼽은 내가 엄마 배 속에서 태어났다는 표시)
- 엄마 배 속에서 아기는 어떻게 먹고, 어떻게 숨을 쉴까요?
  (탯줄을 통해 공급받는다.)
- 아기가 태어나면 긴 탯줄은 어디로 가고 배꼽만 남아있을까요?
  (아기가 태어나면 필요가 없어 잘라준다. 배꼽은 탯줄이 떨어진 자리이다.)

전 개

❶ 그림책 표지를 살펴본다.

- 아이의 표정은 어떤가요?
- 아이의 배꼽이 왜 없을까요? 어디로 사라졌을까요?
- 아이와 강아지는 어떤 이야기를 하고 있나요?

❷ 동물들의 다양한 표정을 살펴보며 그림책을 감상하고 이야기를 나눈다.

- 아이가 밀림에서 만났던 동물은 누구인가요?
- 누가 아이의 배꼽을 가져갔나요?
- 악어는 왜 아이의 배꼽을 가져갔을까요?
- 악어는 왜 배꼽이 없나요?
- 어느 날 갑자기 내 배꼽이 없어졌다면 나는 어떻게 할까요?

마무리

❶ '눈은 어디 있나?' 노래를 부르다가 마지막에 '배꼽은 어디 있나?'로 마무리한다.

❷ 배꼽은 나와 엄마를 연결시켜준 소중한 곳이므로 배꼽 위에 양손을 올려놓고 사랑하는 부모님께 인사말을 하며 배꼽인사를 한다. ("아빠, 엄마 고맙습니다. 사랑합니다.")

- **확장활동**

준비물 : 여러 동물의 사진, 컬러 클레이, 8절 도화지, 색연필

활동방법

❶ 컬러 클레이로 동물의 배꼽을 만든다.

- 8절 도화지를 반으로 접어 10칸으로 나눈다.
- 여러 동물들의 사진과 이름을 각 칸에 써 넣는다.
- 배꼽이 있는 동물은 배꼽을 상상하여 클레이로 만들어 붙인다.

❷ 배꼽이 없는 동물은 무엇인가 이야기한다.

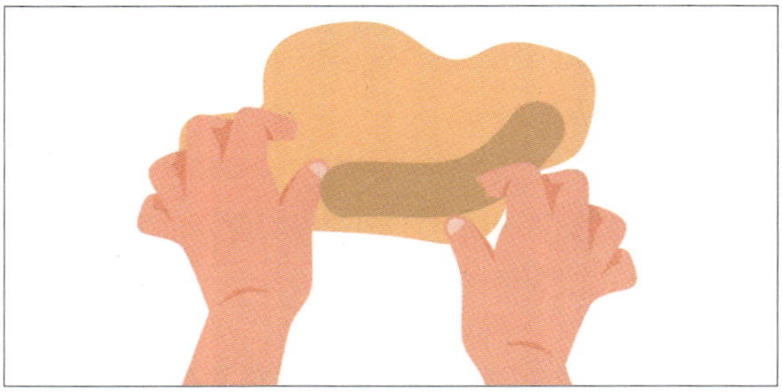

함·께·읽·어·보·세·요

- 『돌돌돌 내 배꼽』 허은미 글. 김선숙 그림 | 웅진주니어
- 『배꼽 구멍』 하세가와 요시후미 글 · 그림. 고향옥 옮김 | 비룡소

단물고개

글 | 소중애
그림 | 오정택
출판사 | 비룡소

효성이 지극한 총각이 어머니와 가난하게 살고 있었다. 총각은 산에 나무를 하러 갔다가 목이 마르던 중 옹달샘을 발견한다. 옹달샘물은 얼음처럼 차갑고 머루처럼 달콤하고 박하처럼 향기로워 많은 사람들에게 그 물을 팔았다. 점점 욕심이 많아진 총각은 어머니와 농사도 돌보지 않고, 더 많은 물을 팔기 위해 콸콸 솟는 옹달샘을 원한다.

단물 파는 총각

- **활동목표**

  - 욕심이 무엇인지 알 수 있다.

도 입

❶ 옹달샘에 대해 이야기를 나눈다.

- 옹달샘이 무엇일까요?
- 옹달샘을 본 적이 있나요?
- 옹달샘은 어떻게 생겼나요?
- '단물'의 뜻을 알고 있나요?

❷ '옹달샘' 동요를 가사 내용에 맞는 신체 표현을 하며 부른다.

(♬ 깊은 산 속 옹달샘 누가 와서 먹나요/맑고 맑은 옹달샘 누가 와서 먹나요
새벽에 토끼가 눈 비비고 일어나/세수하러 왔다가 물만 먹고 가지요 ♬)

전 개

❶ 그림책 표지를 탐색한다.

- 제목인 '단물고개'가 무슨 뜻일까요?
- 표지에 있는 사람의 기분은 어떤가요?
- 파란 표지의 색깔을 보면 무엇이 생각나나요?

❷ 그림에 알맞은 여러 가지 의성어를 효과음으로 넣으면서 실감나게 그림책을 읽어준다.

- 반복되는 단어나 문장이 나오면 리듬을 넣어 따라서 말하게 한다.
- 총각은 어떤 사람이었나요?
- 단물을 파는 총각의 마음은 어떻게 변했나요?
- 사람들은 왜 단물을 찾았나요?
- 총각은 왜 어머니와 농사를 돌보지 않았나요?
- 총각이 단물 샘물을 크게 판 이유는 무엇인가요?
- 옹달샘은 결국 어떻게 되었나요?

❸ 그림책을 회상하며 이야기를 나눈다.

- 어머니가 아들에게 원하는 것은 무엇이었나요?
- 총각이 늘 바빴던 이유는 무엇인가요?
- 총각이 사람들에게 단물을 그냥 나누어 주었다면 어떻게 되었을까요?
- 만약에 총각이 돈을 벌었다면 어디에 썼을까요?
- 다시 돌아온 총각에게 어머니는 뭐라고 말했을까요?

마무리

❶ 욕심을 부렸던 경험이 있었는지 이야기를 나눈다.

● 확장활동

준비물 : 도화지 두 장, 한지 색종이, 알루미늄 호일 두장, 유성 사인펜, 풀

활동방법

❶ 한지 색종이로 두 개의 옹달샘을 만든다.

- 한 장의 알루미늄 호일에 파랑색을 칠해 '바가지 옹달샘'을 만든다.
- 다른 한 장의 알루미늄 호일에 갈색을 칠해 '깊이 판 옹달샘'을 만든다.
- 한지 색종이를 돌돌 꼬아서 옹달샘 옆에 놓을 자갈을 만든다.
- 색칠한 호일을 구겼다가 편 후 두 장의 도화지에 각각 붙인다.
  (바가지 옹달샘은 작게, 깊이 판 옹달샘은 크게)
- 호일 가장자리에 만들어 놓은 자갈을 붙인다.
- 옹달샘의 가장자리를 유성펜으로 꾸민다.

❷ 완성된 옹달샘으로 역할극을 한다.

추가활동

❶ 총각이 어머니께 항상 대답했던 '이예' 놀이를 한다.

- 두 명이 가위바위보를 해서 이긴 사람이 질문하고, 진 사람은 무조건 '이예'로 대답한다.
- 대답할 때 웃거나 '이예'라고 말하지 못하면 미리 정해 놓은 벌칙을 받는다.

함·께·읽·어·보·세·요

- 『황금알을 낳는 거위』 마시멜로 글. 강미선 그림 | 한국헤르만헤세
- 『마을 뒷산에 옹달샘이 있어요』 김성호 글. 이승원 그림 | 비룡소

일곱 마리 눈 먼 생쥐

글·그림 | 에드 영
옮김 | 최순희
출판사 | 시공주니어

일곱 마리 눈 먼 생쥐들이 무엇인가를 발견하고 요일별로 한 마리씩 그것이 무엇인지 알아보러 간다. 생쥐들은 각자 자기의 의견을 말하지만, 아무도 믿어주지도 않고 귀 기울여 들어주지도 않는다. 결국 여섯 마리의 생쥐들이 서로 자기의 말이 맞다고 다투고 있을 때, 지혜로운 하얀 생쥐가 그것이 무엇인지 알아낸다.

누구 말이 맞을까?

● **활동목표**

- 다른 사람의 의견을 끝까지 귀 기울여 들을 수 있다.
- 의견이 서로 다를 때 지혜롭게 해결할 수 있는 방법을 찾을 수 있다.

도 입

❶ 색에 대해 이야기 나눈다.

- 내가 좋아하는 색깔은 무엇인가요?
- 주변에 있는 다양한 물건을 보고 색깔을 말해보세요.
- 여러 가지 색의 셀로판지를 눈에 대고 사물을 보면 무슨 색으로 보이나요?

❷ '쥐가 한 마리' 음원을 듣고 노래를 따라 부른다.

❸ 일주일의 각 요일(월,화,수,목,금,토,일)을 순서대로 말해본다.

❹ 사물의 순서를 나타내는 서수(첫 번째, 두 번째, 세 번째…)를 순서대로 말해본다.

전 개

1. 그림책 표지를 탐색한다.
   - 왜 생쥐들은 검정색으로, 제목은 여러 가지 색깔로 표현했을까요?
   - 표지에 몇 마리의 생쥐가 있나요?
   - 뒤표지에서 생쥐 한 마리가 여섯 마리의 생쥐에게 무엇을 말하고 있을까요?
   - '눈 먼'은 무슨 뜻일까요?

2. 생쥐의 색깔과 사물의 색깔을 살펴보며 그림책을 읽는다.

3. 그림책을 읽고 이야기를 나눈다.
   - 일곱 마리 생쥐 색깔을 말해보세요.
   - 일곱 마리 생쥐들은 각각 무엇을 보았나요?
   - 생쥐가 기둥(뱀, 낭떠러지, 창, 부채, 밧줄)이라고 생각한 것은 코끼리의 어느 부분인가요?
   - 여섯 마리 생쥐들과 하얀 생쥐의 눈 색깔이 왜 다를까요?
   - 다른 생쥐들의 말을 끝까지 들어준 생쥐는 누구인가요?
   - 여섯 마리의 생쥐들은 왜 각자 다른 의견을 말했을까요?
   - 의견이 서로 다를 때 어떻게 하는 것이 좋을까요?

마무리

1. '작은 별' 노래에 그림책 내용을 넣어 개사하여 부른다.

   (♬ 월 화 수 목 금 토 일 / 오늘은 월요일 / 첫 번째 빨간 생쥐는 /
   기둥이라 말했지 / 월 화 수 목 금 토 일 / 오늘은 월요일 ♬)

2. 사물의 일부분만을 보지 않고 전체를 보는 하얀 생쥐의 지혜는 어떻게 생겨났는지 이야기한다.

- **확장활동**

준비물 : 쥐가 한 마리 음원, 골판지(라면 상자) 또는 폼보드, 유성매직, 안대

활동방법

❶ 조각 코끼리를 만들어 탐색 놀이를 한다.

- 골판지나 폼보드에 유성매직으로 아래와 같이 코끼리를 그린다.
- 코끼리를 7등분으로 나눠서 오린다.
- 안대를 하고 나눠진 조각을 손으로 탐색하며 무엇이 연상되는지 말한다.
- 나와 다른 의견이 있을 때, 왜 그렇게 생각하는지 설명을 해준다.
  ("그건 000라고 생각해. 왜냐하면 000하거든.")
- 안대를 벗고 나눠져 있는 조각을 코끼리 모양으로 퍼즐을 맞춘다.

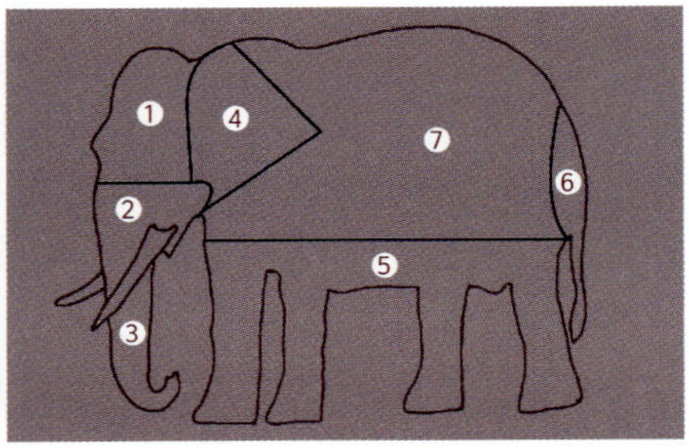

추가활동

❶ 전래놀이인 '까막 잡기' 놀이를 한다.

- 술래가 아닌 친구들은 손뼉을 쳐서 자기가 있는 위치를 알려준다.
- 술래는 눈을 가리고 돌아다닌다.
- 친구를 잡으면 자세히 탐색하고 누구인지 알아맞힌다.
  (이때 잡힌 친구나 주변의 친구들은 말을 하면 안 된다.)
- 왜 그 친구라고 생각하는지 이유를 말한다.
- 술래가 잡힌 친구의 이름을 맞히면 잡힌 친구가 술래가 된다.
- 까막잡기 놀이는 손뼉를 치며 다닐 때 친구와 부딪치지 않도록 하며, 술래가 위험하지 않게 넓은 공간에서 하는 것이 좋다. 또한, 누구인지 알아맞혀 보려면 놀이 전에 상대방을 충분히 관찰하고 시작한다.

함·께·읽·어·보·세·요

- 『맹인 코끼리 만지기』 김바다 글. 홍성지 그림 | 여원미디어
- 『길쭉길쭉 코가 긴 코끼리』 꿈꾸는 초록이 글 · 그림 | 여원미디어

다니엘이 시를 만난 날

글·그림 | 미타 아처

옮김 | 이상희

출판사 | 비룡소

2017 '에즈라 잭 키츠' 수상작이다. 다니엘은 어느 월요일 아침 공원 입구에서 작은 안내문을 발견한다. '공원에서 시를 만나요. 일요일 6시'. '시'라는 단어를 처음 접한 다니엘이 시가 대체 무엇인지 공원의 동물 친구들을 찾아다니며 물어 본다. 거미, 청설모, 다람쥐, 개구리, 거북이 등은 자기가 알고 있는 시에 대해 친절하게 말해 준다. 친구들의 이야기를 들은 다니엘은 자신만의 시를 찾게 된다.

시를 만나요

- **활동목표**
  - 시(詩)가 무엇인지 안다.

도 입

❶ 시(詩)에 대해 이야기를 나눈다.

- 시가 무엇일까요?
- 시를 읽어본 적이 있나요?
- 알고 있는 시가 있나요?

❷ 초등 국어 교과서의 시가 있는 단원에서 시와 그림을 감상한다.

전 개

❶ 그림책 표지를 보며 이야기를 나눈다.

- 표지에 붙은 스티커의 의미가 무엇인지 알아본다.
- 표지의 남자아이의 특징을 살펴본다.
  (머리모양, 나이, 누구와 무엇을 하고 있는 것 같아요?)

❷ 속표지를 보고 다니엘이 무엇을 보고 있는지, 무엇을 하고 있는지 예측하여 말해본다.

❸ 그림책 속 공원의 풍경과 공원에 갔던 나의 경험을 생각하며 그림책을 읽는다.

- 무엇을 보았나요?
- 사람들은 공원에서 무엇을 하나요?
- 다니엘은 요일마다 누구를 만났나요?

❹ 그림책 속 친구들이 시가 무엇인지 이야기 해준 것을 듣고 내가 생각하는 시는 무엇인지 이야기해본다.

❺ 시의 특징이 함축되어 있는 동시 몇 편을 함께 읽어본다.

마무리

❶ 다니엘의 시를 느낌을 살려 함께 읽어본다.

● **확장활동**

준비물 : OHP필름 1장, 한지 색종이, 네임펜, 딱풀, 리본 테이프, 펀치, 짧은 동시 몇 편, 초등 국어 교과서

활동방법

❶ 시화(詩畵) 액자 만들기를 한다.

- OHP 필름의 한쪽에 네임펜으로 시의 인상 깊은 장면을 그린다.
- 그림 위에 한지 색종이를 손으로 찢어 붙인다.
- 다른 한쪽 부분에 내가 좋아하는 시를 적는다.
  (시가 생각나지 않는 친구들은 준비한 동시를 적게 한다.)
- OHP 필름 가장자리에 펀치로 구멍을 낸다.
- OHP 필름을 원통형으로 말아 리본테이프로 묶어준다.

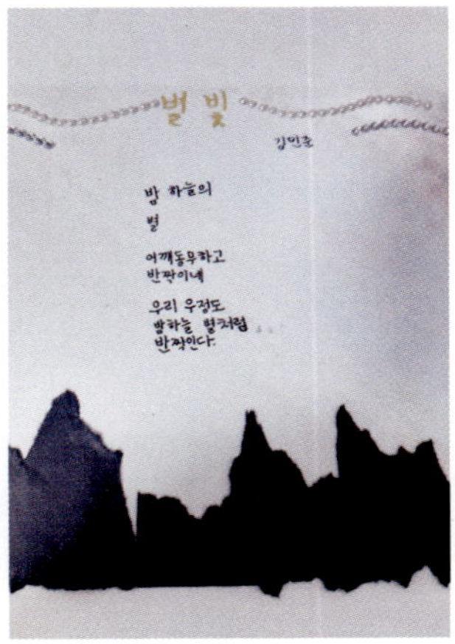

❷ 내가 만난 시를 친구들에게 소개하고 친구들의 시를 감상한다.

함·께·읽·어·보·세·요

- 『프레드릭』 레오 리오니 글 그림. 최순희 옮김 | 시공주니어
- 『샤를의 기적』 알렉스 쿠소 글. 필리프 앙리 튀랭 그림. 조정훈 옮김 | 키즈엠
- 『다니엘의 멋진 날』 미타 아처 글 · 그림. 이상희 옮김 | 비룡소

단군신화

글 | 이형구
그림 | 홍성찬
출판사 | 보림

우리 겨레의 건국신화인 단군신화에 대한 이야기다. 하늘나라의 환웅은 바람 신, 비 신, 구름 신과 3,000명의 무리를 거느리고 태백산 신단수 아래로 내려와 신시를 만들고 사람을 다스린다. 선사시대의 수렵 생활과 단군 시대의 농경 생활 등이 사실적인 그림으로 표현되어 고조선의 건국과 우리 조상들의 삶과 생활을 자연스럽게 이해할 수 있다. 우리 겨레의 뿌리를 보다 깊이 있게 이해하고 우리 역사에 대해 더욱더 가깝게 접근할 수 있다.

자랑스런 우리나라

- **활동목표**
  - 퍼즐게임을 통해 단군신화에 담긴 역사적 의미를 올바르게 이해할 수 있다.
  - 우리나라에 대한 자랑스러움을 느낀다.

도 입

❶ 월드컵 손뼉을 치며 시작한다.

(♬ 짝짝짝 짝짝! 대-한-민 국! ♬)

❷ 우리나라를 대표하는 것이 무엇인지 알아본다.

(예: 태극기, 애국가, 무궁화 등)

❸ 우리나라와 관련된 동요를 들어보고 함께 불러 본다.

- 저학년인 경우 : 무궁화, 태극기 등
- 고학년인 경우 : 애국가, 한국을 빛낸 위인들
  (♬ 아름다운 이 땅에 금수강산에 / 단군 할아버지가 터 잡으시고
  홍익인간 뜻으로 나라 세우니 / 대대손손 훌륭한 인물도 많아 ♬)

❹ 우리나라가 자랑스러웠었던 때가 언제인지 이야기 나눠 본다.

(예: 올림픽에서 금메달을 땄을 때, 재난을 당한 나라에 도움을 주었을 때 등)

전 개

❶ 그림책 표지를 탐색한다.

- 표지에 있는 사람은 누구일까요?
- 표지에 있는 사람 옆 동물은 무엇인가요?

❷ 면지 아래 부분의 그림을 살펴보며 무슨 그림인지 상상해 본다.

❸ 시대의 모습을 잘 알 수 있도록 그림을 자세히 살펴보며 그림책을 읽는다.

- 아주 먼 옛날 사람들은 어디에 모여 살았나요?(바닷가나 강가)
- 그림 속 집의 모양을 살펴 볼까요?(움집)
- 사람들은 무엇을 하고 살았나요?(사냥, 물고기 잡기, 흙으로 그릇 빚기, 돌을 사용, 과일 따기 등)
- 환웅은 하늘나라에서 왜 내려 왔을까요?
- 환웅이 누구를 데리고 내려 왔나요?
- 환웅이 태백산 신단수에 신시를 만들고 한 일들은 무엇이었나요?
  (사람들의 싸움을 말렸다. 서로 돕고 살도록 가르쳤다.)
- 곰과 호랑이의 소원은 무엇이었나요?
- 곰과 호랑이가 소원을 이루기 위해 환웅은 어떻게 하라고 했나요?
- 단군은 어떻게 태어나게 되었나요?
- 우리나라 최초의 나라 이름은 무엇이었나요?

④ '엄마랑 아빠랑' 함께 보는 면을 읽고 그림책을 회상해 본다.

- 단군왕검이 '홍익인간' 뜻으로 나라를 세웠다는 내용의 단군신화는 어떤 뜻이 들어 있을까요?
- 단군이 통치하던 시대는 어떤 시대인가요?(석기시대와 청동기 시대)
- 서기 2021년은 단기 몇 년인가요? (단군이 고조선을 세운 시기가 서기전 2333년 이므로 현재의 해에 2333을 더하면 된다.)
- 지금 우리의 생활 모습과 신화 속 생활모습을 비교해 볼까요?
- 단군을 보며 나라를 다스리는 통치자는 어떤 사람이어야 할까요?

마무리

❶ 내가 알고 있는 우리나라 위인을 발표해 본다.

❷ 나는 자랑스러운 우리나라를 위해 무엇을 하고 싶은지 친구들과 서로 이야기 나눠 본다.

● 확장활동

준비물 : A4용지, 색연필, 자

활동방법

❶ 그림책 내용 맞추기 퍼즐 게임을 한다.

- 답지는 아래와 같이 칸을 나누어 답이 다 맞으면『곰』이라는 글자가 나타나도록 문제에 따라 번호 배치를 한다.
- 교사나 부모님이 내용에 관한 OX의 여러 가지 문제를 낸다.
- 답이 맞는 번호에 색연필로 색칠을 한다.

❷ 다음 질문 중 답이 맞는 번호에 모두 색칠해 보세요.

① 단군신화는 널리 인간을 이롭게 한다는 홍익인간 사상이 담겨 있다.(0)

▶ 아래 표에서 1번 모두 색칠하기

② 아주 먼 옛날 사람들은 바닷가나 강가에 모여 살았다.(0)

▶ 아래 표에서 2번 모두 색칠하기

③ 환웅은 해신, 바람신, 비신과 아름다운 땅으로 내려왔다.(x)

▶ 아래 표에서 3번은 색칠하면 안 됨

④ …

⑤ …

8	2	5	1	3
6	8	4	10	13
3	9	7	4	8
1	5	11	2	5
9	3	6	13	9
6	10	2	11	13
13	5	3	12	4
8	12	11	7	6

추가활동

- 우리나라의 국기인 태극기를 정확하게 그려 본다.
- 흰 A4용지를 가로로 놓고 중앙에 빨간색과 파란색의 태극 문양을 그린다.
  (이때 태극의 나누어지는 부분이 틀리지 않도록 주의한다.
- 네 귀퉁이에 검은 4괘 '건리감곤'를 검은색으로 그린다.
- 가장 왼쪽 위에 그려진 동쪽과 하늘, 춘분을 상징하는 '건'
- 왼쪽 아래는 남쪽과 해, 불, 추분을 상징하는 '리'
- 오른쪽 위는 북쪽, 달, 동지와 물을 상징하는 '감'
- 오른쪽 아래는 서쪽과 땅 그리고 하지를 상징하는 '곤'

함·께·읽·어·보·세·요

- 『단군왕검과 고조선』 어린이독서연구원 글. 최승협 그림 | 세용

주머니 속에 뭐가 있을까

글·그림 | 이보나 흐미엘레프스카
옮김 | 이지원
출판사 | 사계절

그림책 속 작은 주머니를 보며 무엇이 있을지 묻는 수수께끼가 이어진다. 토끼의 귀, 새의 부리 같은 모양들이 각기 다른 주머니의 윗부분에 삐죽 나와 있다. 바깥으로 조금 보이는 그림을 보며 원래 어떤 그림이 숨어있을지 궁금증을 자아내게 하며 즐거운 상상이 계속 이어진다.

꼭꼭 숨어라

- **활동목표**
  - 다양한 사물을 오감을 이용하여 탐색할 수 있다.
  - 사물의 일부를 보며 전체를 상상할 수 있다.

도 입

❶ 자기 주머니 속에 무엇이 있는지 친구들과 알아맞히기 놀이를 한다.

- 주머니 속의 물건을 설명하면 다른 친구들이 알아맞혀 본다.

❷ 주머니 속에 꼭 넣고 싶은 것이 있는지 말해본다.(이유와 함께)

(예: 돈을 넣으면 좋겠어요. 맛있는 거 사 먹고 싶어서요.
엄마처럼 핸드폰 넣으면 좋겠어요. 게임 할 수 있어서요.)

❸ 선생님 (부모님)이 준비한 주머니 속 물건을 만지거나 냄새를 맡고, 흔들어 보며 그 속에 들어 있는 물건이 무엇인지 알아맞히기 놀이를 한다.

전 개

❶ 그림책 책 표지를 보며 이야기를 나눈다.

- 표지 속 아이들은 모두 어떤 옷을 입었나요?
- 아이들 옷에 특별히 눈에 띄는 것은 무엇인가요?
- 아이들의 주머니 속에 무엇이 있을까요?

❷ '주머니 속에 무엇이 들어 있을까?' 상상해 보며 그림책을 읽는다.

- '깡충깡충 뛰는 것'은 무엇일까요?
- '향기 나는 것'은 무엇일까요?
- '노래하는 것'은 무엇일까요?

❸ 삐죽 나온 두 개의 기다란 삼각형 그림을 보고 다양한 물건을 상상해 본다.

❹ 그림책을 회상하며 어떤 물건들이 나왔는지 이야기를 나눈다.

- 주머니에서 가장 쉽게 알아낼 수 있었던 그림은 무엇이었나요?
- 그림책 속에서 가장 기억에 남는 물건은 어떤 것이었나요?
- 리본으로 묶은 상자 속에 무엇이 들었을까요?
- 나는 무엇이 들어 있는 주머니가 갖고 싶은지 이야기해본다.

마무리

❶ 주변의 물건들을 살펴보고 어떤 특징이 있는지 자세히 살펴본다.

❷ 둥근 모양, 네모 모양, 뾰족한 모양 등 같은 모양끼리 분류해 이야기한다.

- 확장활동

준비물 : 색상지(A4사이즈 5장), 색연필, 싸인펜, 색종이, 헝겊, 리본 테이프, 링 2개, 풀, 가위

활동방법

❶ '꼭꼭 숨어라' 게임 주머니를 만든다.

- 색종이 또는 리본 등을 활용해 주머니처럼 꾸민다.
- 가장자리만 풀칠하여 A4색상지에 붙여 주머니처럼 만든다.
- 주머니 속에 넣고 싶은 것을 색연필을 이용하여 그리고 오려둔다.
- 이 때 그림을 그리는 종이는 만들어 놓은 주머니보다 작게 한다.

❷ '꼭꼭 숨어라' 주머니 게임을 한다.

- 그린 그림을 주머니 속에 반쯤 넣고 그림의 윗부분만 보여준다.
- 조금 보이는 그림을 보며 전체 그림이 무엇인지 알아맞히기 게임을 한다.
- 틀렸을 경우 스무고개처럼 힌트를 주어 맞출 수 있도록 한다.
- 몇 장의 그림을 모아 표지를 만들고 링으로 묶으면 게임북이 된다.

함·께·읽·어·보·세·요

- 『네개의 그릇』 이보나 흐미엘레프스카 글 · 그림. 이지원 옮김 | 논장

빨강도깨비 파랑도깨비 노랑도깨비

글 | 윤구병
그림 | 김효순
출판사 | 휴먼어린이

'빨강 도깨비, 파랑 도깨비, 노랑 도깨비'가 수수께끼처럼 던지는 질문에 따라 송이는 주위를 살펴보며 사물을 찾게 된다. 그 과정을 통해 사물이 가진 고유의 색에 눈을 뜨도록 도와주므로 삼원색에 대한 개념과 색깔이 섞이는 원리를 자연스럽게 알게 되어 색에 대한 흥미를 느껴주는 이야기이다.

나는야 색깔 도깨비

- **활동목표**
  - 색깔 이름을 알고 색이 섞이면 어떤 색이 되는지 알 수 있다.

도 입

❶ 주변에 보이는 사물의 색을 말해 본다(예: 화분, 시계, 가방 등).

❷ 내가 좋아하는 색을 이야기 한다.

- 좋아하는 색으로 된 물건은 무엇이 있을까요?

❸ 도깨비가 색깔이 있다면 무슨 색일까요?

전 개

❶ 그림책 표지를 보며 이야기를 나눈다.

- 그림책 표지에 보이는 색이 무슨 색인지 말해본다.
- 내가 생각한 도깨비와 책표지에 있는 도깨비는 어떻게 다른지 말해본다.
- 노랑 도깨비와 빨강 도깨비가 만났을 때 무슨 색으로 보이나요?
- 빨강, 노랑, 파랑 도깨비의 표정을 살펴본다.

❷ 도깨비들의 색깔 변화를 보며 그림책을 읽어준다.

- 송이가 만난 도깨비의 순서를 이야기해본다.
- 빨강(파랑, 노랑)도깨비에게 대답한 빨간(파란, 노란) 것 세 가지는 무엇이었나요?
- 빨강 도깨비와 노랑 도깨비가 안았을 때 무슨 색으로 변했나요?
- 노랑 도깨비와 파랑 도깨비가 안았을 때 무슨 색으로 변했나요?
- 빨강 도깨비와 파랑 도깨비가 안았을 때 무슨 색으로 변했나요?

❸ 그림책을 회상하며 이야기를 나눈다.

- 송이가 빨강 도깨비에 대답한 것 외에 다른 것은 뭐가 있을까요?
- 빨강, 파랑, 노랑 도깨비가 서로 함께 안았다면 무슨 색의 도깨비가 나왔을까요?
- 빨강, 파랑, 노랑 도깨비 외에 어떤 색의 도깨비가 있을까요?

마무리

❶ 도깨비가 서로 안았을 때 나온 색들을 우리 주변에서 찾아본다.

(보라, 주황, 초록, 검정)

- 확장활동

준비물 : 철사 옷걸이 3개, 색 셀로판지, 펠트지 약간(빨강, 파랑, 노랑 외), 양면테이프, 눈알 또는 시트지 약간

활동방법

❶ 색깔 도깨비를 만들어 도깨비들의 색이 어떻게 변하는지 색에 대하여 탐색한다.

- 철사 옷걸이 아랫부분을 잡아당겨 마름모꼴 모양을 만든다.
- 마름모 윗부분에 셀로판지를 씌운 후 테이프로 고정하고, 옷걸이 철사 부분에 셀로판지와 같은 색의 펠트지를 붙인다(빨강, 파랑, 노랑 세 개를 만든다).
- 펠트지로 얼굴과 팔, 다리, 도깨비방망이를 만들어 붙이고 시트지나 눈 스티커를 이용하여 도깨비 눈과 입을 완성한다.

❷ 만들어진 색깔 도깨비 인형을 겹쳐보며 색의 혼합을 경험할 수 있도록 역할 놀이를 해 본다.

추가활동

❶ 색 도화지를 부채꼴로 그려 고깔모자를 만든다.

❷ 고무줄을 연결하여 도깨비 뿔처럼 머리에 쓴다.

❸ 색깔 스카프(빨노파)를 어깨에 두르고 도깨비가 되어 친구들에게 수수께끼를 낸다.

함·께·읽·어·보·세·요

- 『숨기대장 카멜레온』 문주영 글, 김홍비 그림 | 엔이키즈
- 『나는 초록』 류주영 글 · 그림 | 사계절

생각하는 ㄱㄴㄷ

글 | 이지원
그림 | 이보나 흐미엘레프스카
출판사 | 논장

한글의 자음 'ㄱ'부터 'ㅎ'까지를 낱말로 표현한 책이다. 해당 자음에 관한 글자가 들어간 내용으로 질문을 한 뒤 글자를 그림으로 나타내 시각적으로 한글과 친해질 수 있게 했다. 예를 들어 'ㄱ'의 페이지에는 'ㄱ'이 들어가는 단어로 구성된 문장, 'ㄱ'으로 시작하는 색깔의 칸, 'ㄱ'으로 시작하는 낱말들의 그림 등이 제시된다. 그림을 보며 재미있게 사물의 이름을 익히고 그 모양과 연결시켜 상상력도 키울 수 있다. 우리 글자의 아름다운 조형미를 느끼며 미적 감수성을 느낄 수 있는 한글 그림책이다.

아름다운 우리 글

- **활동목표**
  - 우리 글의 아름다움을 안다.
  - 다양한 어휘를 익힌다.

도 입

❶ 우리나라 글자에 대하여 알아본다.

- 우리나라 글자를 뭐라고 하나요?
- 우리 글자는 누가 만들었을까요?
- 한글날은 언제일까요?

❷ 자음과 모음에 대하여 알아본다.

- 자음, 모음은 어떻게 다른가요?
- 자음과 모음을 순서대로 말해볼까요?

전 개

❶ 그림책 표지를 탐색한다.

- 표지 제목의 글자들은 어떤 그림으로 꾸며져 있나요?
- 그림들을 보면 어느 나라가 떠오르나요?
- 왜 '생각하는 ㄱㄴㄷ' 일까요?

❷ 면지를 살펴보며 이야기를 나눈다.

- 면지의 그림에 보이는 글자들을 살펴볼까요?
- 면지에서 보이는 글자는 무슨 내용인가요?

❸ 'ㄱ'에서 'ㅎ'까지의 그림과 색깔을 살피며 그림책을 읽는다.

- 개미를 들여다보는 김씨 아저씨의 'ㄱ'은 어디에 있을까요?
  (예: 가방을 든 팔, 옷감을 자르는 가위…)
- 'ㄴ'이 들어 있는 낱말은 뭐가 있을까요?(예: 나비, 남색)
- 다람쥐가 도토리를 먹으려는데 'ㄷ'은 어디에 있을까요?
  (예: 당근을 들고 있는 토끼)
- 라라라 ~ 라일락 꽃향기를 맡을 때 숨어 있는 글자는 무엇일까요?
- 'ㅁ'이 들어있는 낱말을 말해볼까요?
- 'ㅂ'이 숨어 있는 색깔은 무엇일까요?
- 상어가 사냥을 하는 모습에서 어떤 글자가 보이나요?
- '우리는 우주를 여행하고 싶어요'에서 가장 많이 나온 자음은 무엇인가요?
- 'ㅈ'이 들어간 한 글자 낱말을 찾아보세요.
- 차차차 신나게 춤을 추다가 생겨난 글자는 무엇인가요?
- 케이크를 만들어온 키다리 아저씨가 만든 자음은 무엇일까요?
- 택시가 털털털 터널을 지나면 보이는 것은 무엇인가요?
- 'ㅍ'이 들어간 두 글자 낱말을 찾아보세요.
- 학교, 회사, 화장대 등에 공통으로 들어있는 자음은 무엇인가요?

❹ 그림책을 회상하며 관련된 낱말을 말해본다.

❺ 자음을 순서대로 바르게 읽어본다.

마무리

❶ 글자를 만들 수 있는 다양한 방법을 생각해 본다. (몸, 내가 가지고 있는 물건 등)

❷ 그림을 보며 문장을 만들어 본다. (예 : 'ㄹ'-레몬을 팔고 있는 언니)

❸ 다른 책들의 제목을 보며 글자의 모양을 살펴본다.

- **확장활동**

준비물 : 자음, 모음 카드 (우드락, 유성매직, 칼)

활동방법

❶ 자음 · 모음 카드를 만들어 낱말 게임을 한다.

- 우드락을 준비하여 7~8cm 정도의 정사각형으로 자른 후 자음과 모음을 유성펜으로 쓴다.
- 골고루 섞어 책상에 엎어놓는다.

① 자음이나 모음 한 개를 꺼내 그와 관계있는 낱말을 말한다.
예 : [ㄱ]을 꺼냈을 경우 – 겨울, 고구마…
[ㅑ]를 꺼냈을 경우 – 약국, 야구…

② 자음 한 개, 모음 한 개를 꺼내 조합한 낱말을 말한다.
예 : [ㄱ]과 [ㅜ]를 꺼냈을 경우 – 구두, 구멍, 구름

③ 여럿이 게임을 할 경우 끝말 이어가기 혹은 앞말 이어가기를 한다.
예 : [ㅈ]과 [ㅏ]를 꺼냈을 경우 – 끝말 잇기 : 자전거 – 거문고 – 고등어 –
앞말 잇기 : 자전거 – 과자 – 사과 –

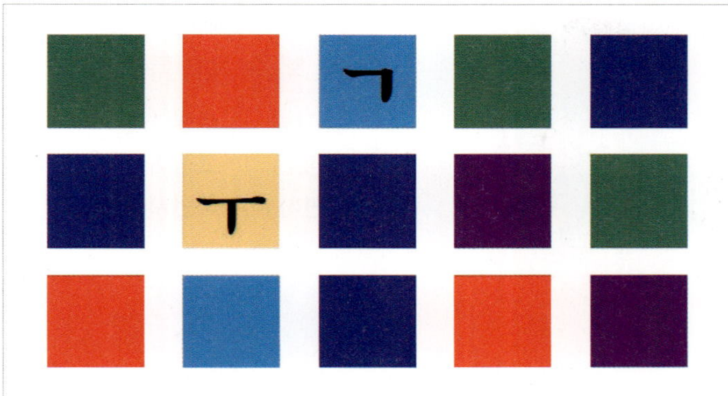

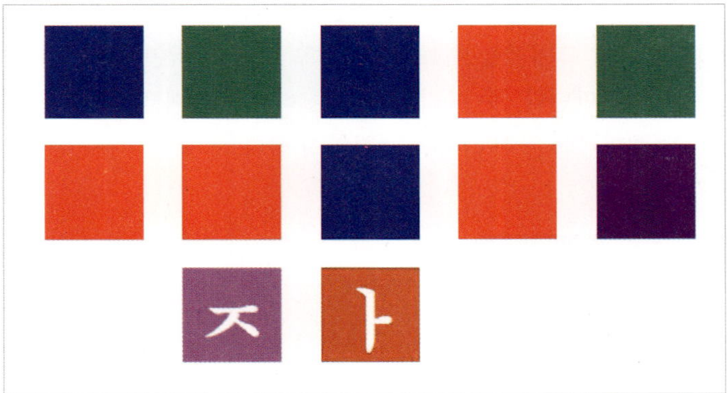

함·께·읽·어·보·세·요

- 『움직이는 ㄱㄴㄷ』 이수지 글 · 그림 | 길벗어린이
- 『행복한 ㄱㄴㄷ』 최숙희 글 · 그림 | 웅진주니어

쉿! 책 속 늑대를 조심해!

글·그림 | 로렌 차일드
옮김 | 고정아
출판사 | 국민서관

엄마는 밤마다 허브에게 그림책을 읽어주신다. 그때마다 허브는 다 읽은 그림책을 엄마에게 꼭 갖고 나가 달라고 부탁한다. 이유는 책 속에 늑대가 있기 때문이다. 어느 날 엄마는 전화 때문에 그림책을 허브 곁에 두고 나간다. 엄마의 실수로 허브는 원치 않았던 늑대 친구들을 만난다. 두 마리의 늑대는 허브를 잡아먹으려 하고 허브는 이 위기를 다른 그림책 주인공들을 불러내어 해결하려 한다.

이야기 속의 이야기

- **활동목표**
  - 그림책 속 옛이야기를 경험한다.

도 입

❶ 옛이야기에 관해서 이야기를 나눈다.

- 기억에 남는 옛이야기가 있나요?
- 어떤 책인가요?
- 늑대가 등장하는 그림책은 어떤 것이 있을까요?
- 요정이나 마녀가 등장하는 옛이야기는 어떤 것이 있을까요?
- 책을 읽고 무서울 때가 있었나요?
- 책 속 등장인물이 책 밖으로 나온다면 어떨까요?

전 개

❶ 표지를 보며 이야기를 나눈다.

- 제목에서 '✔' 표시를 하고 '책 속'이라는 글자를 왜 써넣었을까요?
- 표지의 색이 왜 빨간색인 거 같아요?
- 표지의 늑대들은 어디에서 온 늑대일까요?
- 어떤 내용일지 예측해볼까요?
- 저 아이를 혹시 다른 책에서 본 적 있나요?

❷ 그림책에 나오는 등장인물을 살피며 감상한다.

- 이 책의 이야기는 언제, 어디서 일어난 일인가요?
- 이 책의 등장인물을 모두 말해볼까요?
- 엄마가 불을 끄지 않아 어떤 일이 일어났나요?
- 책 속에서 왜 다른 책의 등장인물들이 나왔을까요?
- 애벌레로 변한 늑대를 보는 주인공의 기분은 어떨까요?

❸ 그림책을 회상하며 이야기를 나눈다.

- 이 책은 어떤 이야기인가요?
- 내용을 다시 한번 이야기해볼까요?
- 이 책 속에 나오는 옛이야기의 제목을 말해볼까요?
- 책 속에서 누가 나왔으면 좋겠어요?
- 왜 그렇게 생각해요?

❹ 그림을 자세히 보세요.

- 어떤 장면이 가장 기억에 남나요? 머릿속으로 그려볼까요?
- 요정이 나오는 장면의 그림 재료를 말해볼까요?(콜라주에 관해 설명해준다)
- 작가는 왜 그 재료를 사용했을까요?
- 글자체, 글자 색깔들의 차이를 발견했나요?

마무리

❶ 새롭게 알게 된 옛이야기는 무엇일까요?

❷ 무서움을 느낄 때 어떻게 해결하는지 이야기를 나눈다.

● 확장활동

준비물 : 이야기 속 이야기가 들어 있는 패러디 그림책이나 다른 이야기가 들어 있는 그림책

활동방법

❶ 다음의 책을 아이와 함께 읽으며 그림책 속 옛이야기를 찾아본다.

- 늑대와 일곱 마리 아기 염소
- 아기돼지 삼형제
- 빨간모자
- 피터와 늑대
- 엄지동자

❷ 옛이야기속의 이야기를 함께 이야기 나눈다.

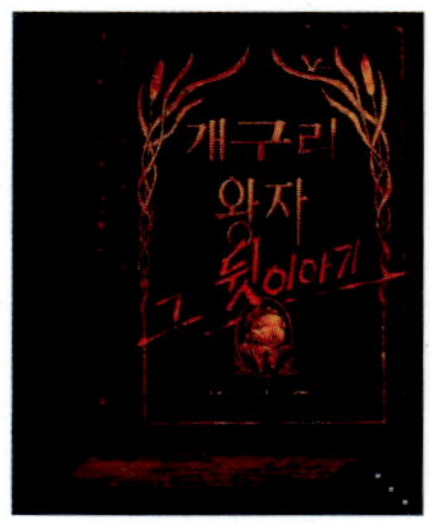

- 개구리 왕자
- 백설공주
- 헨젤과 그레텔
- 신데렐라
- 늑대가 들려주는 아기돼지 삼형제 이야기

함·께·읽·어·보·세·요

- 『아기 돼지 세마리』 데이비드 위즈너 글 · 그림. 이옥용 옮김 | 마루벌
- 『난 신데렐라가 아니야』 샤를로테 데마톤스 글 · 그림. 김희정 옮김 | 문학동네어린이

책 속의 책 속의 책

글·그림 | 요르크 뮐러
옮김 | 김라합
출판사 | 비룡소

주인공은 선물을 하나 받는다. 선물은 책이다. 책 표지에는 주인공 자신이 그려져 있고, 책 속에서 도와달라는 소리가 들린다. 주인공은 수수께끼를 풀기 위해 직접 책으로 들어간다. 그리고 책 속에서 화가를 만난다. 화가는 '책 속의 책 속의 책'이라는 책을 만들고 있는데 이 책을 끝맺고 싶다며 주인공에게 끝맺어 달라고 부탁한다. 주인공은 화가에게 먼저 자신의 부탁을 들어 달라고 요구한 후 화가의 부탁을 들어주고 책을 빠져나온다.

작가 되어 보기

- **활동목표**
  - 이야기는 누군가에 의해 만들어진다는 것을 안다.

도 입

❶ 그림책을 만드는 사람에 관해서 이야기를 나눈다.

- 그림책은 어떻게 만들어지는 걸까요?
- 이야기는 어떻게 지어진 걸까요?
- 자신의 이야기를 만든다면 어떤 이야기를 만들고 싶나요?

❷ 거울에 비치는 상에 대해 이야기를 나눈다.

- 거울에 비친 모습은 과연 실제와 똑같을까요?
- 거울에 비친 자신의 모습이 어떤지 말해볼까요?

전 개

1. 표지를 보며 이야기를 나눈다.
    - 책 제목에서 이상한 점이 있나요?
    - 어떤 점이 이상한가요?
    - 표지의 그림이 무엇을 말하고 있는 것 같아요?
    - 표지의 포장지가 뜯긴 건가요?
    - 책을 선물 받은 사람은 누구일까요?
    - 저 아이는 누구일까요?
    - 판형은 왜 이렇게 클까요?
    - 이 책이 특별하게 느껴지는 점이 있나요? 어떤 점이 그렇게 느껴지나요?
    - 3D 입체 안경은 책 속에 왜 들어있을까요?

2. 면지를 탐색한다.
    - 면지를 보니 느낌이 어떤가요?

3. 그림책을 감상한다.
    - 누가 나오나요?
    - 주인공의 성격은 어떤 것 같아요?
    - 이야기의 배경은 어디 같아요?
    - 책 속의 화가는 누구인 거 같아요?
    - 마지막 장면에서 거울에 비친 모습을 보고 있는 주인공의 기분은 어떤 것 같아요?

4. 그림을 자세히 보세요
    - 어떤 그림이 가장 기억에 남나요? 그 그림을 이야기해줄래요?
    - 이 책의 그림 분위기는 어떤가요?
    - 『책 속의 책 속의 책』을 표현한 장면의 느낌을 말해줄래요?
    - 주인공이 책 속에서 빠져나올 때의 그림의 특징을 말해줄래요?
    - 3D 안경으로 보니 어때요? 그 느낌을 말해줄래요?

⑤ 내용을 회상하며 이야기를 나눈다.

- 어떤 이야기인 거 같아요?
- 주인공처럼 거울에 비친 자신의 모습을 자세히 살펴본 적 있나요?
- 여러 개의 거울 속에 자신을 비춰 본 경험이 있나요?
- 지금 한 번 주인공을 따라 해 볼까요?
- 내가 주인공이라면 화가의 이야기를 어떻게 끝맺어 줄 건가요?

마무리

① 『책 속에 책 속의 책』 그림 속의 그림에 대한 느낌을 이야기를 나눈다.

② 작가에 대해서 이야기를 나눈다.

③ 거울 속에 비치는 상에 대해서 이야기를 나눈다.

- **확장활동**

준비물 : 필기도구, 색연필 & 크레파스, 종이 스크랩북(대상 연령에 맞게 페이지 수 조정하기), 열린 결말 그림책(활동 인원에 따라 1권 내지 여러 권을 준비한다.)

활동방법

① 작가 되어보기

- 열린 결말의 그림책을 함께 읽는다.
- 열린 결말의 뒷이야기를 이야기 나눈다.
- 이야기 나눈 그림책의 뒷이야기를 종이 스크랩북에 옮겨 적고 그린다.
- 제목을 지어본다. 작가 ○○○ 자신의 이름을 쓴다.

❷ 이야기 들려주기

- 자신의 책을 소개하며 이야기를 들려준다.

함·께·읽·어·보·세·요

- 『도서관 생쥐』 다니엘 커크 글 · 그림. 신유선 옮김 | 푸른날개
- 『리버벤드 마을의 이상한 하루』 글 · 그림 크리스반 알스버그. 김영하 옮김 | 문학동네

이봐요, 까망씨!

글·그림 | 데이비드 위즈너
출판사 | 비룡소

까망 씨는 웬만한 장난감에 흥미를 보이지 않는다. 어느 날 까망 씨는 살아있는 장난감을 발견하고 여느 장난감과는 다르게 적극적으로 반응한다. 살아있는 장난감은 외계인과 우주선이다. 까망 씨가 우주선을 가지고 노는 바람에 우주선의 장비 하나가 고장이 나게 되고 외계인들은 고장 난 장비를 고치기 위해 까망 씨를 피해 가구 밑을 향해 필사적으로 도망간다.

외계인이 있을까

- **활동목표**
  - 그림을 보며 이야기를 만들 수 있다.
  - 외계인을 상상해본다.

도 입

❶ 외계인에 관해서 이야기를 나눈다.

- 외계인이 누군지 알아요?
- 외계인은 어떻게 생겼을까요?
- 외계인이 우리 집에 온다면 어떨 것 같아요?
- 외계인과 마주친다면 무슨 말을 하고 싶어요?

❷ 가장 관심을 갖는 것에 대해서 이야기를 나눈다.

- 최근에 가장 관심을 두거나 흥미 있는 부분이 어떤 거예요?
- 왜 그런지 말해줄래요?

전 개

❶ 표지를 보며 이야기를 나눈다.

- 까망씨는 누구인 것 같아요?
- 제목은 누가 말하고 있는 것 같아요?
- 까망씨를 왜 부르는 것일까요?
- 배경엔 까망씨 말고 또 무엇이 있나요?
- 어떤 내용일지 예측해볼까요?

❷ 그림책을 읽고 이야기를 나눈다.

- 한 칸씩 옆으로 그다음 밑으로 내려가며 이야기를 만들어 보세요.
- 외계인은 어디서 왔을까요?
- 외계인이 무슨 말을 하고 있는 걸까요?
- 외계인의 글자는 어떤 것 같아요?
- 외계인은 얼마나 클 것 같아요?
- 까망씨는 왜 장난감엔 관심이 없는데 외계인에게는 관심을 보일까요?
- 우주선은 왜 고장이 났어요?
- 무당벌레와 개미들은 왜 외계인을 도와줄까요?
- 벽화의 그림은 무엇을 뜻하는 걸까요?
- 외계인이 탈출했을 때 까망씨의 기분은 어땠을까요?
- 까망씨는 외계인들과 뭘 하고 싶은 걸까요?

❸ 그림책을 읽고 회상하며 이야기를 나눈다.

- 가장 재미있었던 장면은 어디인가요?
- 친구들에게 이 책을 소개한다면 무슨 책이라고 소개할 건가요?

마무리

❶ 뒷이야기를 만들어 이야기를 나눈다.

❷ 어떤 방법으로 외계인과 친해질 수 있는지 이야기 나눈다.

❸ 까망씨는 장난감보다 외계인에 관심을 두는 데 요즘 가장 관심 두는 것이 무엇인지 이야기를 나눈다.

- 확장활동

준비물 : A4 종이, 필기도구

활동방법

❶ 외계인과 외계어를 만들어 본다.

- 외계인을 상상하여 그려본다.
- 외계인들은 어떤 기호를 사용해 생각을 전달할 것인지 의사소통 기호를 만들어본다.

❷ 외계인 기호를 사용해 친구에게 편지를 써본다.

- 편지 내용을 소개한다.

함·께·읽·어·보·세·요

- 『비밀의 문』 에런 베커 글 · 그림 | 웅진주니어
- 『쩌저적』 이서우 글 · 그림 | 북극곰

빈 화분

글·그림 | 데미
옮김 | 서경애
출판사 | 사계절

옛날 중국에 꽃을 사랑하고 잘 가꾸는 핑이라는 소년이 살고 있었다. 꽃을 무척 사랑하는 임금님은 이곳저곳 방을 붙여 한 해 동안 가장 정성을 다해 꽃씨를 가꾼 아이에게 왕위를 물려주겠다고 하였다. 방방곡곡 아이들이 꽃씨를 받아 화려한 꽃을 피워 왕에게 가지고 갔지만 핑은 빈 화분으로 갔다. 하지만 부모님의 말씀에 따라 정직하고 진실하게 용기를 낸 핑에게 왕위를 물려주었다.

정직과 용기의 선물

- **활동목표**
  - 정직과 진실의 참된 가치를 안다.

도 입

❶ 거짓말에 대해 이야기를 나눈다.

- 거짓말을 해 본 적이 있나요?
- 왜 거짓말을 했나요?

❷ 정직과 거짓말은 어떻게 다를까요?

전 개

❶ 표지를 보며 이야기를 나눈다.

- (제목을 가리고) 표지 속 소년이 들고 있는 것은 무엇인가요?
- 화분 안에는 무엇이 들어 있을까요?
- 소년은 화분을 들고 어디로 가는 걸까요?
- 이 꽃은 무슨 꽃일까요?

❷ 속표지 보며 이야기를 나눈다.

- 다른 아이들은 놀고 있는데 흰 옷을 입은 아이는 왜 놀지 않고 앉아 있을까요?
- 새들과 나비는 왜 빈 화분을 바라보고 있을까요?

❸ 그림책을 읽고 이야기를 나눈다.

- 아이들이 때때옷을 입고 궁궐로 가려고 할 때 핑은 왜 옷을 벗고 있을까요?
- 많은 아이들은 익은 씨앗으로 어떻게 꽃을 피웠을까요?
- 꽃을 피운 화분을 들고 있는 아이들 속에서 빈 화분을 든 핑의 마음은 어땠을까요?
- 임금님은 왜 핑에게 환하게 웃으며 손짓했을까요?
- 왜 임금님은 아이들에게 익은 씨앗을 주었을까요?
- 내가 만약 핑의 부모였다면 어떻게 했을까요?
- 핑이 임금님께 빈 화분을 가지고 갈 수 있었던 용기는 무엇이었을까요?

❹ 그림책을 회상하며 이야기를 나눈다.

- 핑의 부모님은 어떤 분인가요?
- 핑은 어떤 아이 인가요?
- 나도 핑처럼 어려웠던 경험이 있었나요?
- 내가 임금님이라면 어떤 후계자를 뽑을까요?
- 가장 기억에 남는 장면이 있나요?
- 그 이유는 무엇인가요?

마무리

❶ 정직과 진실을 지키기 위해서 우리가 해야 할 일이 무엇인지 알아본다.

❷ 정직과 진실을 지킴으로써 무엇을 얻게 되는지 알아본다.

- 확장활동

준비물 : 플라스틱 투명 컵, 커피가루 찌꺼기, 나뭇가지, 색종이, 빵 끈

활동방법

❶ 가치나무 만들기를 한다.

- 내가 소중하게 여기는 가치를 생각해본다.
- 플라스틱 투명 컵에 커피가루를 넣는다.
- 나뭇가지를 꽂은 후 색종이를 이용해 하트 모양을 접은 후 내가 생각하는 가치를 적어본다.
- 빵 끈을 이용해 나뭇가지에 매단다.

❷ 내가 소중하게 생각하는 가치가 무엇인지 이야기를 나눈다.

❸ 내가 소중하게 생각하는 가치를 이루기 위해 어떤 노력이 필요한지 이야기를 나눈다.

함·께·읽·어·보·세·요

- 『거짓말은 마술풍선』 어린이인성교육연구회 글. 한국출판일러스트회 그림 | 황우도서
- 『진짜가 된 가짜』 이경화 글. 유기훈 그림 | 을파소

2. 마음이 따뜻해지는 그림책

난 내 이름이 참 좋아!

글·그림 | 케빈 헹크스
옮김 | 이경혜
출판사 | 비룡소

크리샌써멈은 '국화'라는 뜻의 자기 이름이야말로 나무랄 데 없는 이름이라고 생각한다. 그러나 학교에 입학하게 되자 학급 친구들이 길고 어려운 이름이라며 크리샌써멈을 놀려댄다. 부모님의 따뜻한 위로와 격려도 소용이 없다. 그러던 어느 날 목소리가 꿈결 같고 모든 것이 훌륭해 보이는 음악 선생님이 새로 오셨는데 선생님의 이름도 길고 어려운 꽃 이름이었다. 그 후, 아이들은 너도나도 꽃 이름을 부러워하게 되고 크리샌써멈은 다시 자신감을 찾게 된다.

내 이름은 크리샌써멈

- **활동목표**
  - 내 이름의 의미를 알 수 있다.
  - 나를 소개 할 수 있다.

도 입

❶ 자기의 이름을 소개한다.

- 내 이름은 누가 지어주셨나요?
- 내 이름이 마음에 드나요?
- 형제 또는 자매의 이름은 무엇인가요?

❷ 내 이름의 의미에 대해 이야기를 나눈다.

- 내 이름의 뜻을 알고 있나요?

전 개

❶ 표지를 보며 이야기를 나눈다.

- 표지에 무엇이 보이나요?
- 표지에 보이는 꽃은 무슨 꽃일까요?
- 표지의 인물이 무엇을 하고 있는 것 같은가요?
- 표지의 인물과 꽃을 보며 느끼는 대로 이야기 해 보세요.
- 제목을 보고 내용을 상상해 보세요.

❷ 그림책을 감상한다.

- '크리샌써멈'의 뜻은 무엇인가요?
- 크리샌써멈이 자기 이름을 끔찍한 이름이라고 생각하게 된 이유는 무엇인가요?
- 크리샌써멈의 이름을 놀린 친구들은 누구였나요?
- 친구들은 크리샌써멈의 이름이 어떻다고 놀렸나요?
- 속상해 하는 크리샌써멈에게 아빠와 엄마는 어떻게 했나요?
- 새로 오신 음악선생님의 이름은 무엇인가요?
- 음악선생님이 태어날 아기에게 무슨 이름을 지어주겠다고 했나요? 왜 그렇게 생각했나요?
- 친구들이 크리샌써멈을 놀리지 않게 된 이유는 무엇인가요?
- 크리샌써멈은 음악극에서 어떤 역할을 맡게 되었나요?

❸ 그림책을 회상하며 이야기를 나눈다.

- 친구들이 놀릴 때 크리샌써멈의 기분은 어땠을까요?
- 친구를 놀릴 때의 기분은 어떨까요?
- 친구들이 내 이름을 놀린 적이 있나요? 그럴 때 어떻게 했나요?

마무리

❶ 내가 갖고 싶은 이름을 지어보고 이야기를 나눈다.

❷ 내 이름에 어울리는 별명을 지어본다.

● 확장활동

준비물 : 뻥튀기 과자, 막대과자, 원형 과자, 초코볼, 김, 가위, 쟁반

활동방법

❶ 나의 얼굴 꾸미기를 한다.

- 뻥튀기 과자에 직선과 곡선의 과자들을 이용하여 얼굴을 꾸민다.
- 김으로 머리카락을 표현할 수 있으며, 다른 과자를 이용할 수도 있다.
- 과자를 이용해 안경, 머리핀, 눈썹 등 다양하게 표현한다.

❷ 완성된 작품에 이름을 붙인다.

❸ 친구들에게 이름의 의미를 설명한다.

함·께·읽·어·보·세·요

- 『그 이름 누가 다 지어줬을까』 밥 딜런 글. 짐 아노스키 그림. 황유원 옮김 | 문학동네
- 『검은행복』 윤미래 글. 루시 그림 | 다림

색깔 손님

글·그림 | 안트예 담
옮김 | 유혜자
출판사 | 한울림어린이

집 안에서 혼자 외롭게 지내는 엘리제 할머니 집은 온통 회색빛이다. 어느 날 파란색 종이비행기 하나가 창문 틈으로 날아들어 온다. 다음날, 에밀이라는 소년이 종이비행기를 찾기 위해 집 안에 들어선 순간부터 엘리제 할머니의 집안이 아름답게 물들기 시작한다. 할머니는 에밀과 젊은 시절 사진을 보며 이야기를 나누고, 책을 읽고, 숨바꼭질을 하는 동안 마음이 환해진다. '색깔 손님'이 가져다준 선물로 회색빛이었던 할머니의 마음이 행복한 색으로 물든다.

행복을 주는 색깔

- **활동목표**

  -나의 행동이 누군가의 마음을 행복하게 해 줄 수 있다는 것을 안다.

도 입

❶ 우리 집에 오는 손님은 어떤 분인지 이야기 나눈다.

- 누구의 손님이 많이 오나요?
- 손님이 오면 어떤 대접을 하나요?
- 손님이 왔을 때 나는 어떻게 해야 하나요?
- 손님이 왔을 때 내가 좋았거나 싫었던 경험을 말해 보아요.

❷ 집에 혼자 남겨졌을 때의 느낌을 이야기해본다.

- 기분이 어땠나요?
- 그럴 때 어떻게 했나요?

전 개

❶ 그림책 표지를 탐색한다.

- 표지의 전체는 회색인데 문밖의 노란 빛깔을 보며 무슨 생각이 드나요?
- 문 밖에는 뭐가 있을까요?
- 색깔 손님은 누구일까요?
- 왜 색깔 손님일까요?
- 할머니의 표정을 보며 무엇을 느꼈나요?

❷ 면지와 속표지를 살펴보며 이야기를 나눈다.

- 면지와 속표지의 색깔이 무슨 색인가요? 어떤 느낌이 드나요?
- 앞 면지와 뒷 면지를 비교하며 무엇이 변했는지, 왜 그렇게 되었을지 생각해 볼까요?

❸ 할머니의 표정이 어떻게 달라지는지, 할머니 집 안의 색감이 어떻게 바뀌는지 살피며 그림책을 읽는다.

- 할머니는 왜 늘 밤이나 낮이나 집안에서만 있을까요?
- 창문으로 날아들어 온 것은 무엇이었나요?
- 다음날 할머니 집 문을 두드린 사람은 누구였나요?
- 아이가 할머니 집에서 머무는 공간마다 색깔이 입혀지는데 왜 그럴까요?
- 벽에 걸린 액자의 사진은 누구였나요? 대답을 하는 할머니의 얼굴이 어떤 모습이었나요?
- 아이는 할머니랑 무엇을 하며 시간을 보냈나요?
- 아이를 집에 보내야 하는 할머니의 마음은 어땠을까요?
- 앞으로 할머니와 아이의 관계가 어떻게 될까요?
- 집에 혼자 남게 된 할머니가 갑자기 한 일은 무엇인가요?
- 처음 할머니의 표정과 나중 할머니의 표정을 보며 무엇을 느낄 수 있나요?

❹ 그림책에 등장하는 할머니에 대하여 이야기를 나눈다.

- 할머니는 왜 혼자 살게 되었을까요?
- 할머니는 언제부터 혼자 살게 되었을까요?
- 할머니가 정말 무서웠던 것은 무엇일까요?
- 내가 할머니를 만나게 된다면 어떻게 해드릴 수 있을까요?

마무리

❶ 나를 기쁘게 해 주는 색깔 손님은 누구일까 생각해본다,

❷ 내가 누구의 색깔 손님이 될 수 있을지 생각해본다.

- 확장활동

준비물 : 스크레치 페이퍼, 나무젓가락이나 나무 펜슬, 골판지 약간, 두꺼운 도화지, 풀

활동방법

❶ 마음이 서서히 열리는 과정을 '색'을 통해 시각적으로 표현해 본다. 스크레치 페이퍼를 준비한다.

- 나무젓가락이나 나무 펜슬로 까만 종이에 그림을 그린다.
- 그림에 색깔을 입히고 싶은 부분을 긁어낸다.
- 다 그린 후 두꺼운 도화지에 붙이고 가장자리를 골판지로 붙여 액자 모양을 만든다.

❷ 어떤 그림을 표현한 것인지 친구들 앞에서 발표해 본다.

함·께·읽·어·보·세·요

- 『이상한 손님』 백희나 글 · 그림 | 책읽는곰
- 『거인의 정원』 오스카 와일 글. 이은주 그림. 권규헌 옮김 | 봄별

엄마 자판기

글·그림 | 조경희

출판사 | 노란돼지

신우는 엄마랑 놀이공원에 가고 싶어 하지만 엄마는 바쁘다. 토요일까지 바쁜 엄마는 늦잠 자고 싶어 하는 신우를 일찍 깨우며, 산더미 같은 김밥과 오늘 해야 할 일들을 남기고 출근을 한다. 엄마는 퇴근해서까지 신우에게 이거 해라 저거 해라 폭풍 잔소리를 한다. 신우는 자신의 맘도 몰라주는 엄마가 밉다. 슬픔에 빠진 신우는 잠이 들고, 잠에서 깨어보니 엄마 자판기가 있다. 신우는 엄마 자판기의 다양한 엄마들과 신나게 논다.

엄마의 사랑

- **활동목표**
  - 엄마의 사랑을 알 수 있다.

도 입

❶ 자판기에 관해 이야기를 나눈다.

- 우리 주변에 어떤 자판기가 있나요?
- 자판기 기계는 왜 생겼을까요?
- 혹시 생겼으면 하는 자판기가 있나요?
- 자판기 중 가장 신기했던 자판기가 있나요?

❷ 사랑에 관해 이야기를 나눈다

- 사랑이 무엇일까요?
- 사랑을 어떻게 표현할까요?

전 개

❶ 표지를 보며 이야기를 나눈다.

- 엄마 자판기가 무엇일까요?
- 엄마 자판기가 있다면 어떨 것 같아요?
- 표지의 엄마 중 가장 좋은 엄마는 누구인가요?
- 혹시 엄마 자판기에 추가하고 싶은 엄마가 있나요?
- 자판기를 누르는 저 손은 누굴까요?

❷ 그림책 내용에 대해 이야기를 나눈다.

- 신우가 자는 동안 엄마는 무슨 일을 했나요?
- 엄마는 김밥을 왜 그렇게 많이 싸놓았을까요?
- 엄마는 신우에게 이런저런 해야 할 일들에 대해 왜 알려줄까요?
- 신우는 엄마랑 무엇을 하고 싶은가요?
- 신우는 엄마가 왜 없어졌으면 좋겠다고 말했나요?
- 엄마는 신우랑 왜 놀이공원에 갈 수 없는 걸까요?
- 엄마 자판기는 왜 생겼을까요?

❸ 그림책을 회상하며 이야기를 나눈다.

- 어떤 이야기인가요?
- 신우의 마음을 이해할 수 있나요?
- 신우와 함께 많은 시간을 보낼 수 없는 엄마의 마음은 어떨까요?
- 신우는 왜 엄마랑 더 놀고 싶다고 했나요?
- 자유맘은 누굴까요?
- "밤새 업어줬는데~"라고 말한 엄마의 말은 무슨 의미일까요?
- 신우는 엄마에게 큰 소리로 "놀아주세요"라고 했는데 왜 그랬을까요?
- 엄마 자판기 대신 아빠 자판기가 있다면 어떤 아빠가 있으면 좋을까요?

마무리

❶ 엄마가 나를 사랑한다고 느낄 때가 언제인지 이야기를 나눈다.

❷ 엄마와 함께하고 싶은 놀이에 관해 이야기를 나눈다.

- 확장활동

준비물 : 색상 종이 2장, 색연필, 가위, 풀

활동방법

❶ 어떤 자판기가 있었으면 좋을지 이야기를 나눈다.

❷ 나를 위한 세상에 없는 자판기를 만든다(예를들면, 엄마 자판기, 애완동물 자판기, 친구 자판기, 간식 자판기 등).

- 색상 종이 한 장을 4면으로 분할한다.
- 분할한 각 면에 자판기 내용을 그린다.
- 남은 한 장의 색상 종이에 분할한 4개의 자판기 내용이 열면 보일 수 있도록 오린다.
- 두장의 테두리를 풀로 붙인다.
- 자신의 자판기 사용 방법에 대해서 이야기를 나눈다.

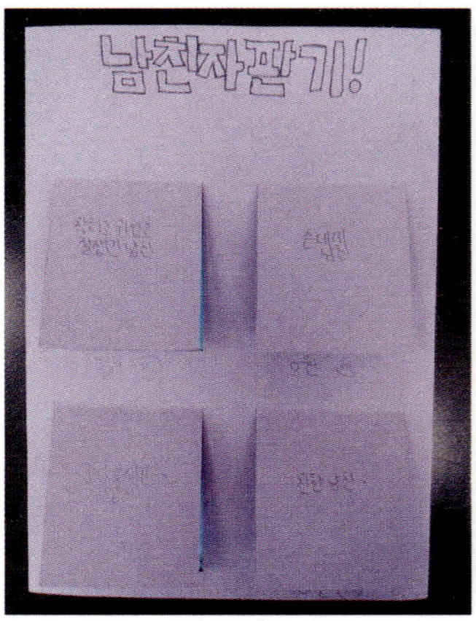

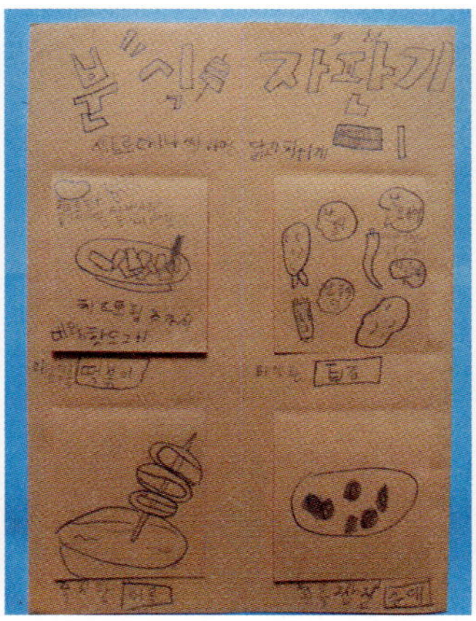

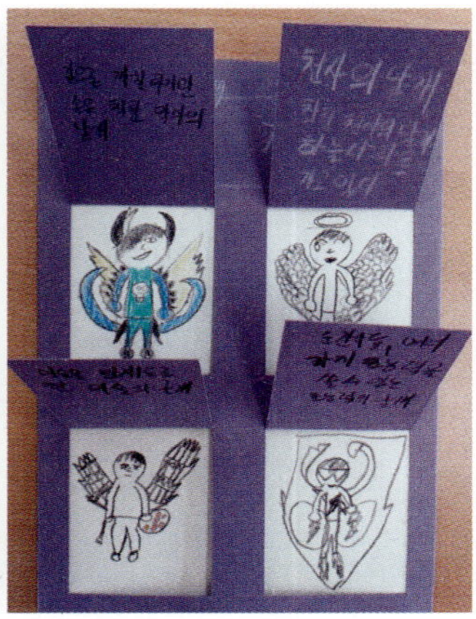

함·께·읽·어·보·세·요

- 『거울 속으로』 앤서니 브라운 글 · 그림, 김현좌 옮김 | 베틀북
- 『엄마 가슴 속엔 언제나 네가 있단다』 몰리 뱅 글 · 그림, 최순희 옮김 | 열린어린이

아빠산

글·그림 | 가와모토 유코
옮김 | 고향옥
출판사 | 한림출판사

남매는 아빠의 몸을 산처럼 생각하고 여행을 떠난다. 발가락, 징검다리를 건너 민둥민둥 무릎 바위를 지나 힘들면 쉴 수 있는 웅덩이를 거쳐 머리까지 가는 동안 아빠 몸을 여기저기 호기심을 갖고 탐색한다. 이 책은 아빠와 놀고 싶은 아이의 마음과 아빠의 몸을 재미있게 표현하여 흥미와 상상력을 자극해준다.

아빠랑 놀아요

- **활동목표**
  - 놀이를 통하여 아빠의 몸을 관찰하고 친밀감을 느낄 수 있다.

도 입

1. '머리 어깨 무릎 발' 동요를 부르며 자기 몸을 탐색한다.
2. 산에 대해 이야기를 나눈다.
   - 산에 올라가 본 적 있나요?
   - 산의 모양은 어떻게 생겼나요?
   - 우리 몸에도 산의 모양이 있는 곳이 있을까요?

전 개

① 표지를 보며 이야기를 나눈다.

- 아이들은 무엇을 보고 있나요?

② 속표지를 보며 이야기를 나눈다.

- 물통과 컵을 들고 아이들이 어디로 가는 걸까요?

③ 그림책을 읽고 이야기를 나눈다.

- 의성어, 의태어 리듬감을 살려 읽어준다.
- 아빠의 발가락 수를 세어본다.
- 반들반들 징검돌은 어디일까요?
- 수북수북 언덕의 느낌은 어떨까요?
- 미끄러져서 어디에 도착했을까요?
- 땅 끝에서 무엇을 보았을까요?

④ 그림책을 회상하며 이야기를 나눈다.

- 아빠 수염을 만져 본적이 있나요?
- 느낌이 어땠나요?
- 아빠 비행기를 타 본적이 있나요?
- 아빠의 몸에는 어떤 특징이 있나요?

마무리

① 아빠랑 재미있게 놀았던 놀이를 이야기해 본다.

② 아빠랑 해보고 싶은 놀이는 어떤 것이 있는지 이야기 나눈다.

- **확장활동**

준비물 : 두꺼운 도화지, 셀로판지, 사인펜, 딱풀, 칼, 주사위

활동방법

❶ 두꺼운 도화지를 이용하여 돋보기를 만든다.

- 두꺼운 도화지에 지름 20cm 동그라미를 오린 다음 원의 가장자리 3cm 정도 남기고 가운데 부분은 칼로 오려낸다.
- 셀로판지는 지름 18cm로 동그랗게 오린 후 도화지에 딱풀로 붙인다.
- 두꺼운 도화지로 손잡이를 만들어 붙인다.
- 도화지 가장자리를 사인펜으로 꾸민다.

❷ '아빠산 먼저 가기' 놀이를 한다.

- 뒷면지의 아빠 그림을 확대 복사한다.
- 아빠 그림을 여러 칸으로 나눈다.
- '머리 어깨 무릎 발' 동요를 부르면서 아빠의 몸을 탐색한다.
- 주사위를 던져 나온 수만큼 아빠산을 출발하여 이동한다.
- 아빠산에 먼저 도착한 사람이 '야호'를 외친다.

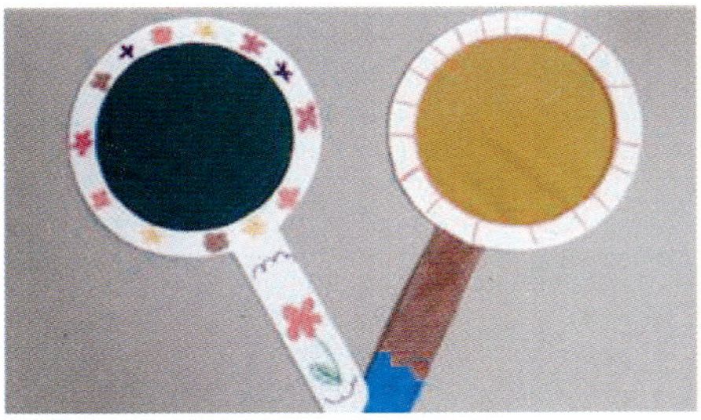

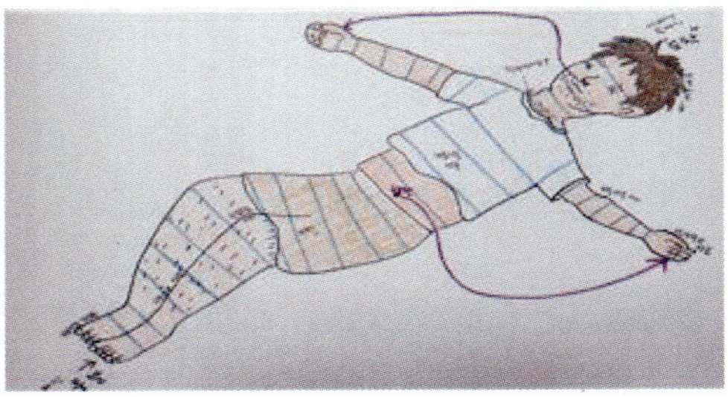

함·께·읽·어·보·세·요

- 『야호! 재미있는 아빠산』 줄스 파이퍼 글 · 그림. 유혜자 옮김 | 한국삐아제
- 『우리 아빠가 최고야』 앤서니 브라운 글 · 그림. 최윤정 옮김 | 킨더랜드

하늘을 나는 물고기

글·그림 | 강미나

출판사 | 미나 북

하늘을 나는 물고기는 새처럼 하늘을 나는 것을 즐거워한다. 하늘을 나는 물고기는 친구들이 미워해서 슬프고 외로워 날지도 못하고 바다 깊은 곳으로 숨어 있다. 폭풍우가 몰아치는 날 아기 새 한 마리가 바닷물 위로 떨어져 있을 때 하늘을 나는 물고기가 친구를 구해 주었다. 우리가 따돌리는 친구는 없는지 생각하게 하는 이야기이다.

우리는 모두 특별해요

- **활동목표**
  - 나와 친구들의 장점을 알아본다.
  - 자기 모습에 스스로 자신감을 기른다.

도 입

1. 바다에 관해 이야기를 나눈다.
   - 바다에 가 본 적 있나요?
   - 바다는 어떤 느낌이 들었나요?
   - 바다 속에 누가 살고 있나요? (예: 물고기, 불가사리 등)

전 개

1. 표지를 보며 이야기를 나눈다.
   - 여기가 어디인가요?

② 면지를 보며 이야기를 나눈다.

- 그림의 느낌은 어떤가요? (예: 하늘 같아요, 시원해요. 등)
- 바다 하면 생각나는 것은 무엇인가요? (예: 물고기, 배 등)

③ 그림책을 읽고 이야기를 나눈다.

- 바닷속에 있는 물고기들 이름을 알아본다.
- 왜 물고기들은 하늘을 나는 물고기를 따돌림 했나요?
- 따돌림 당한 하늘을 나는 물고기의 마음은 어떨까요?
- 하늘을 나는 물고기는 아기 새를 왜 도와주었을까요?
- 내가 하늘을 날아갈 수 있다면 어디로 가고 싶은가요?

④ 그림책을 회상하며 이야기를 나눈다.

- 어떤 장면이 가장 기억에 남나요?
- 그 이유는 무엇인가요?
- 배를 타 본 경험이 있나요?
- 느낌이 어땠나요?
- 위험에 처한 친구를 도와 준적이 있나요?
- 도와주었을 때 기분은 어땠나요?
- 친구에게 도움을 받은 적이 있나요?
- 도움을 받았을 때 기분은 어땠나요?
- 하늘로 날아간다면 어디로 여행을 하고 싶나요?

마무리

① 친구들과 사이좋게 지내는 방법에 관해 이야기를 나눈다.

② 나와 친구들의 서로 다름을 인정한다

- 확장활동

준비물 : A4 색 상지, 크레파스, 딱풀, 가위

활동방법

❶ A4 용지에 여러 종류의 물고기를 그려본다.

- A4 색상지로 종이비행기를 접는다.
- A4 용지에 여러 가지 물고기를 그린 후, 크레파스로 색칠하여 가위로 오린다.
- 종이비행기에 오린 물고기를 풀로 붙인다.
- 하늘을 나는 물고기를 날리면서 친구에게 하고 싶은 말을 말로하거나 글로 써본다.

함·께·읽·어·보·세·요

- 『손바닥 물고기』 한태희 글 · 그림 | 예림당
- 『무지개 물고기』 마르쿠스 피스터 글 · 그림 | 시공주니어

나의 엄마

글·그림 | 강경수
출판사 | 그림책 공작소

아기는 태어나서 맨 처음 맘마라는 단어로 말을 시작한다. 아이에서 성인에 이르기까지 우리는 엄마라는 말을 가장 많이 부른다. 여러 가지 상황과 감정을 아이는 엄마라는 단어로만 표현했다. 이 책에서 엄마는 항상 아이 곁에 있고 세월이 흘러 아이는 부모가 되어가는 과정을 담았다. 엄마의 사랑과 애틋함 그리움을 느끼게 해주는 감동적인 이야기다.

엄마는 내 친구

- **활동목표**

 – 엄마의 모습을 푸드로 표현하고 엄마와의 삶을 추억한다.

도 입

❶ 엄마에 대한 이야기를 나눈다.

- 엄마 하면 생각나는 단어는 무엇인가요? (예: 무서움, 바쁨, 따뜻함 등)
- 그 이유는 무엇인가요?

전 개

❶ 표지를 보며 이야기를 나눈다.

- 띠지를 움직여 '할머니와 엄마', '엄마와 아기' 그림을 살펴본다.
- 그림을 통해 메시지를 전달 받을 수 있도록 그림을 충분히 감상한다.

❷ 속표지를 보며 이야기를 나눈다.

- 그림을 보고 무엇이 느껴지나요?

❸ 그림책을 감상한다.

- 한 장면씩 넘길 때마다 나타나는 감정을 담아 '엄마'를 불러본다.
- 잠에서 깬 아이는 왜 울고 있나요?
- 엄마가 일기장을 보았을 때 벽지의 색깔은 어떻게 나타났나요?
- 그 이유는 무엇인가요?
- 딸은 왜 옷을 안 입고 들고 있나요?
- 딸이 속 썩일 때 엄마의 마음은 어땠을까요?
- 결혼식장에서 딸은 왜 울고 있나요?
- 엄마가 돌아가신 후 딸은 소파에 앉아서 무슨 생각을 하고 있을까요?
- 딸이 아기를 낳아 맘마하고 부를 때 엄마는 기분이 어떨까요?

마무리

❶ 엄마에 대해 느끼는 고마움, 미움 등을 이야기 나눈다.

- **확장활동**

준비물 : 흰 접시, 1회용 장갑, 밥(흰색, 노란색, 빨간색, 검정색), 각종 채소(파프리카, 오이, 상추)

활동방법

❶ 여러 색깔 밥과 채소를 이용하여 엄마의 얼굴을 만든다.

- 흰 접시 위에 밥을 이용하여 얼굴을 꾸민다.
- 각종 채소를 이용하여 눈, 코, 입을 완성한다.
- 나머지 재료들을 이용하여 장식 한다.

❷ 친구들에게 내가 만든 작품을 보여주며 나의 엄마에 관한 이야기를 나눈다.

- 내가 생각하는 나의 엄마는 어떤 분인가요?
- 나와 엄마가 가장 닮은 점은 무엇인가요?
- 엄마가 미웠던 때는 언제였나요?
- 엄마가 고마웠던 때는 언제였나요?
- 나는 엄마에게 어떤 아이였나요?

❸ 만든 작품을 사진 찍어 메시지와 함께 엄마나 가족에게 보낸다.

추가활동

❶ 대상, 환경, 상황에 따라 여러 색깔의 밥 대신 과자류, 뻥튀기를 이용하여 엄마의 얼굴을 만든다.

❷ 식빵과 채소, 잼, 소스 류를 이용해 얼굴을 만든다.

함·께·읽·어·보·세·요

- 『사랑하니까 엄마다』 한지연 글 · 그림 | 아스터로이드북
- 『나의 아버지』 강경수 글 · 그림 | 그림책공작소

너는 기적이야

글·그림 | 최숙희
출판사 | 책 읽는 곰

꼬박 아홉 달을 배속에 품어서 처음 세상에 나온 아이를 만나 그 아이가 성장하는 순간마다 엄마가 느끼는 감동과 생각을 담고 있다. 아이가 첫 걸음마를 시작할 때는 넘어질 듯 위태로운 발걸음을 땅이 단단히 받쳐 주고, 아이가 울 때는 하늘도 아이 어깨를 토닥이며 같이 울어 준다. 마침내 아이가 학교에 갈 때는 온 세상이 함께 응원의 박수를 보내 준다. 아이가 성장하는 그 기적 같은 순간에 엄마가 느꼈던 감정이 그대로 그려져 있다.

나는 소중한 아이

- **활동목표**

  –부모님의 사랑을 안다.

도 입

❶ 어떻게 태어났는지에 대해 이야기 나눈다.

- 우리 친구들은 어떻게 태어났나요?
  (엄마 아빠가 서로 사랑해서 우리가 태어난 거예요. 우리는 아주 소중해요.)

❷ '기적'이라는 말의 의미에 대해 이야기 나눈다.

- '기적'이라는 말을 들어본 적이 있나요?
- '기적'이라는 말은 언제 사용할 수 있나요?

전 개

❶ 표지를 보며 이야기를 나눈다.

- 아이의 표정이 어떤가요?
- 두 사람은 어떤 사이일까요?
- '너는 기적이야'라는 제목은 어떤 의미일까요?

❷ 속표지를 보며 이야기를 나눈다.

- 엄마는 어떤 모습인가요?
- 나비가 왜 있나요?

❸ 그림책을 읽고 이야기를 나눈다.

- 한 장면씩 넘길 때마다 『너는 기적이야』를 반복해서 아이들이 말하도록 한다.
- 아기는 어디에 매달려 있는 걸까요?
- 사슴들이 아기를 바라보는 표정은 어떠한가요?
- 엄마가 지쳐 있을 때 아이는 엄마에게 뭐라고 속삭였나요?
- 아이가 처음 학교 가던 날 누가 나와서 무슨 말로 응원했나요?
- 엄마는 아이를 안아 주며 무슨 말을 했나요?

❹ 그림책을 회상하며 이야기를 나눈다.

- 내가 처음 학교 가던 날 기분은 어땠나요?
- 내가 아팠을 때 엄마가 어떻게 해 주었나요
- 엄마가 나에게 자주 하는 말은 어떤 말인가요?
- 우리 가족은 나에게 어떤 응원의 메시지를 해주나요?
- 나는 엄마에게 어떤 아이인가요?

마무리

❶ 내가 부모님의 소중한 아이라고 느낄 때가 언제인지 이야기 나눈다.

● **확장활동**

준비물 : 삶은 달걀, 사인펜, 티슈, 바구니, 스터핑, 포스트잇

활동방법

❶ 삶은 달걀을 이용하여 얼굴을 만든다.

- 삶은 달걀을 하나씩 나누어 준 후 사인펜으로 자기 얼굴을 그리게 한다.
- 얼굴이 그려진 달걀에 티슈로 감싼다.
- 바구니에 스터핑을 깔아 놓은 후 달걀(아이)을 눕힌다.
- 접착 메모지에 부모님께 감사 편지를 적은 후 이불 덮듯이 붙인다.
- 만든 작품을 사진 찍어 메시지와 함께 엄마나 가족에게 보낸다.

❷ 부모 수업의 경우 생명의 탄생, 아기 양육을 위한 한 마디 등에 대해 적을 수 있다.

함·께·읽·어·보·세·요

- 『나는 엄마가 좋아』 사카이 고마코 글 · 그림. 옮김 이선아 | 중앙출판사
- 『우리 엄마』 앤서니 브라운 글 · 그림. 옮김 허은미 | 웅진주니어

나, 꽃으로 태어났어

글·그림 | 엠마 줄리아니
옮김 | 이세진
출판사 | 비룡소

여린 꽃 한송이가 따스한 햇살을 받고, 따뜻한 기운을 나눠주며, 사람들과 세상을 아름답게 만든다. 사람들은 그 꽃을 통해 기쁨과 감사를 노래하고, 삶 속에서 용기와 위로와 희망을 얻는다. 이 책은 흑백 바탕에 칼라 팝업북으로 꾸민 아코디언 북(병풍 북)으로 아이들에게 흥미를 더해준다.

나는 꽃이야

- **활동목표**
  - 꽃이 주는 다양한 의미를 알 수 있다.

도 입

❶ 내가 알고 있는 꽃의 이름을 말한다.

❷ '내가 꽃이라면?' 이라는 주제를 가지고 이야기 나눈다.

- 어떤 꽃이 되고 싶은가요?
- 꽃이 피기까지 어떤 일들이 일어났을까요?
- 사람들에게 무엇을 주고 싶은가요?
  (예: 향기, 열매, 기쁨, 사랑, 즐거움)

전 개

❶ 그림책 표지를 탐색한다.

- 표지의 꽃은 무슨 꽃일까요?
- 줄기에 붙은 곤충은 무엇을 하고 있는 걸까요?
- 노란색 동그란 모양은 무엇일까요?
- 잎을 왜 검정색으로 표현했을까요?

❷ 그림책을 읽는다.

- 어른이 먼저 그림책의 문장을 읽어주면 아이는 접혀진 꽃을 펼치며 따라서 말한다.
- 어떤 상황에서 꽃을 주었는지 알고, 다양한 꽃을 관찰해본다.
- 다 읽은 후 책을 세워 아코디언처럼 펼쳐서 그림책 전체를 감상한다.

❸ 그림책을 읽고 회상한다.

- 꽃을 피우기 위해서 어떤 환경이 필요할까요?
- 꽃은 사람들에게 어떤 역할을 하나요?
- 사람들은 왜 꽃을 주고받을까요?

마무리

❶ 내가 만든 꽃을 친구에게 준다면 어떤 친구에게 왜 주고 싶은지 생각한다.

❷ 친구에게 전하고 싶은 말을 하며 꽃을 준다.

- **확장활동**

준비물 : 8절 녹색 색상지, 꽃 모양 스티커 또는 색종이, 비즈 스티커, 테이프, 풀, 가위, 자

활동방법

❶ 내가 갖고 싶은 꽃, 주고 싶은 꽃을 만든다.

- 8절 녹색 색상지를 길게 아래로 펼친다.
- 왼쪽부터 세로 20cm 선을 가로 3cm 간격으로 세 개 긋는다.
- 그 옆으로 세로 15cm의 선을 3cm 간격으로 네 개 긋는다.
- 또 세로 10cm의 선을 3cm 간격으로 세 개 긋는다.
- 10개의 그어진 선을 가위로 자른다.
- 색상지를 10cm 선부터 돌돌 말아 끝을 테이프로 고정시킨다.
- 가위로 자른 부분을 바깥쪽으로 펼쳐 줄기를 만든다.
- 색종이를 꽃모양으로 오리거나 접어서 풀로 줄기에 붙인다.
- 꽃 스티커, 비즈 스티커를 이용하여 꽃을 더 꾸미고 꽃의 이름을 짓는다.

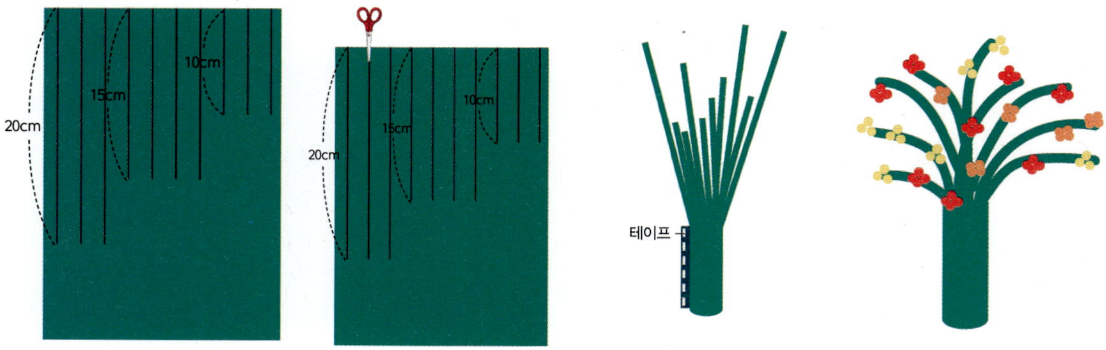

추가활동

- 녹색 색종이를 잘게 찢어 스티로폼 판에 붙여 잔디밭을 만든다.
- 크고 작은 빨대나 나무젓가락을 간격을 두고 스티로폼 판에 꽂는다.
- 여러 가지 색상지와 색종이로 다양한 꽃을 만들어 넘어지지 않게 빨대에 꽂아 꽃밭을 만든다.

함·께·읽·어·보·세·요

- 『봄 여름 가을 겨울, 꽃이 핀다』 강은경 글. 이준선 그림 | 그레이트 북스
- 『너는 어떤 씨앗이니?』 최숙희 글 · 그림 | 비룡소

봄을 찾은 할아버지

글·그림 | 한태희

출판사 | 한림출판사

다른 해와 달리 이번 겨울은 너무 춥고 길다. 겨울을 견디기 힘든 할머니가 봄이 오기만을 기다리자, 할아버지는 할머니를 위해 '봄'을 찾으러 여행을 떠난다. 하지만 어디서 봄을 찾아야 할지 모르는 할아버지는 동물들을 찾아다니며 물어보지만 모두 알지 못한다. 그 때, 어디선가 달콤한 봄꽃의 향기가 날아와 지쳐서 눈 위에 쓰러진 할아버지의 코끝을 스친다.

봄은 어디에 있을까?

- **활동목표**

  –봄을 찾는 과정에서 계절을 이해할 수 있다.

도 입

❶ 계절에 대해 이야기를 나눈다.

- 봄, 여름, 가을, 겨울 중 어느 계절이 가장 좋은가요?
- 그 이유는 무엇인가요?

❷ 봄에 관련된 동요의 음원을 찾아 들려준다.

(예 : 봄이 오면, 봄봄봄, 고향의 봄, 봄(엄마 엄마 이리와), 봄 나들이 등)

- 박자에 맞춰 손뼉을 치거나 손 율동을 하며 동요를 듣는다.
- 동요에서는 봄을 어떻게 표현했는지 이야기한다.

③ 봄에 나오는 것에 대해 이야기를 나눈다.

- 겨울잠을 자는 동물들은 어떻게 봄이 왔음을 알고 잠에서 깨어날까요?
- 겨울을 잘 보내고 자라난 봄나물을 본 적이 있나요?
- 봄나물은 무엇이 있을까요?
- 봄에 나오는 과일은 무엇이 있을까요?
- 봄에 피는 꽃은 무엇이 있을까요?

전 개

① 그림책 표지를 탐색한다.

- 할아버지와 할머니는 무엇을 하고 있나요?
- 계절은 언제일까요?
- 가득 피어 있는 꽃은 무슨 꽃일까요?
- 누가 꽃과 함께 놀고 있나요?
- 할아버지와 할머니의 기분은 어떤가요?

② 그림책을 구연으로 실감나게 들려주고 이야기를 나눈다.

- 겨울에 할머니는 무엇을 하며 지냈나요?
- 할머니가 봄에 보고 싶은 것은 무엇인가요?
- 봄을 찾기 위해 할아버지는 어디로 떠났나요?
- 할아버지는 누구를 찾아갔나요?
- 봄을 찾아 준 아이는 무엇이 변한 것일까요?
- 할아버지는 어디에서 봄을 찾았나요?

③ 그림책을 읽고 회상한다.

- 겨울이 빨리 지나가게 할 수 있는 방법이 있을까요?
- 추운 겨울엔 무엇을 하며 지내나요?
- 기다리기 지루할 때는 무엇을 하면 좋을까요?
- 봄에 하고 싶은 것이 있나요?

마무리

① 그림책의 마지막 장에 등장하는 동물들의 기분을 말해보세요.

② 이무기 그림이 없는 이유는 무엇일까요?

● 확장활동

준비물 : 도화지, 물감, 면봉

활동방법

❶ 물감으로 봄을 표현한다.

- 봄과 관련해서 표현하고 싶은 것을 생각해 본다.
  (예 : 봄꽃, 봄나물, 아지랑이, 봄 과일, 개구리, 새싹, 나비, 꽃향기 등)
- 봄을 연상할 수 있는 색깔의 물감을 손가락 지문을 이용하여 도화지에 그리거나, 꾹꾹 찍어서 모양을 만들어 봄을 표현한다.
- 꽃을 표현하기 위한 방법으로 면봉 4~5개를 고무줄로 묶어 물감을 묻혀 찍어도 좋다.

추가활동

1 전래놀이 '무궁화 꽃이 피었습니다.'를 무궁화 대신에 봄꽃으로 바꾼다.

(진달래꽃이 피었습니다, 개나리꽃이 피었습니다.)

- 해당되는 꽃 모양의 신체표현을 만들어 '피었습니다.' 때 그 모습으로 멈춘다.
- 연령에 따라 꽃의 종류를 더 늘려서 놀이를 한다.

함·께·읽·어·보·세·요

- 『봄이다』 정하섭 글. 윤봉선 그림 | 우주나무
- 『모두 행복한 날』 루스 크라우스 글. 마르크 시몽 그림 | 시공주니어

순이와 어린동생

글 | 쓰쓰이 요리코
그림 | 하야시 아키코
옮김 | 이영준
출판사 | 한림출판사

아이를 키우는 집에서 생길 수 있는 내용의 그림책이다. 표지의 그림을 보면 순이는 어린 동생을 사랑으로 보살피고 있다. 엄마는 순이에게 잠든 동생이 깨기 전에 돌아올 것을 약속하고 은행에 간다. 하지만 잠에서 깬 동생이 울면서 맨발로 집 밖으로 걸어 나올 때부터 순이는 엄마가 된 듯하다. 동생을 기쁘게 해주기 위해 열심히 기찻길을 그리던 순이. 그러나 곧 동생이 사라졌음을 알게 된다.

언니랑 놀자

- **활동목표**

  –가족의 사랑을 느낄 수 있다.

도 입

❶ 동생이 있다면 어떤 놀이를 하고 싶은지 말해 본다.

(소꿉놀이, 인형놀이, 공놀이, 손놀이, 미용실 놀이, 손톱에 스티커 붙이기 등)

❷ 동요 '기찻길 옆 오막살이' 노래를 들어본다(음원).

(♬기찻길 옆 오막살이 아기 아기 잘도 잔다./ 칙~폭~ 칙칙폭폭 칙칙폭폭 칙칙폭폭 / 기차소리 요란해도 아기 아기 잘도 잔다.♬)

❸ 동요에 맞춰 손놀이나 율동을 표현해 본다.

전 개

❶ 그림책의 앞, 뒤표지를 보고 순이는 어떤 아이일지 이야기한다.

❷ 순이가 동생과 어떤 놀이를 하며 노는지 살펴보며 그림책을 읽는다.

- 순이는 왜 동생을 돌보게 되었나요?
- 순이는 동생과 어떤 놀이를 했나요?
- 동생을 잃어버린 순이의 마음은 어땠나요?
- 순이는 동생을 찾으러 어디로 갔나요?
- 동생을 찾았을 때 순이는 어떻게 했나요?

❸ 그림책을 읽은 후 이야기를 나눈다.

- 엄마는 안 계시고 동생과 둘만 있었던 때가 있었나요?
- 그 때 무엇을 했나요?
- 하면 안 되는 위험한 일은 어떤 것이 있을까요?
  (예 : 불장난, 가스 불 만지기 등)

마무리

❶ 그림책을 처음부터 다시 한 번 자세히 살펴보고 동생과 놀 수 있는 놀이는 무엇이 있는지 찾아본다. (예 : 모래놀이 등)

- **확장활동**

준비물 : 음원, 색깔 종이 테이프, 여러 벌의 긴팔 티셔츠

활동방법

❶ 기찻길을 만들어 기차놀이를 한다.

- 색깔별 종이테이프를 이용하여 기찻길을 만든다.
- 기찻길 주변을 색깔 종이테이프로 나무, 건물, 산 등을 꾸민다.
- 기찻길 동요를 부르며 기찻길을 모둠발로 한 칸씩 뛴다. 잘 뛰게 되면 한 발로 뛴다.

- 머리에 그림책을 올려놓고 기찻길을 따라 걸어 본다.
- 음원을 틀어놓고 노래를 부르며 기차놀이를 한다.

추가활동

❶ 상자에 모래를 담아 나뭇가지로 순이의 얼굴 표정을 그려본다.

- 상황에 따라 달라지는 순이의 표정을 그림책의 순서대로 그려본다.

❷ 여러 벌의 긴팔 티셔츠의 팔 부분을 묶어 기차를 만든다. 여러 가지 기차 소리를(뿍뿍, 칙칙폭폭, 철컹) 내면서 빠르게 또는 느리게 속도를 달리하여 기차놀이를 한다.

함·께·읽·어·보·세·요

- 『병원에 입원한 내 동생』 쓰쓰이 요리코 글. 하야시 아키코 그림 | 한림출판사
- 『사랑해 사랑해 사랑해』 버나뎃 로제티 슈스탁 글. 처치 그림. 신형건 옮김 | 보물창고

아기곰의 첫 번째 크리스마스

글 | 카르마 윌슨
그림 | 제인 채프먼
옮김 | 임미경
출판사 | 주니어RHK

겨울잠을 자야 하는 아기곰은 친구들과 함께 크리스마스를 보낸 적이 없다. 하지만 이번 크리스마스는 친구들과 보내기로 약속하고 졸음을 참아가며 크리스마스를 기다린다. 향긋한 차와 케이크, 크리스마스트리를 함께 만든 친구들은 하나, 둘 잠이 들었고 아기곰은 혼자서 친구들에게 줄 크리스마스 선물을 준비한다. 그때, 아기곰의 동굴에 누군가 찾아온다.

즐거운 크리스마스!

- **활동목표**
  - 친구와 함께 할 때의 즐거움을 느낄 수 있다.
  - 크리스마스에 대해 안다.

도 입

❶ 크리스마스 노래의 음원을 찾아 들려준다.

- 징글벨, 루돌프 사슴코, 울면 안 돼 등

❷ '크리스마스'에 대해 이야기를 나눈다.

- '크리스마스'가 뭐예요?
- 어느 계절에 크리스마스가 있나요?
- 크리스마스에는 무엇을 하나요?
- 산타 할아버지에게 선물을 받은 적이 있나요? 어떤 선물을 받았나요?
- 크리스마스 때 나누는 인사를 해 볼까요?

전 개

❶ 그림책 표지를 보고 이야기를 나눈다.

- 어느 계절인가요?
- 어떤 동물이 있나요?
- 아기곰은 왜 한쪽 눈만 뜨고 엎드려 있을까요?
- 왜 친구들은 모두 아기곰만 바라보고 있을까요?

❷ 어떤 내용의 이야기일지 상상해보며 그림책을 감상한다.

- 아기 곰은 왜 계속 하품을 했나요?
- 아기곰은 친구들과 무엇을 준비했나요?
- 친구들이 잠들었을 때, 아기곰은 무엇을 하였나요?
- 누가 동굴에 선물을 놓고 갔나요?
- 아기곰이 자지 않고 깨어 있었던 이유는 무엇인가요?
- 아기곰은 산타할아버지에게 어떤 선물을 받았나요?

❸ 그림책을 회상하며 이야기를 나눈다.

- 친구들은 왜 아기곰과 함께 크리스마스를 보내고 싶었을까요?
- 아기곰이 잠들지 않도록 친구들은 어떻게 했나요?
- 크리스마스 때 친구들에게 주고 싶은 선물이 있나요?
- 크리스마스 날에 함께 하고 싶은 사람이 있나요?

마무리

❶ 즐거운 크리스마스를 보내기 위해 내가 할 수 있는 일이 무엇인지 이야기 나눈다.

❷ 신나게 캐롤을 부르고, 크리스마스 인사를 나눈다.

- **확장활동**

준비물 : 다양한 선물 상자, 반환점 표시 물건(의자 등)

활동방법

❶ 산타클로스가 되어 친구들에게 선물을 나눠주는 '선물 배달 놀이'를 한다.

- 다양한 크기의 선물상자를 포장한다.
- 출발선을 표시하고 반대편에 반환점인 의자를 놓는다.
- 출발선에 선물 상자를 놓는다.
- 선물 배달 놀이를 할 때 지켜야 할 약속을 이야기한다.
- 여러 가지 선물 배달 방법으로 출발점에서 상자를 들고 출발하여 반환점을 돌아온다. (예: 친구와 함께 들고 가기, 안전을 위해 걸어서 옮기기, 순서대로 차례를 지켜 옮기기, 썰매 담요를 타고 옮기기, 머리에 올려놓고 옮기기 등)

❷ 선물을 배달할 때의 기분은 어땠는지, 받았을 때의 기분은 어땠는지 이야기를 나눈다.

추가활동

❶ 솔방울을 이용하여 크리스마스트리를 만든다.

- 클레이로 받침대를 만들고 그 위에 솔방울을 트리 모양으로 쌓는다.
- 받침대와 솔방울에 물감을 칠해 트리를 만든다.
- 솔방울 사이사이에 여러 가지 색깔의 폼폼(솜방울)을 끼워 넣어 크리스마스트리를 완성한다.

함·께·읽·어·보·세·요

- 『올리비아의 두근두근 크리스마스』 이안팔코너 글 · 그림. 김소연 옮김 | 주니어김영사
- 『커다란 크리스마스트리가 있었는데』 로버트 배리 글 · 그림. 김영진 옮김 | 길벗어린이

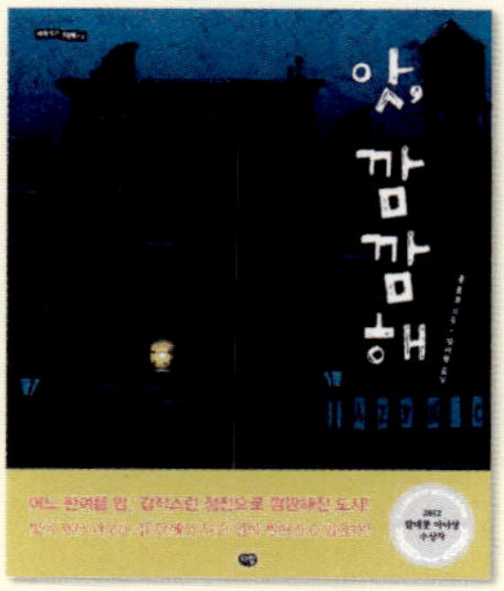

앗, 깜깜해
글 | 존 로코
옮김 | 김서정
출판사 | 다림

거리는 시끄럽고, 날씨는 무더운 여름날 저녁. 모든 집들은 전깃불이 환하게 밝혀져 있다. 나는 가족과 함께 게임을 하며 놀고 싶었지만 모두 바쁘다. 불 꺼진 방에서 혼자 게임을 하고 있을 때 갑자기 정전이 되어 온 도시가 깜깜해졌다. 가족은 더는 아무것도 할 수가 없어 한자리에 모이게 되고 평상시에 하지 못했던 것, 보지 못했던 것, 잊고 있었던 소중한 것들을 찾아내면서 행복한 시간을 갖는다.

깜깜한 게 더 좋아

- **활동목표**
  - 가족이 함께 할 때의 즐거움을 안다.

도 입

❶ 저녁을 먹은 후에 우리 가족이 무엇을 하는지 알아본다.

- 아빠, 엄마는 무엇을 하시나요?
- 나는 무엇을 하고 있을까요?
- 가족과 함께 하고 싶은 것이 있나요?

❷ 전기에 대해 이야기를 나눈다.

- 우리 집에서 전기가 필요한 물건은 무엇이 있을까요?
  (냉장고, TV, 에어컨, 공기청정기 등)
- 전기가 없던 시대엔 밤에 무엇을 했을까요?

전 개

❶ 그림책 표지를 보고 이야기 나눈다.

- 왜 모든 집이 깜깜할까요?
- 한 집만 희미한 불빛이 있는 이유는 무엇일까요?
- 깜깜한 집에서는 어떤 일이 벌어지고 있을까요?

❷ 불이 있을 때와 없을 때에 가족은 무슨 일을 하는지 살펴보며 그림책을 감상한다.

- 아이는 왜 가족을 찾아다녔나요?
- 가족은 각각 무엇을 하고 있었나요?
- 아이가 하고 싶은 놀이는 무엇인가요?
- 정전이 되었을 때 아이의 가족은 무엇을 했나요?
- 다른 사람들은 지붕 위에서나 길에서 무엇을 했나요?
- 다시 불이 들어왔을 때 아이의 가족은 무엇을 했나요?
- 아이가 집의 전등을 끈 이유는 무엇인가요?

❸ 그림책을 읽고 회상한다.

- 정전이 되었을 때 가족과 함께 하는 아이의 기분은 어땠을까요?
- 정전이 된 동네사람들은 어떻게 변화했나요?
- 우리 집이 정전되었던 때가 있었나요?
- 정전이 되었을 때 무엇을 할 수 있을까요?
- 정전이 되면 필요한 것이 무엇일까요? (예 : 초, 손전등, 모바일 손전등, 달빛 등)
- 그림책에서 아이가 불을 끄듯이 가족과 함께 놀고 싶다는 마음을 전하는 나만의 신호를 만들어보세요. (예 : 종 흔들기, 악기 연주 등)

마무리

❶ 저녁에 불을 끄고 가족이 다 같이 누워 손전등으로 방 안의 물건을 하나씩 비추며 즐거웠던 추억에 대해 이야기를 나눈다.

❷ 손전등을 이용하여 해가 뜨는 위치부터 지는 곳까지(동쪽에서 서쪽으로 아치 그리기) 옮겨가며 그림자가 어떻게 변화하는지 살펴본다.

- 확장활동

준비물 : 손전등 또는 모바일 손전등

활동방법

❶ 깜깜한 방에서 그림자놀이를 한다.

- 손전등을 벽을 향해 켜 놓고 그림책에 나와 있는 손 그림자놀이를 따라 한다.
- 손전등을 이용하여 벽에 그림자를 만들고 누구 그림자인지 알아맞힌다.
- 상상력을 발휘해 몸으로 그림자를 만든 후 무엇을 표현한 것인지 알아맞힌다.

❷ 나만의 다양한 그림자놀이를 만들어 본다.

- 아빠 그림자 속에 숨기
- 그림자로 격투기하기
- 상대의 그림자 밟기
- 상대의 그림자 따라다니기
- 그림자 없애기

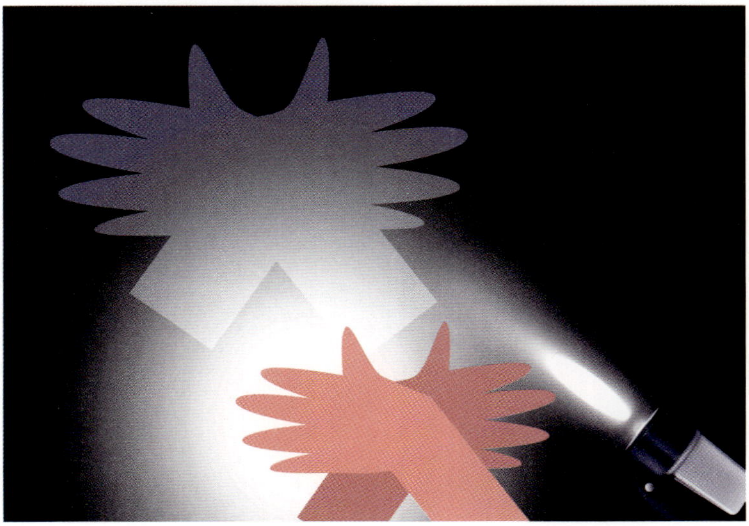

추가활동

❶ 색깔 있는 그림자극을 만든다.

- 검정 도화지에 좋아하는 동물 모양을 그려서 오린 후, 눈, 코, 입 등 강조하고 싶은 곳을 칼로 오려낸 뒤, 셀로판지를 붙인다.
- 빨대나 나무젓가락을 붙여 막대 인형을 만들어 벽에 불빛을 비추고 그림자극이나 역할 놀이를 한다.

함·께·읽·어·보·세·요

- 『**불을 꺼 봐요**』 리처드 파울러 글 · 그림. 서남희 옮김 | 보림
- 『**온 세상이 반짝반짝**』 이윤우 글 · 그림 | 비룡소

3. 더불어 살아가는 그림책

외로운 개똥벌레

글·그림 | 에릭 칼
옮김 | 오정환
출판사 | 더큰

해가 질 무렵에 태어난 개똥벌레는 어두운 밤하늘을 친구들을 찾아 불빛을 밝히고 날아간다. 친구인가 하고 반가운 마음에 달려가 보지만 친구를 만나기가 쉽지 않다. 외로움에 지친 개똥벌레는 계속 친구가 아닌 다른 불빛들을 만나게 된다. 마침내 친구들을 발견한 개똥벌레는 행복해한다. 친구들을 찾아가는 여정을 통해 빛을 내는 다양한 물체들을 알 수 있게 된다.

반짝반짝 개똥벌레

- **활동목표**
  - 불빛이 나는 다양한 물체에 대해 알 수 있다.
  - 개똥벌레의 생태와 특성에 대해 안다.

도 입

❶ 주변에서 불빛이 나는 것은 무엇이 있는지 이야기 나눈다.

- 촛불, 전조등, 폭죽, 전등 등

❷ 곤충에 대해 이야기 나눈다.

❸ 개똥벌레를 본적이 있는지 이야기 나눈다.

전 개

1. 표지를 보며 이야기 나눈다.
   - 표지에 어떤 그림이 있나요?
   - 이 곤충은 생김새가 어떠한가요?
   - 그림책의 내용을 상상해 보세요.

2. 그림책을 읽고 난 후 이야기 나눈다.
   - 동화 속에는 누가 나왔나요?
   - 개똥벌레는 무엇을 찾고 있었나요?
   - 개똥벌레는 어디에서 불빛을 내나요?
   - 개똥벌레에게는 어떤 일들이 있었나요?
   - 불빛을 내는 것들은 어떤 것들이 있었나요?
   - 개똥벌레가 친구를 찾았을 때 마음이 어땠을까요?
   - 친구가 없으면 마음이 어떨 것 같은가요?

3. 개똥벌레에 대해 이야기 나눈다.
   - 개똥벌레를 다른 말로는 뭐라고 하는지 알고 있나요?
   - 개똥벌레는 어떻게 불빛을 낼 수 있을까요?

마무리

1. 그림책을 읽고 새롭게 알게 된 점을 이야기 나눈다.

- **확장활동**

준비물 : OHP 필름, 매직, 네임펜, LED램프(핑커라이트), 눈알 스티커, 글루건(또는 양면 테이프), 가위

활동방법

❶ 개똥벌레를 만든다.

- OHP 필름에 유성펜을 이용하여 개똥벌레 날개 모양을 그려준다.
- 유성펜으로 개똥벌레 날개의 다양한 무늬와 색을 디자인하고 색칠한다.
- 디자인한 개똥벌레 날개를 오린다.
- 날개 모양으로 자른 OHP 필름을 LED 램프 윗면에 글루 건을 이용하여 붙인다. 이때, 불빛이 나오는 방향이 꼬리 방향이 되도록 한다.
- 앞쪽에 눈알을 붙여 꾸민다.

❷ 완성된 개똥벌레로 신체활동을 한다.

- 개똥벌레처럼 날아볼 수 있을까요?
- 음악에 맞추어 움직여 보세요.
- 불빛을 깜빡이며 날아보세요.

함·께·읽·어·보·세·요

- 『반딧불이』 안도현 글. 백대승 그림 | 한솔수복
- 『반짝반짝 반딧불이 플로렌스』 제인 클라크 글. 브리타 테큰트럽 그림. 김현희 옮김 | 언어세상(사파리)

내게는 소리를 듣지 못하는 여동생이 있습니다

글 | 진 화이트하우스 피터슨
그림 | 데보라 코간 레이
옮김 | 이상희
출판사 | 웅진주니어

소리를 듣지 못하는 여동생을 둔 언니가 동생의 특별함을 이야기한다. 동생은 노래를 부를 수는 없지만 피아노 칠 때 우릉우릉 울리는 느낌은 좋아한다. 전화기 벨이 울리는 것도 누가 문을 두드리는 것도 들을 수 없지만 친구랑 줄 맞춰 걸을 수도 있고 구름사다리 올라가는 것도 좋아한다. 조심해! 외치는 소리도 듣지 못하지만 풀밭의 작은 움직임까지 알아차릴 수 있다. 동생의 특별함에 대해 친구들에게도 이해할 수 있게 설명해 준다.

눈으로 보는 소리

- **활동목표**
  - 듣지 못하는 장애에 대해 이해한다.
  - 듣지 못하는 장애를 경험한다.

도 입

❶ 장애인은 어떤 사람인지에 대해 이야기 나눈다.

- 시각장애인, 청각장애인, 지체장애인, 정신지체장애인 등

❷ 장애인들이 느낄 수 있는 어려움에 대해 이야기 나눈다.

- 의사소통이 어렵다, 친구 사귀기가 힘들다, 이동하는 데 어려움이 있다 등

전 개

❶ 제목을 가리고 표지를 보며 이야기 나눈다.

- 표지의 인물은 누구일까요?
- 표지의 인물은 무엇을 보고 있을까요?
- 무엇을 하는 것 같은가요?
- 표지 인물의 기분은 어떤 것 같은가요?

❷ 속표지의 제목을 가리고 그림을 본다.

- 두 아이는 어떤 관계일까요?

❸ 그림책을 감상한다.

- 소리를 듣지 못하면 왜 노래를 할 수 없나요?
- 동생이 할 수 없는 것은 무엇인가요?
- 동생이 할 수 있는 것 또는 좋아하는 것은 무엇인가요?
- "내 파자마 어디 있니?" 하고 묻자 동생은 무엇을 가져왔나요?
- 소리를 못 들으면 귀가 아픈지 묻는 친구들에게 언니는 뭐라고 했나요?
- 언니는 친구들에게 동생이 어떤 것을 할 수 있다고 했나요?
- 동생은 자기 기분을 전할 때 어떻게 하나요?
- 언니가 멀리 있는 동생과 소통하려면 어떻게 해야 할까요?
- 엄마는 무엇을 걱정하셨나요?

❹ 그림책을 회상하며 이야기 나눈다.

- 장애인을 도와준 적이 있나요?
- 들리지 않는다는 것이 어떤 것인지 이해하려고 귀를 막았을 때 어떤 느낌이었을까요?
- 들리지 않는 사람에게는 어떻게 의사소통을 하나요?
- 나의 가족 중 장애인이 있다면 친구들이 물어볼 때 어떻게 설명할까요?

마무리

❶ 장애에 대해 새롭게 알게 된 점이나 느낀 점을 이야기 나눈다.

- 확장활동

준비물 : 스케치북, 매직

활동방법

❶ 장애를 체험할 수 있는 활동(입모양 보고 단어 맞추기)을 한다.

- 스케치북에 그림책에 나왔던 단어들을 한 장에 한 단어씩 적는다.
- 입모양을 보고 어떤 단어인지 맞춘다.
- 한 장씩 넘기며 진행한다.
- 역할을 바꾸어서 해본다.

❷ 말을 하지 못했을 때의 느낌을 이야기 나눈다.

소리	동생

함·께·읽·어·보·세·요

- 『보이지 않는다면』 차이자오룬 글 · 그림. 심봉희 옮김 | 웅진주니어
- 『흰지팡이 여행』 에이다 바셋 리치필드 글. 김용연 그림. 이승숙 옮김 | 사계절

아낌없이 주는 나무

글·그림 | 쉘 실버스타인
옮김 | 이재명
출판사 | 시공주니어

옛날에 나무 한 그루가 있었다. 소년은 나무를 무척이나 사랑했다. 나무도 매일같이 사랑하는 소년과 함께 할 수 있어 행복했다. 나무는 소년의 행복을 위해 소년이 청년이 되고, 노인이 될 때까지 여전히 그곳에서 아낌없이 자신의 모든 것을 내주었다.

사랑하는 한 소년에게 자신의 모든 것을 내어 준 나무의 아름다운 이야기. 진정한 사랑이 무엇인지를 일깨워 주는 아름다운 이야기이다.

나무야, 네가 있어 행복해

- **활동목표**
  - 나무의 고마움을 안다.

도 입

❶ '나무 나무 무슨 나무' 게임을 해본다.

(예: 손뼉 리듬을 치며 한 사람이 '나무 나무 무슨 나무?' 하면 '나무 나무 굴참나무' 라고 대답하고, 반대로 대답한 사람이 다시 '나무 나무 무슨 나무?' 하면 상대가 대답하며 서로 묻고 답하는 게임)

❷ 나무가 계절에 따라 어떻게 변하는지 이야기를 나눈다.

- 봄, 여름, 가을, 겨울에 따라 변하는 모습을 이야기해 본다.
- 계절이 바뀌어도 변하지 않는 나무는 어떤 것이 있는지 알아본다.

❸ '아낌없이 주는 나무' 동요를 감상해 본다.

전 개

❶ 표지를 탐색한다.

- 표지에서 무엇을 볼 수 있나요?
- 표지의 나무는 몇 살쯤 되었을까요?
- 아이는 무엇을 하고 있을까요?

❷ 시간의 순서에 따라 그림과 내용을 생각하며 읽는다.

- 소년은 나무하고 어떻게 놀았나요?
- 소년은 어른이 되어가며 무엇이 필요했나요?
- 집이 필요해진 소년에게 나무는 무엇을 주었나요?
- 떠나고 싶은 소년에게 나무는 무엇을 주었나요?
- 노인이 되어 돌아온 소년은 무엇이 필요했나요?
- 아무것도 줄 수 없게 된 나무는 노인이 된 소년에게 무엇을 주었나요?

❸ 그림책을 회상하며 이야기 나눈다.

- 나무가 계속 소년에게 무엇을 줄 수 없었다면 소년은 어떻게 되었을까요?
- 아낌없이 주는 나무처럼 나에게도 아낌없이 주는 사람이 있다면 누구일까요?
- 언제 그런 느낌을 받았나요?
- 내가 그림책 속의 나무처럼 아낌없이 주고 싶은 사람은 누구일까요?
- 소년에게 무한히 주기만 하는 나무를 보며 어떤 마음이 들었나요?
- 나무에게 해 주고 싶은 말이 있나요?
- 소년에게 해 주고 싶은 말이 있나요?

마무리

❶ 친구들과 만들어 놓은 '아낌없이 주는 나무'를 감상하며 나무와 같은 부모님의 고마움에 대해 서로 이야기 나눈다.

- 확장활동

준비물 : 4절 머메이드지 3장, 다양한 색과 모양의 접착 메모지(포스트잇), 가위, 색연필

활동방법

❶ 아낌없이 주는 나무에게 고마움을 표현해본다.

- 4절 머메이드지에 나무를 그리고 3장에 겹쳐서 오려낸 다음, 서로 마주 붙여 서 있는 나무를 만든다.
- 여러 가지 색의 포스트잇(접착 메모지)을 나뭇잎 모양이나 열매 모양으로 오린다.
- 오린 접착 메모지에 나무의 고마움을 써서 나뭇가지에 붙인다.
  (맑은 공기, 종이, 아름다운 경치, 열매, 동물들의 보금자리 등)

추가활동

❶ 색깔 종이컵 안에 스티로폼 공을 넣은 후 모루를 꽂아 나무 기둥과 가지를 만들어 세운다.

❷ 가지에 다양한 색깔의 폼폼(솜방울)을 글루건을 이용하여 붙여 아낌없이 주는 나만의 나무를 만든다.

❸ 색종이를 잘게 오려 종이컵 화분 위를 덮는다.

함·께·읽·어·보·세·요

- 『행복한 사과나무』 김현태 글. 김경희 그림 | 아이앤북

우리 가족입니다

글·그림 | 이혜란
출판사 | 보림

주인공 아이는 작은 중국음식점에서 아빠, 엄마, 남동생과 함께 살아간다. 주인공 아이에게 어느 날 시골에서 올라온 할머니 때문에 단란한 가족의 일상에 변화가 생긴다. 온전치 못한 할머니는 밥상머리 앞에서 음식을 뱉고, 아무 때나 옷을 벗기도 한다. 주인공 아이는 그런 할머니와 같이 밥을 먹기도 싫고, 옆에서 자는 것도 싫지만 그런 할머니를 뒷바라지하는 아빠의 모습을 보며 할머니를 가족으로 받아들인다.

소중한 우리 가족

- **활동목표**
  - 사랑하는 가족의 소중함을 안다.

도 입

❶ '닮은 곳이 있대요' 동요를 들으며 우리 가족 구성원에 맞춰 개사하여 노래를 부른다.

(♬ 엄마(아빠, 누나, 형으로 개사) 하고 나 하고 닮은 곳이 있대요 /
엄마(아빠, 누나, 형으로 개사) 하고 나하고 닮은 곳이 있대요/
눈 땡, 코 땡, 입~ 딩동댕 ♬)

❷ 우리 가족은 누구누구인지 말해본다.

❸ 내가 엄마와 아빠의 어떤 습관이 닮았는지 이야기 나눈다.

전 개

❶ 그림책 앞, 뒤표지를 펼쳐서 탐색한다.

- '신흥반점'은 어떤 곳일까요?
- 우리 동네에서 앞표지 그림과 비슷한 가게를 본 적이 있나요?
- 이런 곳에서 가족과 함께 어떤 음식을 먹었는지 말해볼까요?

❷ 표지와 속표지의 제목에 유난히 '가족'이라는 글자가 큰 것을 보며 왜 그렇게 썼는지 이야기를 나눈다.

❸ 가족사진의 식구들 표정을 살피며 그림책을 읽는다.

- 가족사진의 식구는 네 식구인데 속표지의 밥상에 밥그릇이 왜 다섯 개일까요?
- 그동안 함께 살지 않았던 할머니는 왜 갑자기 이곳으로 오셨을까요?
- 할머니가 오시기 전과 후 아이의 표정을 비교해서 이야기해 보세요.
- 할머니가 일으키는 사고를 속상해하지 않고 묵묵히 아빠를 돕는 엄마를 보며 어떤 생각이 드나요?
- 사고만 일으키는 할머니를 보며 할머니 없이 살면 안 되느냐는 아이의 질문에 아빠는 뭐라고 대답하나요?
- 치매에 걸린 할머니를 등에 업은 아버지를 보며 무슨 생각이 들었나요?

❹ 그림책을 회상하며 이야기를 나눈다.

- 우리 할머니가 사람들 앞에서 옷을 훌렁훌렁 벗으면 나는 어떤 느낌일까요?
- 우리 할머니가 치매에 걸렸다면 나는 어떻게 할까요?
- 주인공 아이가 아빠를 업은 모습을 보며 무엇을 느꼈나요?
- 마지막 장에 가족사진 옆의 할머니 사진은 무엇을 의미하는 것일까요?

마무리

❶ 가족의 의미는 무엇일까 생각해 본다.

❷ 내가 가족을 위해 무엇을 할 수 있는지 말해 본다.

● 확장활동

준비물 : 투명 cd 케이스, 가족사진, 액자 받침대, 양면테이프, 색상지, 가위

활동방법

❶ 가족사진 액자를 만든다.

- 식구들이 함께 찍은 사진을 준비한다.
- CD 케이스의 CD가 들어가는 면에 색상지를 붙인다.
- 둥근 부분에 가족사진을 오려 붙인다.
- CD 케이스 뚜껑을 덮으면 가족사진의 투명 액자가 된다.

❷ 액자 받침대에 작품을 세워서 전시한다.

- 사진 속 가족을 소개하고 어디에서 찍은 사진인지 발표해 본다.

추가활동

❶ 가족관계도를 만들어 본다.

- 하드보드지에 가족들 사진을 붙이고 친가와 외가로 구성해 가족 관계를 알아본다.

함·께·읽·어·보·세·요

- 『가족은 꼬옥 안아 주는 거야』 박윤경 글, 김이랑 그림 | 웅진씽크빅
- 『누구에게나 가족은 있어』 알랭시셰 글 · 그림, 김양미 옮김 | 톡

간식을 먹으러 온 호랑이

글·그림 | 주디스 커
옮김 | 최정선
출판사 | 보림

어느 날 소피가 엄마랑 간식을 먹는데 초인종이 울린다. 문을 열어보니 커다란 호랑이가 "같이 간식을 먹어도 될까요?" 하며 묻는다. 엄마와 소피는 호랑이를 들어오라고 한 뒤 배고픈 호랑이에게 간식을 대접한다. 호랑이는 샌드위치, 빵, 과자, 케이크, 우유, 홍차, 불 위에 있던 저녁밥, 냉장고의 있던 음식까지 집안의 음식을 '몽땅 다' 먹어 치운다. 호랑이 때문에 아무것도 먹을 것이 없게 된 소피네 가족은 아빠와 함께 외식을 하며 다시 올지도 모르는 호랑이 먹이를 사서 온다.

함께 먹어도 될까요?

- **활동목표**
  - 어려운 이웃을 돕는 마음을 갖는다.
  - 갑자기 생긴 문제를 슬기롭게 해결할 수 있다.

도 입

❶ 간식 손뼉을 쳐 본다.

(♬ 냠냠냠냠 짝짝 / 오물오물 짝짝 / 냠냠 짝 오물 짝 / 냠냠 오물 짝짝 ♬)

❷ 우리가 주로 먹는 간식거리를 말해본다.

- 간식은 언제 먹나요?
- 특별히 좋아하는 간식은 무엇인가요?
- 엄마가 해 주는 간식 중 뭐가 제일 맛있나요?

전 개

❶ 그림책 표지를 탐색한다.

- 표지에 아이와 호랑이의 표정을 보면 어떤 느낌이 드나요?
- 호랑이와 아이가 먹는 간식은 무엇일까요?
- 호랑이는 어떤 간식을 좋아할까요?
- 나는 호랑이에게 어떤 간식을 줄 수 있을까요?
- 간식은 어느 정도 먹어야 할까요?

❷ 속표지의 아이와 호랑이의 그림을 보면 어떤 느낌이 드나요?

❸ 그림책을 읽으며 이야기 나눈다.

- 소피가 엄마랑 간식을 먹는데 '띵동' 초인종이 울렸어요. 누구일까요?
- 엄마는 호랑이에게 먼저 무엇을 주었나요?
- 소피는 배가 고파 보이는 호랑이에게 무엇을 주었나요?
- 식탁 위에 있던 것을 다 먹어치운 호랑이는 어디로 갔나요?
- 소피의 집에서 호랑이가 먹어치운 음식들은 어떤 것들이 있나요?
- 호랑이가 아빠 저녁밥까지 먹어버리자 소피네 가족은 어떻게 했나요?
- 소피랑 엄마가 장을 보면서 특별히 산 것은 무엇이었나요?
- 왜 호랑이는 다시 오지 않았을까요?

❹ 그림책을 회상하며 이야기를 나눈다.

- 호랑이는 왜 소피네 집에 오게 되었을까요?
- 나는 배고픈 호랑이에게 문을 열어 줄 수 있을까요?
- 호랑이 말고 다른 동물이 간식을 먹으러 온다면 누가 오면 좋을까요?
- 호랑이는 소피네 음식을 어떻게 먹어 치웠나요?
- 소피네 가족들은 어떤 사람들인가요?
- 엄마와 소피가 호랑이를 대한 행동을 보며 나도 그렇게 할 수 있을지 생각해 봐요.

마무리

❶ 도움이 필요한 이웃에게 친절을 베푸는 방법을 이야기 나눠 본다.

❷ 갑자기 생긴 일을 슬기롭게 해결했던 경험을 말해본다.

● 확장활동

준비물 : 주사위, 하드보드 1/2, 머메드지 1장, 유성 매직, 색연필, 가위, 풀

활동방법

❶ 간식을 먹으러 온 호랑이가 빨리 집으로 돌아가는 게임을 해본다.

① 게임판을 만든다.

- 하드보드지 1/2을 준비하여 윷판을 그린다.
- 말로 쓸 호랑이를 머메이드지에 그리고 색칠을 한다.
- 그려진 호랑이를 오린다.
- 머메이드지를 Y자로 오려 호랑이를 세울 수 있도록 밑에 붙여준다.
- 주사위에 숫자만큼 간식거리를 그려 붙인다.

② 주사위를 던져 나온 수만큼 호랑이를 옮긴다.

- 이때 윷놀이의 방법으로 게임을 진행한다.
- 호랑이가 빨리 원점으로 돌아오면 이긴다.

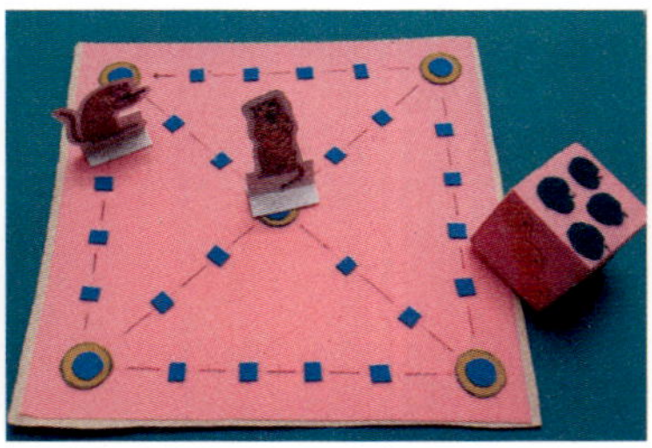
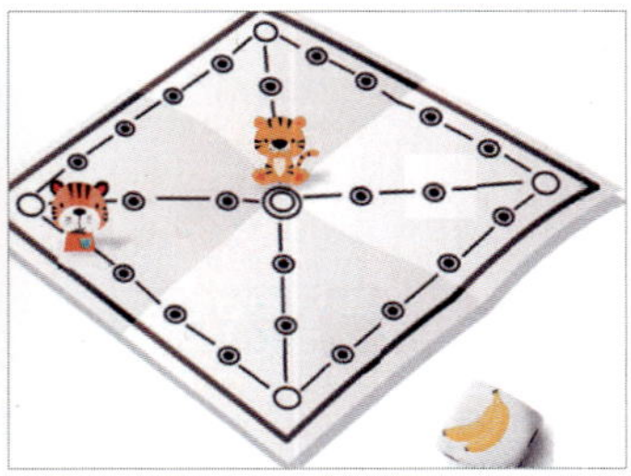

함·께·읽·어·보·세·요

- 『거북이의 아주 긴 간식』 스테반 세르방 글 · 그림. 예빈 옮김 | 주니어김영사
- 『할머니의 식탁』 오게 모라 글 · 그림. 김영선 옮김 | 위즈덤하우스

헤엄이

글·그림 | 레오 리오니
옮김 | 김난령
출판사 | 시공주니어

바닷속에 빨간 물고기들이 무리 지어 살아가고 있다. 그중 까만 물고기가 헤엄이다. 어느 날 커다란 다랑어가 나타나 빨간 물고기 친구들을 몽땅 삼켜 버린다. 헤엄이는 친구들을 모두 잃고 혼자 바닷속 여기저기를 헤엄쳐 다니다가 자신의 친구들과 꼭 닮은 빨간 물고기 떼를 발견한다. 헤엄이는 빨간 물고기 떼들에게 숨지 않고 함께 어울려 사는 방법을 생각해내어 큰 물고기를 물리친다.

힘을 모아요

- **활동목표**
  - 협동, 용기의 의미를 안다.
  - 바다 생물들의 이름을 안다.

도 입

❶ 도움에 관해서 이야기를 나눈다.

- 도움을 준 적이 있나요?
- 도움을 받은 적이 있나요?
- 그때의 느낌이 어땠나요?

❷ 혼자 할 때와 여럿이 함께 할 때의 좋은 점과 나쁜 점에 대해서 이야기 나눈다.

❸ 먹이 사슬에 관해서 이야기 나눈다.

- 먹이 사슬이 무엇일까요?

전 개

❶ 표지를 보며 이야기 나눈다.

- 여기는 어디일까요?
- 헤엄이는 누구일까요?
- 어떤 내용일 것 같은지 예측해볼까요?

❷ 그림책을 감상한다.

- 헤엄이는 어디에서 누구랑 살고 있어요?
- 작은 물고기들은 왜 숨어 살까요?
- 헤엄이가 오랫동안 혼자 지냈다는 것을 어떻게 알 수 있을까요?
- 헤엄이는 왜 바닷속 여기 저기를 떠돌아다녔나요?
- 헤엄이가 깊은 바닷속에서 누굴 만났나요?
- 빨간 물고기 떼를 다시 만났을 때 헤엄이의 기분은 어땠을까요?
- 헤엄이는 왜 눈이 되었어요?
- 헤엄이는 왜 빨간 물고기들과 커다란 모양의 물고기를 만들었나요?

❸ 내용을 회상하며 이야기 나눈다.

- 어느 장면이 가장 기억에 남나요?
- 왜 그렇게 생각하나요?

❹ 그림을 자세히 보세요.

- 바닷속이 어떤 거 같아요?
- 어떤 느낌이 드나요?
- 어떻게 빨간 물고기들을 똑같이 표현할 수 있었을까요?

마무리

❶ 작은 물고기들이 큰 물고기로부터 살아남을 수 있는 방법들을 이야기 나눈다.

❷ 용기 내었던 경험에 관해서 이야기 나눈다.

- 확장활동

준비물 : 흰 전지, 필기도구, 꾸밀 수 있는 다양한 물건(색종이, 클레이, 색연필 등)

활동방법

❶ 함께 꾸며봐요.

- 짝을 짓는다(여러 명 또는 두 명).
- 상황을 설정하거나 무엇을 그릴지 사전에 상의하지 않는다.
- 순서를 정한다.
- 제한 시간을 정한다(예 : 한 사람이 꾸미거나 그릴 수 있는 시간은 1분으로 정한다).
- 첫 번째 친구가 자신이 생각하는 그림을 전지에 1분 동안 그린다.
- 두 번째 친구가 첫 번째 친구의 그림이 무엇인지 생각해서 그 그림에 어울리는 그림을 그리거나 꾸민다.
- 두 명일 때 번갈아 가며 반복하여 하나의 작품을 완성한다.

▷ 첫 번째 아이가 산과 옹담샘을 그리자 두 번째 아이가 나무를 그렸다. 세 번째 아이가 금도끼 은도끼가 생각났는지 산신령을 그리며 이어 그리기 그림을 완성하였다.

❷ 협동하여 만든 작품을 소개한다(소개 전에 다른 팀이 있다면 어떤 그림인지 맞혀보게 한다).

- 함께 만든 그린 작품을 설명한다(자신은 이 그림을 이런 생각으로 그렸다고 말한다).
- 다른 여러 팀이 있다면 비교하고 다른 팀의 이야기를 들어본다.

함·께·읽·어·보·세·요

- 『물고기는 물고기야』 레오 리오니 글 · 그림. 최순희 옮김 | 시공주니어
- 『큰 물고기와 작은 물고기』 자끄 뒤케누아 글 · 그림. 유정림 옮김 | 사계절

아기 늑대 세 마리와 못된 돼지

글 | 유진 트리비바스
그림 | 헬렌 옥슨버리
옮김 | 김경미
출판사 | 시공주니어

아기 늑대 세 마리는 엄마 품을 떠나 독립을 한다. 아기 늑대 세 마리는 길을 가다가 벽돌을 싣고 가는 캥거루를 만나 벽돌을 얻어 벽돌집을 짓는다. 이때 못된 돼지가 나타난다. 돼지는 집에 들어갈 것을 요구하고 요구가 받아들여지지 않자 벽돌집을 부순다. 아기 늑대 세 마리는 간신히 집을 빠져나온다. 콘크리트 집을 짓고, 철근을 이용한 강철 집도 지어보지만 못된 돼지가 그때마다 더 강력한 무기를 사용해 부순다.

친구가 되고 싶어

- **활동목표**
  - 친구와 친해지려면 어떻게 해야 하는지를 안다.
  - 소통 방법에 대해서 안다.

도 입

❶ 친구와 친해지기 위해 어떻게 해야 할지에 대해서 이야기 나눈다.

- 친구와 어떻게 친해지나요?
- 친해지는 나만의 방법이 있나요?

❷ 아기 돼지 삼 형제 옛이야기에 관해서 이야기 나눈다.

- 아기 돼지 삼 형제 이야기 알죠?
- 어떤 이야기인가요?
- 또 다른 아기 돼지 삼 형제 이야기를 알고 있나요?

❸ 집의 종류와 재료를 주제로 이야기 나눈다.

전 개

❶ 표지를 보며 이야기 나눈다.

- 표지에 누가 보이나요? 누가 주인공이라고 생각하나요? 왜 그렇게 생각하나요?
- 어떤 그림책이 생각나나요?
- 늑대들이 무엇을 하고 있는 것 같아요?
- 그림에서 느껴지는 분위기는 어떤가요?
- 늑대들이 어디에 앉아 있는 거 같아요?
- 돼지는 무슨 생각을 하고 있는 거 같아요?
- 왜 면지에 주전자를 그려 놓았을까요?

❷ 그림책을 회상하며 이야기 나눈다.

- 엄마가 왜 '이제 세상에 나갈 시간이 되었다.'고 이야기를 하는 걸까요?
- 엄마는 어떤 돼지를 조심하라고 했나요?
- 아기 늑대들은 왜 캥거루에게 벽돌을 얻었나요?
- 아기돼지 삼 형제와 어떻게 다른가요? (원작에서는 마지막에 벽돌집, 이 책에서는 처음에 벽돌집, 돼지가 혼자 집짓기, 이 책에서는 같이 집짓기 등)
- 왜 늑대들은 돼지를 보자마자 집으로 들어가 문을 잠갔나요?
- 늑대들은 돼지를 어떻게 생각하는 것 같아요?
- 집 안에 숨어 있는 늑대들의 마음은 어떨까요?
- 힘들게 지어 놓은 집을 이렇게 부숴버리면 어떤 기분이 들까요?
- 돼지는 왜 늑대들의 집을 부숴 버렸나요?
- 돼지는 왜 늑대들의 집에 들어오고 싶어 하는 걸까요?
- 꽃으로 집을 지으면 어떨까요?
- 늑대들이 도망갈 때 꼭 찻주전자를 가지고 가는데 왜 그럴까요?

마무리

❶ 돼지가 늑대들과 친하게 지내기 위해 어떻게 하면 좋을지 이야기 나눈다.

❷ 늑대들은 돼지와 친하게 지내기 위해 어떻게 하면 좋을지 이야기 나눈다.

- 확장활동

준비물 : 도화지, 가위, 색연필, 고무줄, 펀치

활동방법

❶ 역할을 설정하여 상황극 놀이를 해본다(선생님과 학생, 엄마와 나, 아빠와 나, 친구와 나, 의사와 환자, 주인과 애완동물, 사육사와 동물, 임금과 신하, 형과 동생, 농부와 소, 과일가게 주인과 손님, 요리사와 손님, 지구인과 외계인 등).

- 역할이 정해 지면 역할에 맞는 가면을 만든다(종이에 그림을 그리고 얼굴 모양으로 오린다).
- 귀 부분에 펀치로 구멍을 뚫어 고무줄을 건다.
- 역할 놀이를 한다.
- 반드시 같은 상황에서 역할을 바꾸어 다시 한번 상황극을 해본다.

❷ 역할을 바꾸어 본 후 각자가 맡은 역할에 관해서 이야기 나눈다.

함·께·읽·어·보·세·요

- 『아기 돼지 세 자매』 프레데릭 스테르 글 · 그림, 최윤정 옮김 | 파랑새어린이
- 『슈퍼 거북』 유설화 글 · 그림 | 책읽는곰

아기 돼지 세 마리

글·그림 | 데이비드 위즈너
옮김 | 이옥용
출판사 | 마루벌

아기 돼지 세 마리가 각자 집을 짓고 살고 있다. 어느 날 늑대가 나타난다. 아기 돼지 세 마리는 차례로 늑대를 피해 이야기 밖으로 나오게 된다. 아기 돼지 세 마리는 이야기 밖의 이야기 세상을 구경한다. 이 과정에서 고양이를 만나고, 용을 구출한다. 이들과 함께 살 곳을 찾아 결국 처음의 이야기 속으로 다시 들어간다. 셋째 돼지가 지은 튼튼한 벽돌집에서 용과 고양이와 함께 행복하게 산다.

아기 돼지 삼 형제의 새로운 이야기

- **활동목표**
  - 이야기 안과 이야기 밖의 의미를 안다.
  - 패러디 그림책을 안다.

도 입

❶ '아기 돼지 삼 형제'에 대해 이야기 나눈다.

- 아기 돼지 삼 형제 이야기를 알고 있나요?
- 아기 돼지 삼 형제 이야기 중 다르게 전개되는 이야기를 알고 있나요?

❷ 이야기 세상에 관해 이야기 나눈다.

- 가장 좋아하는 이야기는 어떤 이야기인가요?
- 그림책의 이야기 속으로 갈 수 있다면 어떤 이야기 세상으로 가고 싶은가요?
- 그림책의 이야기 속에서 데리고 나오고 싶은 친구가 있나요?
- 왜 데리고 나오고 싶은가요?

전 개

❶ 표지를 보며 이야기 나눈다.

- 아기 돼지들의 기분이 어떤 거 같은가요?
- 이 책의 내용을 예측해볼까요?
- 아기 돼지 중 누가 막내 돼지일까요?

❷ 그림책 내용을 이야기 나눈다.

- 등장인물은 누구였나요?
- 처음 어디에서 이야기가 시작되었나요?
- 이야기 속 다른 이야기를 찾아보세요(『마더구스 *Hey Diddle Diddle*』, 『황금 장미를 지키는 용』 등).
- 늑대 때문에 어떤 일이 일어났나요?
- 아기 돼지 세 마리는 왜 다른 이야기 안으로 들어갔나요?
- 아기 돼지 세 마리는 왜 용을 구했나요?

❸ 그림을 자세히 보고 이야기 나눈다.

- 어떤 그림이 가장 기억에 남나요?
- 이야기 안과 밖의 그림 스타일의 차이를 알 수 있나요? 어떻게 다른가요?
- 뒤표지의 고양이에 대해서 이야기 해줄래요? 고양이는 지금 이야기 속, 이야기 밖 어디에 있는 것 같아요?

❹ 그림책을 회상하며 이야기 나눈다.

- 기존에 알고 있는 '아기 돼지 삼 형제'와 어떻게 다른가요?
- 어떤 장면이 가장 중요한 이야기를 하고 있나요?
- 이야기 밖과 이야기 안은 무슨 말일까요?
- 글과 그림이 서로 다른 이야기를 하는 장면이 어디일까요?
- 늑대의 기분이 어떨 것 같아요? 늑대가 되어 생각해볼까요?
- 아기 돼지 세 마리, 용, 고양이가 함께 어떻게 살지 뒷이야기를 만들어보세요.

마무리

❶ 패러디 그림책에 관해서 이야기 나눈다.

(패러디 그림책은 원작의 내용이나 이야기의 전반적 흐름, 그리고 인물들의 성격, 사건 등을 변형 시켜 새롭게 재화 시킨 그림책을 말한다. 패러디 그림책은

오랫동안 고착되어 내려오던 허위적 권위 의식이나 억압적 요소들을 비판하고 조롱하는 경우가 많다. 예를 들어 『아기 돼지 세 자매』, 『슈퍼 토끼』, 『일곱 마리 아기염소 요 녀석들!』등이 있다.)

- 확장활동

준비물 : 전래동화 그림책, 종이, 연필, 색연필, 크레파스 등

활동방법

❶ 4컷 만화 그리기를 한다(참고 : 네 칸 명작 동화집, 로익곰 글 · 그림. 나선희 옮김, 책빛).

- 옛이야기(예 : 백설 공주, 신데렐라, 빨간 모자 등) 한 권을 함께 읽는다.
- 이야기를 간추려본다.
- 간추린 내용을 4컷에 나누어 그림을 그리고 글을 적어본다.
- 4컷 옛이야기를 친구들에게 소개한다.
- 같은 책을 친구들은 어떻게 간추렸는지 함께 보며 이야기 나눈다.

함·께·읽·어·보·세·요

- 『공원에서 일어난 이야기』 앤서니 브라운 글 · 그림. 김향금 옮김 | 굳은나무
- 『메리와 생쥐』 비버리 도노프리오 글 · 그림. 김정화 옮김 | 베틀북

윌리와 휴

글·그림 | 앤서니 브라운
옮김 | 재명
출판사 | 시공주니어

윌리는 친구가 없이 외롭게 지내고 있다. 어느 날 혼자 산책을 하던 윌리는 달려오던 휴와 부딪힌다. 서로 사과를 하던 윌리와 휴는 친한 친구가 되면서 재미있게 동물원과 도서관을 오가며 지낸다. 하지만 둘은 겉모습부터 너무나 다르다. 윌리는 몸집이 조그맣고 약해 보이지만, 휴는 덩치가 크고 힘이 세 보인다. 전혀 어울릴 것 같지 않은 윌리와 휴가 친구가 되어간다.

서로 달라도 친구가 될 수 있어

- **활동목표**

  – 친구의 소중함을 알 수 있다.

도 입

❶ 동요 '친구야 나는 너를 사랑해'를 부르며 손동작 놀이를 해본다.

❷ 단짝 친구에 대해 이야기 나눈다.

- 친구들은 단짝 친구가 있나요?
- 단짝 친구하면 떠오르는 장면은 무엇이 있나요(예 : 축구하기, 숙제 같이하기 등)?
- 단짝 친구가 왜 좋은가요?

전 개

❶ 표지를 보며 이야기 나눈다.

- 둘은 어떤 관계일까요?
- 둘의 사이는 어떻게 보이나요?
- 그림자는 어떻게 보이나요?

❷ 면지를 보며 이야기 나눈다.

- 왜 바나나가 두 개씩 그려져 있을까요?

❸ 그림책을 읽고 이야기 나눈다.

- 윌리의 표정은 어떤가요? 왜 땅만 쳐다보고 있나요?
- 친구들은 왜 윌리를 놀이에 끼워주지 않았나요?
- 동물원에 갇혀 있는 사람의 표정은 어떤가요?
- 윌리와 휴는 어떻게 친한 친구가 되었나요?
- 휴가 '우리 내일 또 만날까?'했을 때 윌리의 기분은 어땠을까요?

❹ 그림책을 회상하며 이야기 나눈다.

- 내가 어려운 일을 당했을 때 친구가 도와준 경험이 있나요?
- 내가 제일 무서워하는 것은 무엇인가요?
- 좋은 친구가 되기 위해서는 어떻게 해야 할까요?
- 친구에게 어떤 말을 해주면 기분이 좋을까요?
- 윌리와 휴의 공통점은 무엇일까요?

마무리

❶ 내가 친해지고 싶은 친구에 대해 이야기 나눈다.

● 확장활동

준비물 : 바나나 2개, 이쑤시개 또는 면봉, 콩 모양 젤리, 검은 쌀, 크랜베리, 라면, 앵두 뻥튀기 과자, 유성 사인펜

활동방법

❶ 바나나로 나와 친구를 표현해 본다.

- 가장 친한 친구가 누구인지 생각해 본다.
- 바나나에 유성 사인펜을 이용하여 그림을 그려 표현한다.
- 바나나 껍질을 벗겨 준비된 재료를 가지고 나와 친구를 표현한다

❷ 완성된 바나나 친구를 소개 한다.

- 친구를 어떻게 알게 되었나요?
- 나와 내 친구의 닮은 점은 무엇인가요?
- 나와 내 친구의 다른 점은 무엇인가요?

함·께·읽·어·보·세·요

- 『안녕, 친구야』 강풀 글 · 그림 | 웅진주니어
- 『폭풍우 치는 밤에』 키무라 유이치 글. 아베 히로시 그림. 김정화 옮김 | 아이세움

쥐구멍에 숨고 싶은 날

글 | 이지수
그림 | 영민
출판사 | 키즈엠

담 밑에 생쥐 아저씨가 살고 있다. 생쥐 아저씨는 조용하게 음악 감상을 하며 책 읽는 것을 즐거워한다. 어느 날 창피함을 겪은 아이들이 숨을 곳을 찾다가 생쥐 아저씨네 집으로 한 명씩 숨어들었다. 생쥐 아저씨가 나가라고 소리쳤지만, 아이들은 꼼짝하지 않고 옹기 종기 모여 서로 부끄러운 감정들을 이야기한다. 이러한 감정들은 이상한 것이 아니라 자연스러운 것임을 알려주는 이야기이다.

이젠 부끄럽지 않아요

- **활동목표**

  – 자신의 감정을 솔직하게 표현한다.

도 입

❶ 역할 놀이로 시작한다.

(예) 여자아이 : 아휴 너무 창피해 어떡하지, 내가 계단에서 넘어진 걸 친구들이 보았어. 너무 부끄러워 쥐구멍이라도 숨고 싶어.

교사가 남자아이 모자를 쓰고 얼굴을 가리며 말한다.

남자아이 : 난 유치원에서 발표회 때 노래를 잘 부르지 못했어. 친구들이 나를 보고 웃었어. 흑흑 너무 부끄러워서 나도 쥐구멍에 숨고 싶어.

오른손에 생쥐 아저씨 그림 교구를 들고 역할 놀이를 한다.

생쥐 아저씨 : 뭐야 왜 자꾸 내 쥐구멍을 넘보는 거야? 어라! 벌써 많은 아이들이 왔네. 아이고~ 시끄러워!

전 개

❶ 표지를 보며 이야기를 나눈다.

- 아이들이 쥐구멍 앞에서 왜 모여 있을까요?
- 아이들과 생쥐 아저씨 표정이 어떤가요?

❷ 표지를 보며 이야기 나눈다.

- 넘어져 있는 아이는 무엇을 하고 있나요?
- 뒤에서 따라오는 아이는 누구일까요?

❸ 그림책을 읽고 이야기를 나눈다.

- 생쥐 아저씨는 왜 혼자서 조용히 보내는 시간을 좋아하나요?
- 보미가 생쥐 아저씨네 집으로 들어가자 생쥐 아저씨는 뭐라고 했나요?
- 부끄러운 아이들끼리 모여 무슨 이야기를 나누었을까요?
- 한 아이가 큰 소리로 나가 놀자 했을 때 아이들은 뭐라고 했나요?
- 내가 생쥐 아저씨라면 부끄러움 때문에 아이들이 쥐구멍으로 들어오면 뭐라고 했을까요?

❹ 그림책을 회상하며 이야기를 나눈다.

- 어느 장면이 가장 기억에 남나요?
- 그 이유는 무엇인가요?
- 부끄러워서 얼굴이 빨개진 경험이 있나요?
- 부끄러움 때문에 몸을 숨겨 본 적이 있나요?
- 부끄러운 감정을 표현하지 못하면 어떻게 될까요?
- 아이들은 부끄럽고 창피한 마음이 어떻게 사라졌을까요?

마무리

❶ 부끄러운 감정들과 실수한 일에 대하여 이야기를 나누고 소통하며 관계 형성을 기른다.

- 확장활동

준비물 : 생쥐 아저씨 복사 코팅지, 하드 막대기, 색깔 보자기, 파라슈트

활동방법

① 파라슈트와 보자기로 역할놀이를 한다.

- 한 명씩 나와 보자기를 머리에 쓴 후 부끄럽거나 실수한 경험 이야기 한다.
- 이야기를 한 후에 파라슈트 안으로 들어간다.
- 친구들 모두 파라슈트 안에 들어오면 "이젠 부끄럽지 않아요!" 하고 외치고 밖으로 나온다.
- 나와 친구들에게 서로 용기와 위로를 해준다.

함·께·읽·어·보·세·요

- 『얼굴이 빨개져도 괜찮아』 로드 몽루부 글 · 그림, 이정주 옮김 | 살림어린이
- 『부끄러움아 꼭꼭 숨어라』 김세실 글, 노석미 그림 | 시공주니어

장갑나무

글 | 윤여림
그림 | 이갑규
출판사 | 웅진주니어

할머니가 짝이 없어서 버려진 장갑만 주워서 보따리에 가득 담아 잎 하나 없이 서 있는 나무를 찾아온다. 할머니가 짝 잃은 장갑, 버려진 장갑을 나무에 달아주자 나무는 멋진 장갑나무가 된다. 그러자 숲속 동물 친구들이 나무를 찾아와 각자의 쓰임새에 알맞은 장갑을 가져가서 따듯한 겨울을 보낸다. 사람들에게는 쓸모없는 장갑이었지만 동물들에게 꼭 필요한 것임을 알게 된 할머니는 또 다른 버려진 것을 가져와 나무에 매단다.

나, 새롭게 태어났어

- **활동목표**

  –쓸모없는 물건도 누군가는 소중하게 사용할 수 있음을 안다.

도 입

❶ 두 개가 모여 한 쌍이 되는 물건은 무엇이 있는지 이야기를 나눈다.

- 두 개가 짝이 되어 사용하는 것은 무엇이 있을까요?
  (예 : 양말, 신발, 귀걸이, 젓가락, 장갑, 양 갈래 머리핀, 머리끈 등)
- 한 쌍 중에서 한 개를 잃어버리면 어떤 기분이 드나요?
- 남은 한 개는 어떻게 해야 할까요?

❷ 재활용의 의미에 대해 이야기 나눈다.

- 분리수거를 해 본 적이 있나요?
- 나에게는 필요하지 않지만 더 사용할 수 있는 물건이 있다면 어떻게 하는 것이 좋을까요?

전 개

❶ 그림책 표지를 보며 이야기를 나눈다.

- 나무에 장갑이 왜 매달려 있을까요?
- 똑같은 장갑을 찾아보세요. 없다면 왜 한 짝만 있을까요?
- 코뿔소는 권투 글러브를 어디에 사용할까요?
- 키가 작은 돼지는 어떻게 해야 장갑을 가질 수 있을까요?

❷ 동물들이 장갑을 어디에 사용하는지 살펴보며 그림책을 감상한다.

- 면지의 할머니는 왜 한 짝 뿐인 장갑을 주웠을까요?
- 할머니의 보따리 속에는 무엇이 들어있나요?
- 할머니는 왜 나무에 장갑을 매달아 놓았나요?
- 감기 걸린 돼지 삼 형제는 장갑을 어떻게 사용했나요?
- 코뿔소는 왜 권투 글러브를 뿔에 씌웠을까요?
- 장갑나무 소문을 듣고 찾아온 다른 동물들이 장갑을 어떻게 사용했는지 자세히 보고 이야기해 보세요.
- 이상한 소리를 내며 밤에 찾아온 것은 무엇일까요?
- 펄펄 내리는 눈을 맞으며 잠을 자는 동물은 누구인가요?
- 봄이 되자 할머니가 보따리에 가져온 것은 무엇인가요?

❸ 그림책을 회상하며 이야기를 나눈다.

- 언덕 위의 나무는 왜 잎도 열매도 없이 가지만 있을까요?
- 장갑나무가 없었다면 숲속 동물들은 겨울을 어떻게 지냈을까요?
- 컵 나무에 누가 찾아왔을까요? 그리고 어디에 컵을 사용했을까요?
- 내가 할머니라면 나무에 무엇을 걸어놓고 싶은가요?
  (예 : 신발, 양말, 장난감 등)
- 장갑의 종류를 알아보고 어떤 장갑을 갖고 싶은지 또 그 이유는 무엇인지 말해보세요.
  (예 :비닐장갑, 고무장갑, 손가락 장갑, 코팅 장갑, 스키 장갑, 야구 글러브, 권투 글러브, 오븐 장갑 등)

마무리

❶ 내 물건 중 다른 사람들과 나누고 싶은 것이 있는지 이야기 나눈다.

● 확장활동

준비물 : 8절 도화지, 색종이, 가위, 풀, 색연필, 여러 가지 스티커, 폼폼(솜방울)

활동방법

❶ 장갑 나무를 만든다.

- 8절 도화지에 색연필로 커다란 나무와 나뭇가지를 그린다.
- 색종이 위에 다섯 손가락을 쫙 펴서 놓고, 손가락 모양대로 그린 다음 오린다. (그림책처럼 다양한 장갑 모양을 만들어 오린다.)
- 오려낸 장갑을 다른 색종이나 스티커, 폼폼(솜방울)으로 예쁘게 꾸민다.
- 8절 도화지를 벽에 붙이고, 떼어낼 수 있도록 장갑의 위쪽만 풀칠하여 나무에 붙여 장갑나무를 만든다.

❷ 그림책의 동물들처럼 이유를 말하며 장갑을 가져간다.

- "난 이 장갑이 필요해. 왜냐하면 ______하니까."

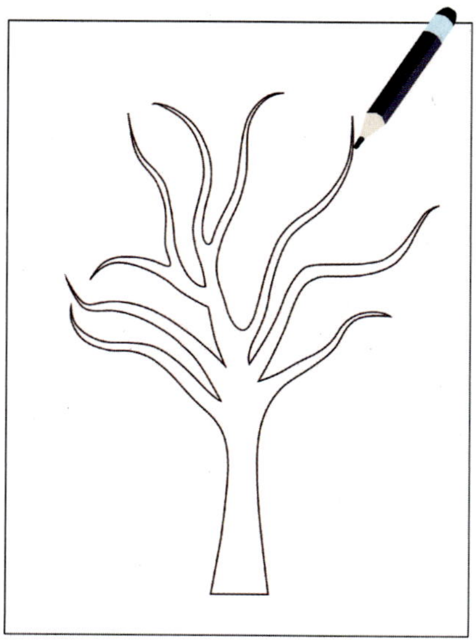

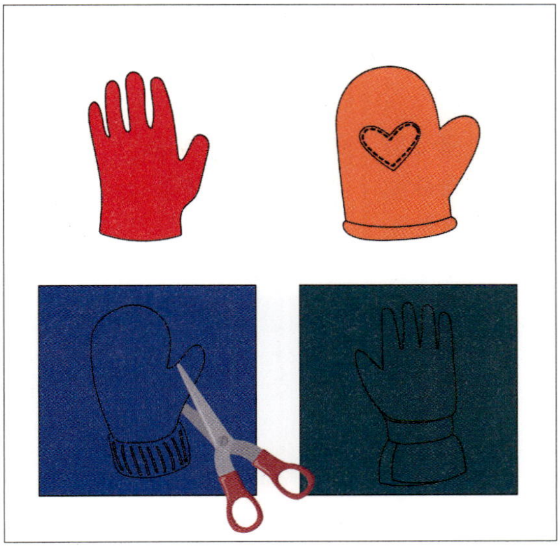

추가활동

❶ 장갑 대신 다양한 신발의 이미지를 인쇄하여 오린 후 신발 나무에 붙이고 역할극을 한다.

- “나는 이 신발이 필요해. 왜냐하면 ______하니까.”
  (예 : 운동화, 슬리퍼, 구두, 축구화, 스케이트 신발, 아쿠아슈즈, 실내화, 발레 슈즈, 샌들, 꽃신, 고무신, 부츠, 장화, 승마 신발 등)

함·께·읽·어·보·세·요

- 『크리스토퍼의 특별한 자전거』 샬럿 미들턴 글 · 그림. 최용은 옮김 | 키즈엠
- 『그린피스의 집』 오이카와 겐지 글 · 그림. 김난주 옮김 | 시공주니어

제가 잡아먹어도 될까요?

글·그림 | 조프루아 드 페나르
옮김 | 이정주
출판사 | 베틀북

마음 약한 늑대 루카스가 독립할 나이가 되었을 때 아버지는 루카스에게 잡아먹어도 될 먹잇감 리스트를 준다. 우리가 흔히 알고 있는 동화 속의 늑대와 대립해서 나오는 '일곱 마리 아기염소와 늑대', '아기돼지 삼 형제', '빨간 모자' 등이 리스트에 올라와 있다. 하지만 너무나 인정 많고 예의 바른 루카스는 잡아먹기 전에 "제가 잡아먹어도 될까요?"라고 늘 묻는다. 과연 배고픈 루카스는 그들을 잡아먹을 수 있을까?

루카스는 무얼 먹을까?

- **활동목표**
  - 다양한 이야기를 알 수 있다.
  - 선과 악을 구별할 수 있다.

도 입

❶ 그림책의 주인공인 늑대에 대해 스무고개 놀이를 한다.

(예: 나는 땅에서 살아요, 동물원에도 있어요, 그림책에도 자주 나오지요 등)

❷ 늑대가 등장하는 그림책에 대해서 이야기를 나눈다.

- 늑대가 나오는 그림책은 어떤 것이 있을까요?
- 그림책 속의 늑대는 어떤 성격을 갖고 있나요?
- 늑대가 먹을 수 있는 음식은 무엇일까요?

전 개

❶ 그림책 표지를 탐색한다.

- 늑대가 들고 있는 '먹을 수 있는 것'에 무엇이 쓰여 있나요?
- '먹을 수 있는 것'의 목록을 갖고 있는 늑대는 어떤 기분일까요?
- 목록 중에서 내가 알고 있는 그림책의 주인공이 있나요?
- 제목처럼 예의 바르게 말하는 늑대는 어떤 성격일까요?

❷ 그림책을 읽고 회상하여 이야기 나눈다.

- 그림책을 읽어줄 때 늑대가 먹잇감을 만날 때마다 "제가 잡아먹어도 될까요?"라고 말하는 부분은 반복적으로 아이가 물어보게 한다.
- 루카스는 왜 집을 떠났나요?
- 아빠가 루카스에게 준 것은 무엇인가요?
- 루카스는 왜 엄마 염소와 아기 염소들을 잡아먹지 않았나요?
- 루카스가 빨간 모자를 잡아먹지 않은 이유는 무엇인가요?
- 루카스가 아기돼지 삼 형제의 노래를 들을 때 무엇이 생각났나요?
- 피터가 루카스의 말에 깜짝 놀라 달아난 이유를 말해보세요.
- 루카스는 무엇을 배불리 먹었나요?
- 루카스는 왜 목록에 없는 거인을 잡아먹었을까요?
- 루카스가 아빠가 적어준 먹이 목록을 바꾼 이유는 무엇인가요?

마무리

❶ 루카스의 좋은 점은 무엇인가요?

❷ 다른 그림책의 늑대와 루카스는 어떻게 다른가요?

- **확장활동**

준비물 :도화지, 색연필, 고무판 자석, 양면테이프, 자석교구판, 음식 광고 전단(마트 전단)

활동방법

❶ 나만의 음식 카드를 만든다.

- 도화지를 가로, 세로 10cm로 오려서 10개의 카드를 만든다.
- 음식 광고 전단지나 이미지 사진을 오려서 카드에 붙인다.
- 음식 카드 뒷면에 고무판 자석을 양면테이프로 붙인다.
- 자석 교구판(또는 냉장고) 왼쪽에 좋아하는 음식 카드를, 오른쪽에 싫어하는 음식카드를 붙인다.
- 내가 싫어하는 음식과 그 이유에 대해 이야기 나눈다.
- 싫어하는 음식을 잘 먹을 수 있는 방법은 무엇이 있을지 이야기 나눈다.

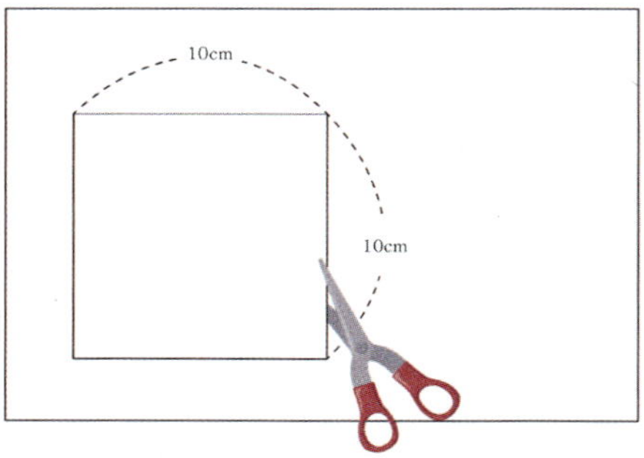

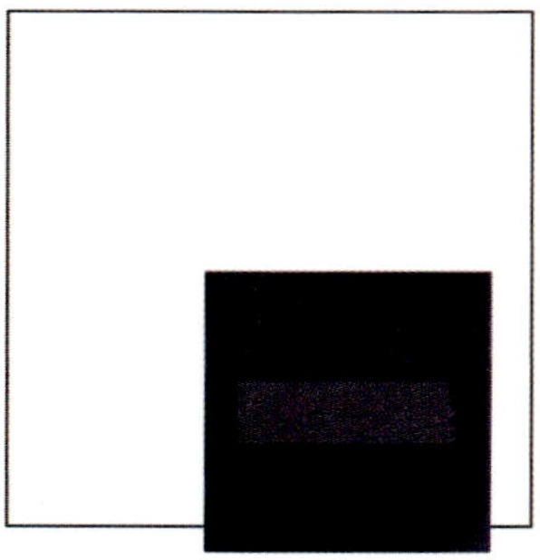
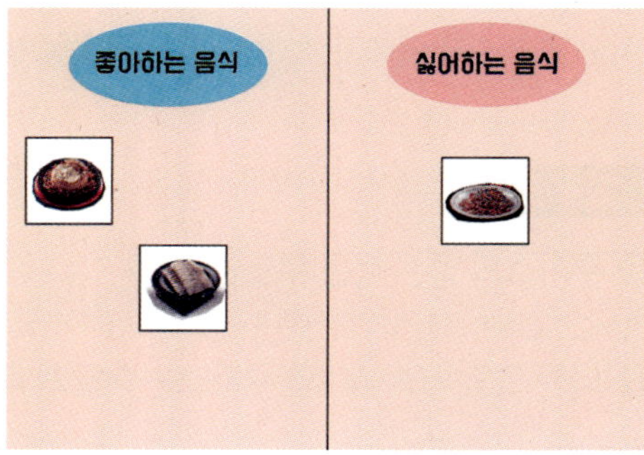

함·께·읽·어·보·세·요

- 『식사 준비 다 됐어요!』 조프루아 드 페나르 글 · 그림. 이정주 옮김 | 베틀북
- 『책 밖으로 나온 늑대』 티에리 로버레히트 글. 그레고아르 마비르 그림. 곽정아 옮김 | 그린북

까만 네리노

글·그림 | 헬가 갈러
옮김 | 유혜자
출판사 | 북뱅크

까만 네리노는 어둠 속에 있으면 아무에게도 보이지 않는다. 부모님과 그의 네 명의 형들은 알록달록 화려한 깃털을 갖고 있다. 형들은 까매서 볼품없는 네리노와 놀아주지 않는다. 어느 날 예쁜 색을 가진 형들은 누군가에게 붙잡혀 새장에 갇힌다. 깜깜한 밤에 네리노는 자신이 가진 까만색의 장점을 이용하여 형들을 구한다. 혼자만 색깔이 달라서 외로웠던 네리노는 자신에 대한 부정적인 생각을 바꾸게 된다.

네리노의 사랑

- **활동목표**
  - 남들과 다른 나 자신을 사랑하고 서로 도우며 사는 법을 배운다.

도 입

❶ 색깔에 대해 이야기를 나눈다.

- 좋아하거나 싫어하는 색깔이 있나요?
- 그 이유를 말해주세요.
- 주변에는 어떤 색깔의 물건이 있나요?

❷ 동요 '돌다리'를 개사하여 불러 보고, 여러 가지 색깔을 넣어 묻고 답한다.

- 빨강 빨강 빨간색 무엇이 있을까? (예 : 우~체통 소방차 사과 딸기)
- 검정 검정 검은색 무엇이 있을까? (예 : 까~마귀 흑표범 밤~하늘)
- 알록달록 한 것은 무엇이 있을까? (예 : 가~을산 무지개 카멜레온)

전 개

❶ 그림책 표지를 탐색한다.

- 표지에서 까만 네리노를 찾아보세요.
- 네리노 옆에 있는 꽃은 무척 밝고 생기있게 보이는데, 왜 네리노의 모습은 잘 보이지 않을까요?
- 네리노의 모습은 어떻게 생겼을지 상상해보세요.

❷ 면지의 색을 보면 무엇이 느껴지나요?

❸ 그림책의 배경색에 따라 네리노 가족이 어떻게 보이는지 관찰하면서 감상한다.

- 네리노의 가족을 말해보세요.
- 네리노의 엄마, 아빠, 형들은 어떤 색깔인가요?
- 네리노를 바라보는 아빠의 표정은 어떤가요?
- 형들이 네리노랑 놀지 않는 이유는 무엇인가요?
- 네리노는 왜 꽃처럼 예쁜 색을 갖고 싶었을까요?
- 밤에 네리노를 볼 수 있는 방법이 있을까요?
- 형들이 새장에 갇힌 이유는 무엇인가요?
- 까만 네리노가 더 이상 슬프지 않은 이유는 무엇인가요?

❹ 그림책을 회상하며 이야기를 나눈다.

- 네리노가 다른 색으로 변할 수 있는 방법이 있을까요?
- 네리노의 형들이 사라졌을 때, 엄마와 아빠의 마음은 어땠을까요?
- 네리노 덕분에 새장에서 탈출한 형들은 네리노에게 어떤 말을 했을까요?

마무리

❶ 나의 좋은 점은 무엇일까 생각해 보고, 다른 사람과 나누거나 도울 수 있는 것에 대해 이야기한다.

- 확장활동

준비물 : 도화지, 크레파스, 나무젓가락, 자

활동방법

❶ 스크래치 페이퍼를 만들어 어둠 속에 있는 네리노와 형제들을 표현한다.

- 자를 사용하여 도화지를 여섯 칸으로 나눈다.
- 첫 칸에 '까만 네리노' 제목을 쓴다.
- 나머지 다섯 칸에 네리노와 형제들의 색깔을 크레파스로 각각 색칠한다.
- 크레파스로 색칠한 다섯 칸에 다시 검은색으로 덧칠한다.
- 나무젓가락 끝을 이용하여 네리노와 형들을 그리고 색깔이 나오도록 긁어낸다.

❷ 작품을 보며 네리노가 형들을 구할 수 있었던 좋은 점에 대해 이야기 한다.

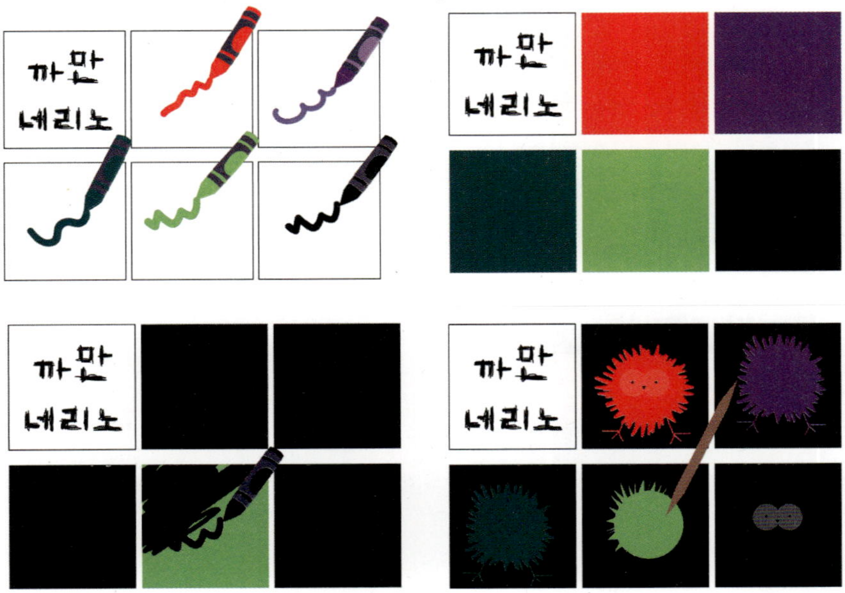

함·께·읽·어·보·세·요

- 『외로운 덩치』 앤드루 클레멘츠 글. 요시 그림. 엄혜숙 옮김 | 토들피카소
- 『미운 아기 오리』 안데르센 원작. 송선옥 그림 | 삼호에듀

4. 몸과 마음이 튼튼해지는 그림책

지하철을 타고서

글 | 고대영
그림 | 김영진
출판사 | 길벗어린이

지원이와 병관이가 지하철을 타고 할머니 댁에 간다. 처음으로 둘이서만 지하철을 탄다. 동생까지 챙겨야 하는 지원이는 지하철을 잘못 탈까 걱정되고 갈아탈 역을 지나칠까 긴장한다. 그런 누나의 마음을 알기엔 아직 어린 병관이는 마구 뛰어다니고, 떼를 쓰다가 잠이 들어 지원이의 애를 태운다. 둘은 우여곡절 끝에 할머니 집에 도착한다. 지원이는 먼저와 계신 엄마를 보는 순간 긴장이 풀리며 참았던 울음이 터진다.

처음은 누구나 힘들어

- **활동목표**
  - 첫 경험에 대한 두려움을 친구들과 공유한다.
  - 책임감을 이해한다.

도 입

❶ 대중교통에 대한 이야기를 나눈다.

- 탈 수 있는 교통수단은 무엇이 있을까요?
- 경험해본 교통수단을 말해볼래요?
- 각각의 탈것들에 대한 경험을 이야기 나눈다.

❷ 처음 해 보는 경험의 순간을 이야기 나눈다.

- 혼자서 심부름해본 적 있나요?

- 지하철을 처음 탔을 때 기분이 어땠나요?
- 혼자서 지하철이나 버스를 탈 수 있나요?

전 개

❶ 표지를 보며 이야기 나눈다.

- 여기는 어디인 거 같아요?
- 두 주인공은 어디를 가는 걸까요?
- 계절은 언제일까요? 무엇을 보고 알았나요?
- 지하철을 타본 적 있나요?

❷ 그림책을 감상하며 이야기 나눈다.

- 지원이와 병관이는 왜 지하철을 타게 되었나요?
- 지원이와 병관이는 무엇을 처음 경험했나요?
- 지하철이 달려오는 장면의 느낌이 어때요?
- 지하철 풍경이 어떤가요? 내가 타본 지하철과 다른 점이 있나요?
- 병관이 얼굴을 크게 표현했는데 왜 그런 거 같아요?

❸ 그림책을 회상하며 이야기 나눈다.

- 지원이는 엄마를 보고 왜 울었나요?
- 병관이가 한 착한 일은 무엇이었나요?
- 지하철 안 풍경 중에 생각나는 것이 있나요?
- 왜 꿈에서 강아지들이 나왔을까요?
- 지하철에서 병관이가 잘못한 점이 무엇일까요?

마무리

❶ 혼자서도 잘할 수 있는 것에 대하여 이야기 나눈다.

❷ 무엇인가를 처음 경험할 때의 느낌에 관해서 이야기 나눈다.

❸ 지원이의 마음에 관해서 이야기 나눠본다.

❹ 두렵지만 용기를 냈던 경험을 이야기 나눈다.

- 확장활동

준비물 : 지하철 노선표, 종이, 색연필

활동방법

❶ 나만의 지하철 노선표를 만들어 본다.

- 지하철 노선표를 보면서 노선표에 있는 색깔의 의미를 이야기 나눈다.
- 갈아타는 역에 대한 의미를 이야기 나눈다.
- 노선표를 보고 내가 사는 곳을 찾아본다.
- 내가 가본 역을 확인해 본다.
- 가보고 싶은 장소를 정한 후 노선표를 따라 나만의 노선표를 그려본다.
- 노선표색에 맞춰 색연필을 선택해서 그려보게 한다.
- 왜 이곳에 가고 싶었는지 이야기 나눈다.
- 도착한 장소에서 경험하고 싶은 것에 관해서 이야기 나눈다.

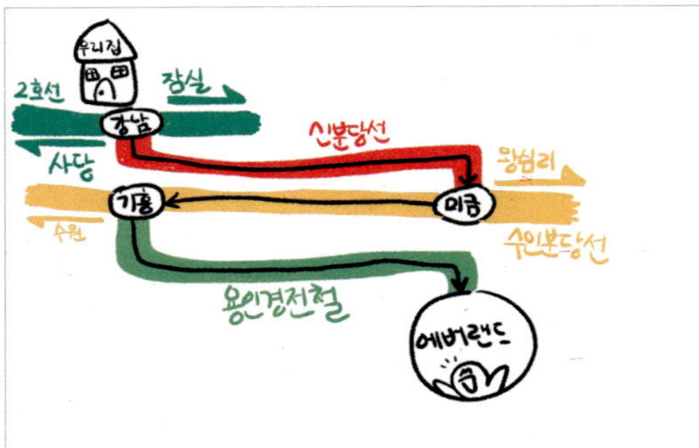

함·께·읽·어·보·세·요

- 『지하철이 달려온다』 신동준 글 · 그림 | 초방책방
- 『이슬이의 첫 심부름』 쓰쓰이 요리코 글. 하야시 아키코 그림. 이영준 옮김 | 한림출판사

점

글·그림 | 피터 레이놀즈
옮김 | 김지효
출판사 | 문학동네

베티는 아무것도 그리지 않은 하얀 도화지를 앞에 두고 텅 빈 미술실에 혼자 앉아 있다. 선생님은 그런 베티에게 무엇이든 좋으니 하고 싶은 대로 그려보라고 한다. 그러자 베티는 쥐고 있던 연필을 도화지 위에 그냥 내리꽂아 점 하나를 그린 후 이름을 적어 제출한다. 다음 미술 시간! 점 하나를 찍은 베티의 그림이 금테 액자에 멋지게 끼워져 걸려 있다. 베티는 저 점 보다 훨씬 잘 그릴 수 있다고 생각하며 이제껏 한 번도 써보지 않은 물감을 꺼내 새로운 점들을 그리기 시작한다.

자신감이 생겼어요

- **활동목표**
  - 무엇이든 자신감을 가지고 도전하면 된다는 것을 안다.
  - 노력하면 된다는 것을 안다.

도 입

❶ 마음대로 안 되는 일에 관해서 이야기 나눈다.

- 친구들은 잘하는데 나만 못한다고 생각되는 일이 있나요?
- 이럴 땐 어떻게 하나요?
- 무엇인가 마음먹은 거처럼 잘 안될 때 도움을 청하나요?

❷ 선생님에 관해서 이야기 나눈다.

- 선생님이 멋지다고 생각이 들 때는 언제인가요?
- 가장 좋아하는 선생님은 누구인가요?
- 선생님이 나에게 용기를 준 적이 있나요?

전 개

❶ 표지를 보며 이야기 나눈다.

- 저 친구는 무엇을 하는 걸까요?
- 주황색 동그라미는 무엇일까요?

❷ 그림책 내용을 이야기 나눈다.

- 첫 장면에서 주인공의 표정을 보니 기분이 어떤 거 같은가요?
- 언제, 어디에서 일어난 이야기인가요?
- 아무것도 그리지 못한 베티의 마음은 어떨까요?
- 베티는 왜 다양한 점을 그린 걸까요?
- 베티가 들고 그리는 그림 도구가 무엇이 있었나요?
- 미술 시간을 두려워했던 베티가 어떻게 멋진 예술가가 되었을까요?
- 베티는 자신처럼 그림을 잘 그리고 싶다는 동생에게 어떻게 했나요?
- 동생도 베티처럼 변할까요?

❸ 그림책을 회상하며 이야기 나눈다.

- 베티의 미술 선생님은 어떤 분 같은가요?
- 어떤 장면의 그림이 가장 기억에 남나요?
- 베티의 '점' 그림이 어떻게 변해갔나요(점의 크기 또는 재료 등)?

마무리

❶ 지금보다 잘하고 싶은 부분에 관해서 이야기 나눈다.

❷ 베티의 선생님처럼 자신에게 용기를 주는 사람에 관해서 이야기 나눈다.

- 확장활동

준비물 : 도화지, 색연필, 크레파스, 전지

활동방법

❶ 제시된 도형을 이용하여 하나의 그림으로 완성해본다.

- 종이에 임의로 도형을 하나만 그린다.
- 그려진 도형에 어울리는 그림을 보탠다.
- 그림을 완성한다.
- 그려진 그림을 친구들에게 소개한다.

❷ 전지에 그려진 몇 개의 도형을 이용해 친구들과 함께 그림을 완성한다.

- 기본 도형을 가지고 어떤 그림을 그려야 할지에 대해 친구들과 상의를 한다.
- 상의 된 내용의 그림을 협력하여 그린다.

함·께·읽·어·보·세·요

- 『3초 다이빙』 정진호 글 · 그림 | 스콜라
- 『건축가 이기 펙의 엉뚱한 상상』 안드레아 비티 글. 데이비드 로버츠 그림. 김혜진 옮김 | 천개의 바람

빨강 크레용의 이야기

글·그림 | 마이클 홀
옮김 | 김하늬
출판사 | 봄봄

빨강이는 빨간색을 잘 그리지 못한다. 딸기도, 불자동차도 잘 그리지 못한다. 가족과 친구들이 도와주고, 빨강이도 열심히 노력하지만 나아지지 않는다. 빨강이의 실망은 점점 커져만 간다. 어느 날 새로운 친구는 빨강이에게 생각지도 못한 바다를 그려달라고 한다. 빨강이는 파란 바다를 그릴 수 없다고 거절하지만 친구는 그래도 해보라고 권한다. 어쩔 수 없이 빨강이는 친구의 말에 파란 바다를 그려본다. 그리고 자신이 파랑임을 알게 된다.

나를 찾아서

- **활동목표**
  - 나에 대해서 생각해 본다.
  - 내가 무엇을 잘하는지 생각해 본다.

도 입

❶ 자신이 가장 잘하는 것에 관해서 이야기 나눈다.

- 특기가 있나요?
- 잘하고 싶은 것이 있나요?
- 혹시 잘하지 못해서 혼나거나 마음이 상한 경험이 있나요?

❷ 좋아하는 색깔에 관해서 이야기 나눈다.

- 좋아하는 색이 있나요?
- 있다면 어떤 색인가요?
- 왜 그 색을 좋아하나요?

전 개

❶ 표지를 보며 이야기 나눈다.

- 빨강이라고 쓰여 있는데 왜 파란색으로 그려져 있을까요?
- 다른 크레용 친구들이 '어구', '저런' 왜 이런 말을 할까요?

❷ 그림책 내용을 이야기 나눈다.

- 빨간색을 잘 그리지 못하는 이유는 무엇일까요?
- 빨강이는 연습을 하면 빨간색을 잘 그릴 수 있을까요?
- 엄마는 왜 다른 색깔들과 함께여야 한다고 했을까요?
- 할머니 할아버지는 왜 빨강이가 창백하다고 생각했을까요? 사람들이 저마다 한마디씩 했을 때 빨강이의 기분은 어땠을까요?
- 새 친구는 왜 파란 바다를 그려 달라고 했을까요?
- 파랑이라는 것을 알았을 때 빨강이의 마음은 어땠을까요?

❸ 그림책을 회상하며 이야기 나눈다.

- 빨강이는 왜 파란색으로 그려질까요?
- 왜 파란색에 빨강 이름표가 붙여져 나왔을까요?
- 파란색 소방차가 있다면, 파란색 딸기가 있다면 느낌이 어떨까요?
- 빨강이가 새로운 친구를 만나지 못했다면 어떻게 하면 되었을까요?
- 빨강이가 새로운 친구의 말을 듣지 않았다면 어떻게 되었을까요?
- 빨강이가 자신의 색을 마음에 들어 했다면 어땠을까요?
- 파랑색을 잘 그린다고 해서 빨강이를 파랑으로 바꿀 필요가 있을까요?

마무리

❶ 내가 생각하는 나와 다른 사람이 생각하는 나에 대해서 이야기 나눈다.

❷ 무엇인가를 잘하기 위해서 얼마나 노력해 보았는지에 대해서 이야기 나눈다.

❸ '이건 원래 이런 거야.'라고 생각하는 것이 무엇인지 이야기 나눈다.

● 확장활동

준비물 : 필기도구

활동방법

❶ 열 고개 놀이를 한다(스무고개 놀이와 같다).

- 선생님 또는 한 친구가 마음속으로 하나의 낱말을 정한다.
- 다른 친구들은 열 가지 질문을 한다.
- 열 가지 질문에 대한 친구(선생님 또는 한 친구)의 대답을 듣고 마음속으로 정한 낱말을 친구들은 알아맞힌다.

❷ 예를 들면 마음속으로 정한 낱말은 '딸기'이다.

- 동물인가요, 식물인가요?
- 먹는 것인가요?
- 무슨 색인가요?
- 어떤 모양인가요?
- 냄새가 나나요?
- 몇 글자인가요?
- 느낌이 어떤가요?

(다음의 질문에 충실히 대답한다. 정답을 맞히지 못할 경우 질문을 이어간다. 열 번의 질문과 대답으로도 맞추지 못하면 문제를 낸 사람이 이기는 게임이다.)

❸ 조금 더 확장하여 '나'를 정하거나 '친구'를 정해 나와 친구를 알아간다.

함·께·읽·어·보·세·요

- 『나 진짜 곰이야』 브라이언 와일드 스미스 글 · 그림. 서애경 옮김 | 현북스
- 『물고기는 물고기야!』 레오 리오니 글 · 그림. 최순희 옮김 | 시공주니어

신발귀신 앙괭이의 설날

글·그림 | 김미혜
옮김 | 김홍모
출판사 | 비룡소

앙괭이는 정월 초하룻날 밤에 나타나 신발을 훔쳐 가는 신발 귀신이다. 소원이는 신발을 도둑맞을까 봐 '똥 묻은 신발'이라고 앙괭이에게 편지를 써서 신발 안에 넣어둔다. 하지만 감기에 걸려 냄새를 못 맡는 앙괭이는 자신의 발에 꼭 맞는 소원이의 신발을 신고 전국 각지에 있는 산신령님들에게 세배하러 다닌다. 앙괭이는 답장을 써넣은 신발을 소원이에게 돌려준다.

신나는 설날

- **활동목표**
  - 설날에 대해 알 수 있다.
  - 설날에 하는 놀이를 즐길 수 있다.

도 입

❶ 우리나라 고유 명절에 대해 이야기 나눈다.

❷ 설날의 경험에 대해 이야기 나눈다.

❸ '설날 노래'를 부른다.

전 개

❶ 표지를 보며 이야기 나눈다.

- 표지 인물은 누구일까요?
- 신발 귀신은 어떤 귀신일까요?
- 신발 귀신과 함께 있는 동물들은 어떤 동물인 것 같은가요?
- 무엇을 하는 것 같은가요?

❷ 그림책을 감상한다.

- 엄나무를 본 적이 있나요?
- '체'는 무엇을 하는 것일까요?
- 소원이가 '좋은 수가 있다.'라고 했는데 무슨 생각을 했을까요?
- 소원이의 방에 있는 물건(팽이, 윷판)들을 탐색하고 이야기 나눈다.

❸ 그림책을 회상하며 이야기 나눈다.

- 설빔은 무엇인가요?
- 한복을 입어 본 경험이 있나요?
- 할아버지는 신발 귀신 앙괭이가 신발을 훔쳐 가지 못하게 어떻게 했나요?
- 앙괭이가 찾아간 산신령님을 차례대로 말해 볼까요?
- 앙괭이는 새벽이 되자 어디로 갔나요?
- 신발 귀신이 신발을 훔쳐 가지 못하게 하려면 나는 어떻게 해야 할까요?

마무리

❶ 세배하는 방법(자세, 인사말, 한복 입는 법 등)을 알아본다.

● 확장활동

준비물 : 굵은 빨대 1개, 가는 빨대 5cm, 도화지, 색종이, 색연필, 투명 테이프

활동방법

❶ 작은 연을 만든다.

- 도화지에 약 6x7cm가량 크기의 연을 그리고 색칠한다.
- 연 꼬리를 붙인다.
- 가는 빨대를 연 뒷면에 붙인다.
- 가는 빨대에 굵은 빨대를 끼운다.

❷ 완성된 연을 날린다.

- 굵은 빨대를 이용하여 연을 멀리 날린다.
- 누가 멀리 날리는지 연날리기 대회를 한다.
- 놀이 할 때는 규칙을 잘 지키는 것이 중요함을 이야기한다.

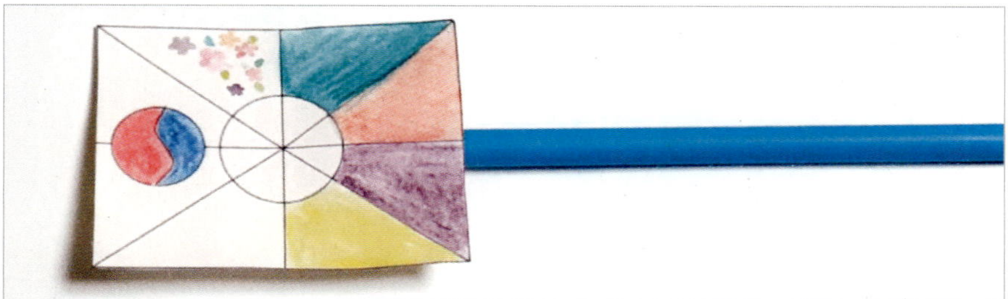

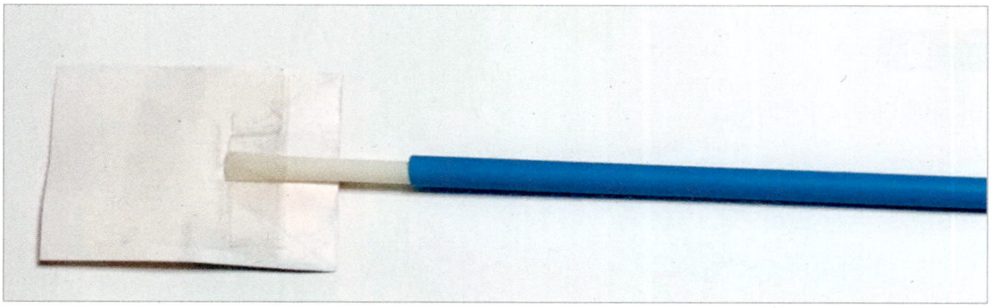

함·께·읽·어·보·세·요

- 『우리우리 설날은』 임정진 글. 김무연 그림 | 푸른숲주니어
- 『야광귀신』 이춘희 글. 한병호 그림. 임재해 감수 | 사파리

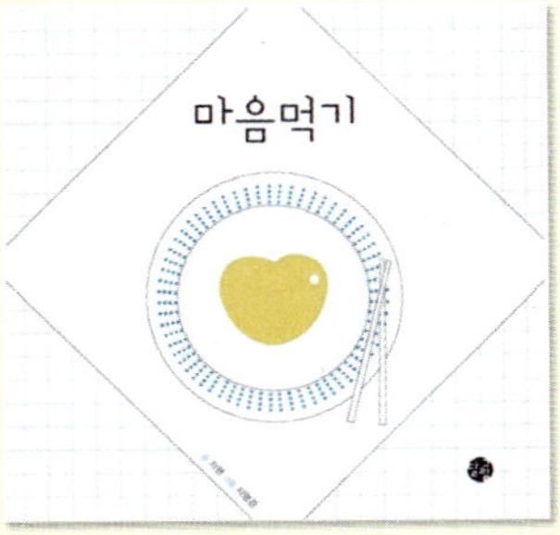

마음먹기

글 | 자현
그림 | 차영경
출판사 | 달그림

이 책은 어떤 마음을 먹느냐에 따라서 세상 사는 맛이 달라진다는 마음에 관한 이야기이다. 달걀로 마음을 표현하면서 마음을 마구 뒤집기도 하고 들들 볶기도 하며 다양한 형태로 요리를 한다. 요리가 때로는 성공도 하고 실패도 하듯 마음 요리도 여러 가지 감정들을 요리로 표현하는 이야기이다.

마음요리 해봐요

- **활동목표**
  - 부정적인 마음을 긍정적인 마음으로 바꾼다.
  - 스스로 내 마음을 잘 다스리는 힘을 기른다.

도 입

❶ 마음에 대해 이야기한다.

- 마음은 어디에 있을까요?
- 마음은 무엇일까요?
- 마음은 어떻게 생겼을까요?

전 개

❶ 표지를 보며 이야기를 나눈다.

- '마음먹기'란 무슨 뜻일까요(예 : 마음을 단단히 먹고 실천한다)?
- 표지에 무엇이 보이나요?
- 노랑은 무슨 모양인가요?

❷ 면지를 보며 이야기를 나눈다.

- 어떤 과일과 채소가 있나요?
- 과일과 채소는 왜 나란히 줄을 서 있는 것일까요?
- 마음이 선발 대회는 무엇일까요?

❸ 속표지를 보며 이야기 나눈다.

- 이 엽서는 누가 선발되었다고 온 것일까요?
- 왜 달걀이 최종 선발자가 되었나요?

❹ 그림책을 읽고 이야기를 나눈다.

- 첫 장면에서 나오는 이 그림은 무엇으로 보이나요?
- 달걀은 어떻게 하고 있나요?
- 달걀은 왜 팔을 벌리고 있나요?
- 달걀이 팔 벌리고 있는 모습에서 어떤 느낌을 받았나요?
- '마음담'메뉴에 대해서 이야기 나눈다.
- 마음을 두드리는 모양은 무엇으로 보이나요?
- 마음을 두드린다는 것이 무엇일까요?
- 어떤 상황일 때 마음을 뒤집고 싶나요?
- 마음이 복잡하다는 것은 무엇일까요?
- 나를 바싹 졸이는 마음은 어떤 때 드나요?
- 어떤 때 마음이 차가워지나요?
- 차가워진 마음을 어떤 방법으로 녹이고 싶은가요?
- 마음을 스스로 녹인 달걀은 어떻게 바뀔까요?
- 까맣게 탄 마음은 어떤 마음일까요?
- 마음이 까맣게 탄 적이 있나요?

❺ 그림책을 회상하며 이야기를 나눈다.

- 나는 오늘 어떤 마음 먹기를 했나요?
- 어떤 장면이 가장 기억이 남았나요?
- 나는 마음 담에서 어떤 메뉴를 고르고 싶나요? 그 이유는 무엇인가요?
- 내가 속상한 마음을 가졌을 때 어떻게 해야 하나요?
- 친구가 속상한 마음을 가졌을 때 어떻게 해야 하나요?

마무리

❶ 상황 카드를 제시하여 그에 따른 긍정적인 마음으로 표현해본다.

- **확장활동**

준비물 : 플라스틱 도마, 노란색 슬라임, 눈알 스티커(0.8cm)

활동방법

❶ 플라스틱 도마와 노란색 슬라임을 각 한 명씩 나누어준다.

❷ 슬라임을 나누어 준 후 느낌을 말해본다.

❸ 슬라임을 가지고 나의 부정적 마음을 표현한 후 이야기를 나눈다.

(예 : 비틀어 보기, 두드려 보기, 뜯어보기, 휘저어 보기 등)

❹ 슬라임을 가지고 긍정적인 마음을 표현한 후 이야기를 나눈다.

(예 : 좋아하는 모양 만들어 보기)

추가활동

① 하트 모양 얼굴 2장을 나누어준다.

② 색종이와 사인펜으로 부정적인 얼굴과 긍정적인 얼굴을 꾸민다.

③ 부정적인 얼굴일 때 상황을 이야기하고 긍정적인 생각으로 바꾼 후 긍정적인 얼굴 가면을 쓴다.

함·께·읽·어·보·세·요

- 『마음먹기 나름』 이종란 글. 김용철 그림 | 을파소
- 『반이나 차 있을까 반밖에 없을까?』 흐미엘레프스카 글 · 그림. 이지원 옮김 | 논장

나는 나의 주인

글 | 채인선
그림 | 안은진
출판사 | 토토북

나는 나의 주인이 되기 위해 아픈 곳이 있으면 약을 바르고 넘어지지 않게 조심해서 다니고, 위험한 곳을 피해 다닌다. 내 몸이 하는 말을 잘 알아듣고 무엇을 좋아하는지 싫어하는지도 잘 안다. 하지만 하루하루 나는 배워 간다. 주인은 책임지는 사람이고 주인은 보살펴주는 사람이다. 나의 감정에 대해 귀를 기울이고 자신을 키우며 어떻게 살아가야 하는지 삶의 방향을 알려준다.

소중한 나의 몸과 마음

- **활동목표**

  -소중한 나의 몸과 마음을 가꾸고 키운다.

도 입

❶ 나에 대해 알아본다.

- 내가 아플 때 제일 먼저 누가 알까요?
- 내가 속상할 때 제일 먼저 누가 알까요?
- 내 마음을 제일 잘 아는 사람은 누구일까요?
- 나를 생각하면 떠오르는 단어가 있나요?

전 개

❶ 표지를 보며 이야기 나눈다.

- 표지 제목 앞부분을 가리고 나의 주인은 누구라고 생각하나요?

❷ 속표지를 보며 이야기 나눈다.

- 이 아이들은 무엇을 하려고 하나요?
- 이 아이들은 표정은 어떤가요?

❸ 그림책을 읽고 이야기 나눈다.

- 거울 속의 아이는 어떤 아이일까요?
- 내리막길에서 뛰는 친구가 있는데 이런 위험한 행동을 한 적이 있나요?
- 그림책 속에서 많은 얼굴이 그려져 있는데 어떤 표정들이 있나요?
- 내가 가장 많이 화가 날 때는 언제인가요?
- 내가 기분이 좋을 때는 무엇을 하나요?
- 내가 잘 하는 것은 무엇일까요?
- 내가 잘하지 못하는 것은 무엇인가요?
- 나는 나를 잘 지키고 있나요?
- 내가 나를 잘 지키기 위해서 어떤 행동을 해야 하나요?
  (예 : 운동을 해요, 약속을 잘 지켜요, 실수해도 속상해하지 않아요 등)

❹ 그림책을 회상하며 이야기 나눈다.

- 나는 나의 감정을 다른 사람에게 솔직히 말해 본 적이 있나요?
- 나의 감정에 귀를 기울이기 위하여 어떻게 해야 하나요?
- 나의 몸과 마음을 잘 돌보지 않는다면 어떤 일이 일어날까요?

마무리

❶ 나는 나의 주인이 되기 위해서 어떤 노력이 필요한지 이야기해본다.

● 확장활동

준비물 : A4용지, 선물상자, 색연필, 사인펜, 색 테이프, 색종이

활동방법

❶ 타임캡슐을 만들어 본다.

- A4 용지에 1년 후의 나의 모습을 그려본다.
- 1년 후의 나의 모습을 위해 어떤 노력이 필요한지 써 본다.
- 1년 후의 모습과 어떤 노력이 필요한지를 쓴 종이를 상자에 넣은 후 끈으로 묶는다.

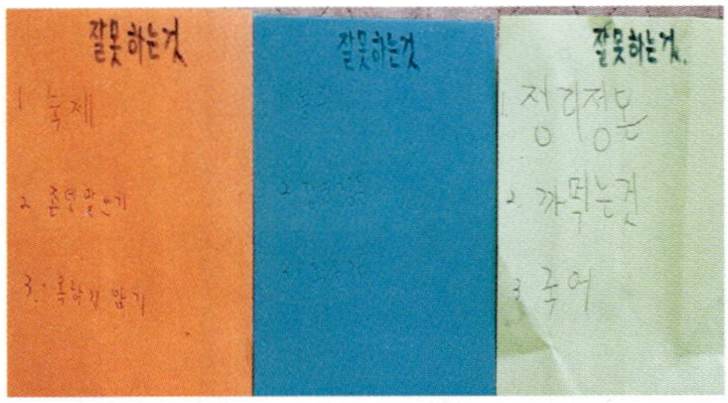

함·께·읽·어·보·세·요

- 『난 네가 부러워 』 영민 글 · 그림 | 뜨인돌어린이
- 『넌 정말 특별 하단다』 맥스 루케이도 글, 세르지오 마르티네스 그림, 김진선 옮김 | 몽당연필

내 이름

글 | 신혜은
그림 | 이철민
출판사 | 장영

우리가 태어나면 바로 이름이 붙여지고 평생 짝이 되어 살아간다. 이름은 나의 삶에 따라 부끄러울 수도 있고, 자랑스러울 수도 있기에 자기가 책임을 지고 살아가야 한다. 또한, 이름은 기억 속에 오랫동안 머물러서 사람들과 연결할 수 있는 끈이 된다. 이 책은 이름을 통하여 자부심과 소중함을 일깨워 준다.

내 이름은 나의 짝꿍

- **활동목표**

  -나의 이름의 의미를 알아보고 자부심을 갖는다.

도 입

❶ 퀴즈 놀이로 시작한다.

- 평생 나를 따라다니는 것은 무엇일까요?
- 이름이 붙여져 있는 곳은 어디일까요? (예 :신발장, 명찰 등)

❷ 음률에 맞추어(♬ 당신은 누구십니까? 나는 00 ♬) 노래에 맞추어 자신의 이름을 소개한다.

전 개

❶ 표지를 보며 이야기 나눈다.

- 이름이 어디에 쓰여 있는지 알아본다.
  (예; 명찰, 주민등록증, 명함, 카드, 연필 등)

② 면지를 보며 이야기 나눈다.

- 이 아이는 무엇을 하고 있나요?
- 이 아이는 몇 살쯤 보이나요?

③ 그림책을 읽고 이야기 나눈다.

- 고민수처럼 이름 때문에 놀림을 당한 적이 있나요?
- 고민수는 왜 선생님께 혼이 났나요?
- 내 이름은 언제 자랑스러웠고 부끄러웠나요?
- 내 이름은 왜 나의 얼굴일까요?
- 내 이름 속에는 어떤 비밀이 숨어있을까요?
- 고민수는 빛나는 이름을 갖기 위해 어떤 노력을 했을까요?

④ 그림책을 회상하며 이야기 나눈다,

- 만약에 이름이 없다면 우리는 어떻게 부를까요?
- 내 이름을 바꾸고 싶은 적이 있었나요?
- 내 이름을 바꾼다면 어떻게 바꾸고 싶나요?
- 친구 이름을 떠오르면 무엇이 생각나나요?

마무리

① 부모님이 지어주신 소중한 이름에 대하여 자부심을 갖고 내 이름을 자랑스럽게 하기 위해서는 어떤 노력이 필요한지 이야기해본다.

- **확장활동**

준비물 : A4 우드락, 검은색 도화지, 가위, 양면테이프(1cm 폭), 여러 가지 색모래 가루, 신문지, 액자받침대

활동방법

❶ 내 이름을 넣어 작품을 만든다.

- 바닥에 신문지를 깔아 놓는다.
- A4 크기 우드락에 사방 2cm를 남기고 검정 도화지를 붙인다.
- 양면테이프로 자신의 이름을 검정도화지위에 붙이고 겉면을 떼어낸다.
- 겉면을 떼어낸 양면테이프 위에 여러 가지 색모래 가루를 뿌려 검지를 이용해 살살 비벼 본 후 모래를 털어낸다.
- 액자 받침대에 완성된 작품을 올려놓고 내 이름의 의미를 되새겨 본다.

추가활동

- 검정 도화지 위에 여러 가지 과자를 이용해 이름을 꾸며본다.

함·께·읽·어·보·세·요

- 『내 이름은 말이지요』 라임 글. 박혜경 그림 | 한국북큐레이터협회
- 『내 이름은 둘째』 서숙원 글. 김민지 그림 | 별글

손이랑 놀아요
글·그림 | 이종미
출판사 | 토토북

아기 손은 요술을 부린다. 엄마와 아기가 손이 만나서 여러 가지 곤충, 사물, 동물을 엄마와 만드는 책이다. 눈사람, 달팽이, 반짝반짝 아기별을 따오면서 상상력과 창의력을 높여준다. 엄마와 함께 만들어 나가면서 협동과 엄마의 애정, 유대감을 형성해 주고 통합발달에 도움이 되는 이야기이다.

내손은 요술쟁이

- **활동목표**
  - 손으로 여러 가지 모양을 만들어 창의력과 상상력을 높인다.
  - 의성어, 의태어로 언어의 리듬을 준다.

도 입

❶ 손에 대해 탐색해본다.

- 오른손, 왼손 올려보고 두 손을 반짝반짝 흔들어 본다.
- 손으로 무엇을 할 수 있나요? (예: 밥을 먹어요, 그림을 그려요 등)
- '반짝반짝 작은 별' 노래를 부르며 손유희를 한다.

전 개

❶ 표지를 보며 이야기를 나눈다.

- 아기의 손바닥에 있는 것이 무엇일까요?
- 아기가 손을 어떻게 하고 있나요?

❷ 면지를 보며 이야기를 나눈다.

- 아이가 보고 있는 하얀색은 어떤 모양인가요?

❸ 그림책을 읽고 이야기를 나눈다.

- 의성어, 의태어를 살려 읽어준다.
- 그림책에 나오는 손 모양을 엄마와 아기가 함께 해본다.
- 엄마 손은 크다. 아기 손은 작다. 엄마와 아기가 감싸고 있는 것은 무엇일까요?
- 음률을 넣어 장면마다 읽어준다(예 : 엄마 주먹과 아기주먹이 만나면 뭐가 될까요? 눈사람).
- 개미가 물에 빠졌어요. 어떻게 할까요?
- 코끼리는 무엇을 잡았나요?
- 반짝반짝 아기손이 무엇을 따왔나요?

❹ 그림책을 회상하며 이야기를 나눈다.

- 토끼를 실제로 본 적이 있나요?
- 부엉이 눈처럼 손으로 깜빡깜빡 해볼까요?
- 밤하늘에는 무엇이 나올 것 같아요?
- 접어져 있는 그림을 펴서 밤하늘에 반짝이는 모양을 찾아보니 누가 있었나요?
- 손으로 하는 놀이 중 어떤 놀이가 가장 재미있었나요?

마무리

❶ 여러 가지 모양 놀이를 하며 창의력과 상상력을 키운다.

❷ 부모님과 함께 스킨십을 하며 친밀감을 키우고 애착 형성을 한다.

- **확장활동**

준비물 : 휴대폰 손전등, 박스, 검은색 머메이드지, 커터 칼, 암막 커튼, 색연필

활동방법

❶ 손으로 여러 모양을 만들어 본다.

- 모양 사진을 보여주고 엄마와 아이가 손이나 몸으로 표현해본다.
- 음률을 넣어 여러 가지 모양을 표현하여 맞추기 놀이를 한다.
- 불을 끄고 그림자로도 여러 가지 모양을 만든다.
- 박스에 별 모양을 뚫고 안에 휴대폰 손전등을 넣어 밤하늘을 만들어 아이들에게 보여준다.

추가활동

❶ 엄마 손, 아이 손 꾸미기를 한다.

- A4 색상지에 색연필로 엄마 손, 아기 손을 대고 그린다.
- 엄마 손, 아기 손을 가위로 자른 후 스티커를 이용해 손톱을 꾸며준다.

함·께·읽·어·보·세·요

- 『손, 손, 손 놀이』 호박별 글. 조수진 그림 | 포에버북
- 『엄마 품에 누가누가 잠자나』 전래동요 글. 한유민 그림 | 다섯수레

겁쟁이 빌리

글·그림 | 앤서니 브라운
옮김 | 김경미
출판사 | 비룡소

빌리는 걱정이 너무나 많은 아이이다. 빌리에게는 세상이 온통 걱정거리뿐이다. 엄마 아빠가 도와주려고 애쓰지만 소용이 없다. 어느 날 할머니 집에서 자게 된 빌리는 할머니에게 자기의 걱정들을 이야기한다. 그러자 할머니는 빌리에게 특별한 선물을 건네준다.

걱정아, 안녕

- **활동목표**

  –나의 걱정이 무엇인지 알 수 있다.

도 입

① 오늘 나의 기분은 어떤가요?

② 나에게 어떤 걱정이 있었나요?

③ 걱정을 사라지게 하기 위해서 어떻게 했나요?

전 개

① 표지를 보며 이야기 나눈다.

- 아이의 기분은 어떨까요?
- 무엇을 하고 있는 것일까요?
- 어디를 가고 있는 것일까요?

② 속표지를 보며 이야기 나눈다.

- 동그란 상자는 무엇을 담는 걸까요?

③ 그림책을 읽고 이야기 나눈다.

- 빌리는 왜 겁쟁이가 되었을까요?
- 빌리는 어떤 것들을 걱정하나요?
- 빌리를 위해 엄마, 아빠는 무슨 말을 해주었나요?
- 할머니에게 걱정을 이야기하자 빌리에게 무엇을 주었나요?
- 할머니는 빌리에게 어떤 위로의 말을 해주었나요?
- 인형에게 걱정을 이야기하자 빌리는 어떻게 변했을까요?
- 빌리가 만든 특별한 것은 무엇일까요?

④ 그림책을 회상하며 이야기 나눈다,

- 본문의 그림이 컬러와 흑백으로 왜 나누어졌는지 자세히 살펴본다,
- 걱정은 왜 생기는 걸까요?
- 걱정이 많을 때 나는 어떻게 하나요?
- 빌리는 걱정인형에게 무슨 말을 했을까요?
- 빌리를 위해 나는 어떻게 도와줄 수 있나요?

마무리

① 서로의 걱정을 나눈 후 느낌을 나눈다.

② 두 팔로 자신을 감싸 안고 토닥토닥 두드리며 스스로 긍정의 말을 해 준다.

- **확장활동**

준비물 : 소시지 또는 가래떡, 김, 라면, 파프리카, 나무젓가락, 이쑤시개, 가위

활동방법

❶ 걱정 인형을 만든다.

- 소시지를 나무젓가락에 꽂아 몸통을 만든다.
- 김, 라면, 채소 등을 이용하여 자유롭게 꾸민다.
- 완성된 걱정 인형에게 이름을 지어준다.

❷ 걱정을 날려 보내는 활동을 한다.

- 나의 걱정에 대해 팀원들에게 서로 이야기 한다.
- 서로의 걱정에 대해 느낌을 나눈 후 공감해 준다.
- 걱정을 들은 팀원들은 "이제 너의 걱정은 모두 없어졌어."격려의 말을 해준 후 걱정을 날려버린다.

함·께·읽·어·보·세·요

- 『그 녀석, 걱정』 안단테 글. 소복이 그림 | 우주나무
- 『모리스는 걱정이 많아』 칼 요한 포센 엘린 글 · 그림. 도현승 옮김 | 쌤앤파커스

5. 자연을 사랑하는 그림책

모두 달아났네…

글 | 기시다 에리코
그림 | 초 신타
옮김 | 유문조
출판사 | 사계절

아이는 엄마와 함께 숲속을 지나 넓은 들판으로 간다. 그곳에서 다양한 곤충들을 만나게 되는데 잠자리를 잡으려 하니 달아나고, 나비를 잡으려 하니 또 달아난다. 아이는 들판에서 다양한 벌레를 만나 신나게 논다. 수채화 형식으로 벌레들의 모습과 상황이 생동감 있게 그려져 있다. 유아들이 곤충과 친숙해질 수 있는 그림책이다.

곤충들과 숨바꼭질

- **활동목표**
  - 다양한 곤충들에 대해 관심을 갖는다.
  - 곤충들의 생김새와 이름을 안다.

도 입

❶ 들판이나 숲에 소풍 갔었던 경험을 이야기 나눈다.

❷ 곤충을 본 적이 있는지, 알고 있는 곤충이 있는지 이야기 나눈다.

전 개

① 표지를 보며 이야기 나눈다.

- 이 곤충의 이름은 무엇일까요?
- 메뚜기 울음소리를 들어볼까요(음원)?
- 어떤 내용일 것 같은지 예측해볼까요?

② 다음 장에는 어떤 곤충이 나올지 예측하며 그림책을 감상한다.

- 엄마와 어디로 놀러 갔나요?
- 무슨 일이 있었나요?
- 아기가 잡으려는데 날아간 곤충(잠자리, 나비, 메뚜기)은 무엇이었나요?

③ 곤충의 특징에 대해 이야기 나눈다.

- 곤충은 머리, 가슴, 배로 나뉘어져 있으며 다리 개수, 한 쌍의 더듬이 등 곤충의 특징을 이야기 나눈다.

마무리

① 우리가 자주 보는 곤충에 대해 알고 있는 것을 이야기 나눈다.

- 확장활동

준비물 : 두꺼운 마분지, 검은 도화지, 투명 파일속지 또는 파일케이스, 매직, 네임펜

활동방법

① 곤충이 숨어있는 들판을 만든다.

- 투명 파일 케이스의 한쪽 면에 들판에서 놀고 있는 다양한 곤충들을 유성펜으로 그린 후 색칠한다.
- 그림을 완성한 파일 케이스 안에 검은 도화지를 넣는다.
- 두꺼운 마분지를 손전등 모양으로 그리고 가위로 오린다.

❷ 파일 케이스 안에 마분지로 만든 손전등을 넣어 숨어있는 곤충 찾기를 한다.

❸ 곤충들의 울음소리 또는 모습을 표현해 본다.

함·께·읽·어·보·세·요

- 『훌라훌라 추추추』 카슨 엘리스 글 · 그림. 김지은 옮김 | 웅진주니어
- 『곤충들의 운동회 』 도쿠다 유키히사 글.구스미 다쿠야 그림. 김숙 옮김 | 북뱅크

민들레를 사랑한 기니피그 아삭이

글 | 샬럿 미들턴

그림 | 서정숙

출판사 | 내 인생의 책

민들레 마을의 기니피그들은 있는 대로 민들레를 먹어치워 동이 나고 만다. 마지막 남은 민들레 한 포기를 발견한 아삭이는 도서관에서 민들레 키우는 책을 찾아 공부하며 민들레가 꽃을 피울 수 있도록 길러낸다. 민들레 씨앗을 온 마을에 가득하도록 날려 보낸 아삭이는 민들레를 먹는 것만큼 민들레 키우기도 좋아하게 된다.

민들레를 나누어 줄게

- **활동목표**

  - 민들레꽃에 관심을 갖는다.

도 입

❶ '기니피그'라는 동물에 대해 아는지 혹은 키워 본 경험이 있는지 이야기 나눈다.

❷ 실물사진으로 기니피그를 소개한다.

❸ 기니피그는 민들레를 아주 좋아하는 초식성의 설치류임을 알려 준다.

전 개

❶ 표지 그림을 탐색한다.

- 기니피그가 들고 있는 것은 무엇인지 탐색한다(제목을 가리고 질문한다).
- 표지에 보이는 그림들을 모두 탐색하고 이야기 나눈다.
- 민들레를 사랑한 기니피그 아삭이에게 어떤 일이 벌어질지 상상한다.

② 면지에 있는 기니피그 모습을 탐색한다.

③ 그림책을 읽는다.

- 내가 '아삭이'라면 민들레가 없을 때 어떻게 하면 좋을까요?
- 마지막 민들레 잎 하나를 어디에서 발견했나요?
- 아삭이는 무엇으로 민들레를 덮어 주었나요?
- 아삭이가 새롭게 좋아하게 된 일은 무엇인가요?

마무리

① 나눔에 대해 이야기 나눈다.

② 나도 기니피그처럼 다른 사람들을 위해 정성껏 민들레를 가꾸고 나누어줄 수 있을까요?

③ 나의 소중한 것을 나누어 주었던 경험은 어떤 것이 있을까요?

● 확장활동

준비물 : 노란색 습자지 10장, 스테이플러, A3 색상지 1장, 색종이 초록색 1장, 풀, 가위, 양면테이프 약간

활동방법

① 민들레꽃 카드를 만든다.

- 노란색 습자지에 10cm 정도 지름의 원을 그린다.
- 10장의 습자지를 겹쳐서 원 중심에 스테이플러로 찍은 후 오린다.
- 겹쳐진 습자지를 한 장씩 들어 구기듯이 살짝 손바닥으로 쥐어준다.
- 10장을 전부 같은 방식으로 구겨준다.
- 준비한 A3 색상지를 반으로 접어 카드모양으로 만든다.
- 카드 앞면에 양면테이프를 이용하여 습자지로 만든 꽃을 붙인다.
- 초록 색종이를 민들레 잎의 특징을 살려 오린다.
- 꽃과 어울리도록 적당한 위치에 붙인다.
- 카드 안쪽 면에 환경을 위해 내가 실천할 수 있는 활동 방법을 적는다.

❷ 완성된 카드 내용을 발표한다.

추가활동

- 민들레 꽃씨 찍기를 한다.
- 색상지를 한 장 준비한다.
- 면봉을 이용해서 민들레 씨앗과 꽃 모양을 물감 찍기로 완성한다.
- 줄기는 색종이를 이용해서 표현한다.

함·께·읽·어·보·세·요

- 『민들레는 민들레』 김장성 글. 오현경 그림 | 이야기꽃
- 『강아지똥』 권정생 글. 정승각 그림 | 길벗어린이

꽃장수

글 | 이태준
그림 | 이정석
출판사 | 키즈엠

우리나라 대표적인 동화 작가 이태준이 남긴 동화. 아이의 눈으로 바라보는 봄 풍경과 엄마와 나누는 사랑이 가득 담긴 대화가 따뜻함을 느끼게 한다. 꽃씨를 땅에 심으면 싹이 나고 비를 맞고 햇빛을 받으면 봄날 가득한 꽃들이 피어나는 자연의 이치를 엄마와 아이의 대화를 통해 알게 한다. 봄에 볼 수 있는 예쁜 봄꽃들이 그림책 안에 가득하다.

봄이 왔어요

- **활동목표**
  - 여러 가지 봄꽃을 감상한다.
  - 봄꽃에 대해 안다.

도 입

❶ 사계절에 대해 이야기 나눈다.

- 각 계절의 특징에 대해 알고 있는 것이 있는지 이야기 나눈다.

❷ 현재 계절에 대해 이야기 나눈다.

- 지금 계절은 언제인가요?
- 주변 풍경은 어떤가요?
- 날씨와 옷차림은 어떤가요?

전 개

1. 표지를 보며 이야기 나눈다.
   - 표지에 어떤 그림들이 있나요?
   - 아이가 무엇을 하는 것 같은가요?
   - 어떤 기분일까요?
   - 표지에 있는 꽃이 어떤 꽃인지 알고 있나요?
   - 알고 있는 꽃에 대해 이야기 해 보세요.
   - 아이는 왜 한복을 입고 있을까요?
   - 표지에 보이는 계절(꽃, 나비)은 언제인 것 같은가요?

2. 면지를 탐색한다.
   - 면지에 보이는 계절은 언제인 것 같은가요?
   - 면지의 공간은 어디인 것 같은가요?
   - 면지를 보니 느낌이 어떤가요?

3. 그림책을 감상한다.
   - 아이와 엄마가 입고 있는 옷(한복)과 집의 형태(초가집, 울타리)를 주의 깊게 탐색하며 읽는다.

4. 그림책을 회상하며 이야기 나눈다.
   - 아이는 꽃을 누가 피웠다고 생각했나요?
   - 땅에 씨가 묻히고 나서 꽃이 피려면 어떤 것들이 필요한가요?
   - 어떤 꽃들이 있었나요?
   - 동물과 곤충은 어떤 것들이 있었나요?

5. 그림책 속의 봄꽃(개나리, 진달래, 서양수수꽃다리, 제비꽃, 민들레, 목련, 유채꽃, 꽃, 튤립, 패랭이꽃, 모란, 매화)들을 다시 한번 살펴보며 향긋하고 아름다운 봄을 느껴 본다.

6. 그림책을 보며 씨앗이 자라는 과정을 확인한다.

마무리

❶ 새롭게 알게 된 봄꽃에 대해 이야기 나눈다.

● 확장활동

준비물 : 지끈 1m가량, 가위

활동방법

❶ 봄꽃 만들기를 한다.

- 지끈을 약 10cm 정도 잘라 4개를 준비한다.
- 한 개의 지끈을 반으로 접어 우물 정(井)자 모양이 되도록 지끈 4개를 엮는다.
- 꼬여있는 지끈 8가닥을 한 가닥씩 끝부분만 남기고 중간 부분을 모두 풀어준다.

❷ 다양한 색상의 지끈으로 『꽃 장수』 속 봄꽃들을 만들어본다.

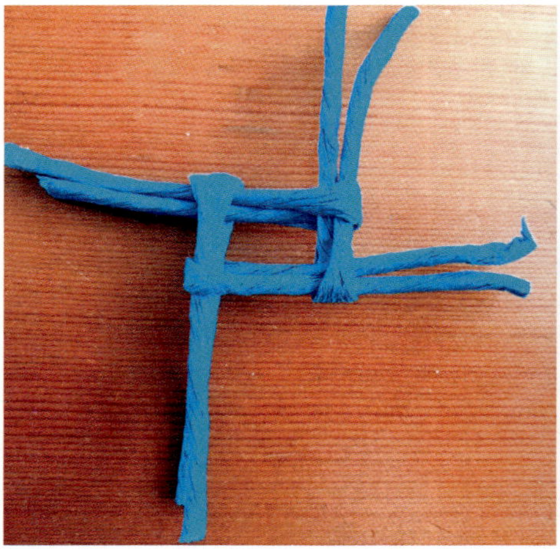

함·께·읽·어·보·세·요

- 『꽃꽃꽃』 임수정 글. 송수은 그림 | 노란돼지
- 『벚꽃 팝콘』 백유연 글. 백유언 그림 | 웅진주니어

할머니의 선물

글 | 조 엘렌 보가르트
점토 | 바바라 레이드
옮김 | 강인
출판사 | 사계절

할머니는 세계 여행을 떠나며 여러 나라에 도착할 때마다 "뭘 선물해 줄까?" 하고 손녀에게 묻는다. 손녀는 그때마다 할머니가 여행 가신 나라를 느낄 수 있는 것을 갖고 싶다고 말한다. 시간이 흘러 손녀는 엄마가 되어 엄마의 할머니가 보내준 선물에 대해 이야기를 들려준다. 섬세한 점토 그림을 통해 할머니가 선물한 것이 무엇인지 찾아보는 재미가 있다.

어떤 선물이 좋을까?

● **활동목표**

－세계 지도를 통해 여러 나라의 이름과 위치를 안다.

도 입

❶ '아이엠 그라운드 나라 이름 대기' 게임을 해본다.

❷ 다른 나라에 여행했던 경험을 이야기 해보고 내가 가보고 싶은 나라를 이야기 한다.

- 왜 가보고 싶은가요?
  (예: 축구를 좋아해서 이탈리아에 가고 싶다.)

전 개

❶ 그림책 표지를 보며 이야기를 나눈다.

- 표지에 보이는 두 사람은 어떤 관계일까요?
- 할머니가 들고 있는 것은 무엇일까요?

❷ 면지 탐색을 해 본다.

- 이 그림을 통해 무엇을 짐작해 볼 수 있을까요?
- 작은 열매가 군데군데 있는데 그 곳은 어느 나라일까요?

❸ 속표지의 할머니 모습을 보며 할머니는 어떤 분일까 생각해 본다.

❹ 할머니가 여행한 나라의 그림을 자세히 살펴보며 그림책을 읽는다.

- 할머니가 여행하신 나라(도시)들을 말해볼까요?
- 할머니가 여러 나라에 도착할 때마다 '뭘 선물해 줄까?'를 물었을 때 아이는 할머니에게 어떤 선물을 달라고 말했나요?
  (그림을 자세히 보면 그 나라의 특징을 알 수 있다.)

❺ 그림책을 회상하며 이야기 나눈다.

- 이 이야기는 누가 누구의 얘기를 누구에게 해주는 것일까요?
- 할머니가 여행하신 도시 중 어디를 제일 가보고 싶은가요?
- 그림책 속 할머니가 우리나라에 오신다면 손녀는 할머니에게 무엇을 받고 싶다고 했을까요?
- 만약에 여행 가신 할머니가 '뭘 선물해줄까?' 하고 묻는다면 나는 어느 나라의 어떤 선물을 받고 싶다고 말할까요?

마무리

❶ 세계지도를 보며 우리나라가 어디 있는지 찾아보고, 내가 가고 싶은 나라를 표시해 본다.

- **확장활동**

준비물 : 하드보드지(A4 사이즈), 자석판(A4 사이즈) 2장, 세계지도본(A4 사이즈), 양면테이프, 색연필, 가위, 인덱스(색깔 포스트잇)

활동방법

❶ 지도 퍼즐을 만들어 할머니가 여행한 나라를 알아본다.

- 세계지도가 그려진 그림(백지도)에 색연필로 색칠을 한다.
- 하드보드지에 준비된 자석 판 1장을 양면테이프로 붙여 움직이지 않도록 한다.
- 다른 자석 판 1장에 색칠해 놓은 세계지도본을 붙이고(이때 양극과 음극을 구별해 자석판 2장이 서로 붙을 수 있도록 한다.) 퍼즐 모양처럼 여러 조각으로 오린다.
- 오려놓은 퍼즐 조각을 하드보드지 자석 판에 놓고 퍼즐을 맞춘다.
- 다 맞춰진 지도에서 할머니가 여행한 나라를 인덱스로 표시하고 나라 이름을 써본다.

❷ 친구가 오려놓은 퍼즐을 바꿔서 빨리 맞추는 게임을 해본다.

함·께·읽·어·보·세·요

- 『할머니의 선물』 패트리샤 폴라코 글 · 그림. 김상미 옮김 | 베틀북
- 『퀼트 할머니의 선물』 제프 브럼보 글 · 그림. 양혜원 옮김 | 홍성사

가을이 계속되면 좋겠어

글 | 캐스린 화이트
그림 | 앨리슨 에디슨
옮김 | 최용은
출판사 | 키즈엠

찬 바람이 부는 겨울이 오면 아기 곰은 굴속에 들어가 겨울잠을 자야 한다. 하지만 더 놀고 싶은 아기 곰은 엄마 곰이 찾지 못하게 숲속에 숨었다가 아기 다람쥐, 두더지 친구를 만나 신나게 논다. 가을이 계속되면 더 놀 수 있다고 생각했지만 엄마 말을 듣고 겨울잠에 들어간다. 봄이 오자 아기 곰은 숲속으로 뛰어가 소중한 친구들을 다시 만난다.

친구들아, 봄에 다시 만나

- **활동목표**
  - 자신의 감정을 조절할 수 있다.
  - 계절의 변화에 대해 알 수 있다.

도 입

❶ 가을에 대하여 이야기 나눈다.

- 가을 하면 무엇이 떠오르나요?
- 솔방울, 도토리, 밤을 넣어 둔 궁금이 박스를 보여 준다.
- 아이들이 눈을 감고 손을 넣어 무엇이 들어있는지 탐색한다.
- 친구들에게 느낌을 이야기해 주고 무엇인지 알아맞히게 한다.

전 개

❶ 표지를 보며 이야기 나눈다.

- 왜 가을이 계속되면 좋겠다고 생각하는 걸까요?
- 아기 곰은 무엇을 바라보고 있는 것일까요?

❷ 면지를 보며 이야기 나눈다.

- 나뭇잎은 왜 떨어지는 걸까요?

❸ 그림책을 읽고 이야기 나눈다.

- 아기 곰은 왜 겨울잠을 자야 할까요?
- 아기 두더지는 아기 곰에게 무엇을 선물했나요?
- 아기 곰은 친구와 언제 만나 놀 수 있나요?
- 아기 곰은 친구들과 어떤 놀이를 하며 놀았나요?
- 진흙 웅덩이에 빠지면 기분이 어떨까요?
- 아기 곰은 왜 투정을 부렸나요?
- 봄이 되자 아기 곰이 제일 먼저 한 일은 무엇일까요?

❹ 그림책을 회상하며 이야기를 나눈다.

- 가을이 온 것을 어떻게 알 수 있나요?
- 낙엽이 떨어지는 가을 숲을 가본 적이 있나요?
- 친구들과 재미있게 놀고 있는데 엄마가 집에 가자고 한 적이 있었나요?
- 아기 곰은 왜 가을을 좋아했을까요?
- 겨울잠을 자야 한다는 엄마 말씀을 듣지 않았다면 어떤 일이 일어났을까요?
- 봄이 오지 않고 겨울만 계속된다면 어떨까요?
- 아기 곰이 겨울잠을 자고 돌아왔을 때 친구들이 보이지 않았다면 어떤 기분일까요?

마무리

❶ 친구들과 재미있게 놀았던 놀이에 대해 이야기 나눈다.

● 확장활동

준비물 : 보자기, 가을 열매(솔방울, 밤, 도토리 등), 매직

활동방법

❶ 가을 열매를 이용하여 굴리기 놀이를 한다.

- 보자기를 준비한다.
- 아래 사진과 같이 보자기에 매직을 이용하여 ①, ②, ③, ④, ⑤를 적는다.
- 보자기에 가을열매를 놓는다.
- 두 명 또는 네 명이 보자기 양쪽 끝을 잡고 숫자 ①, ②, ③, ④, ⑤ 순서대로 열매를 굴린다.
- 아이들이 많으면 팀별로 나눈다.

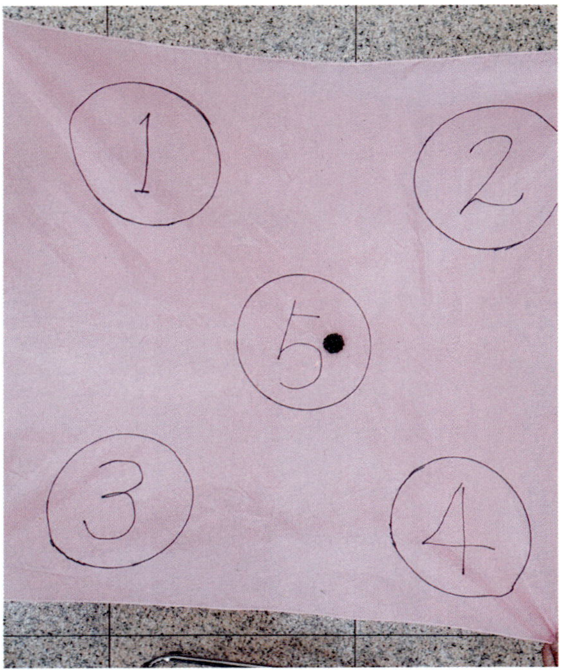

추가활동

준비물 : 휴지심, 1cm 양면테이프, 사인펜, 나뭇잎, 눈알스티커

활동방법

❶ 친구 모습 꾸미기를 한다.

- 휴지심의 맨 윗부분에 양면테이프를 한 바퀴 돌린다.
- 테이프를 벗긴 후 나뭇잎을 돌려가며 붙인다.
- 눈알 스티커를 붙이고 사인펜을 이용하여 코와 입을 그린다.
- 내가 꾸민 친구를 소개해 본다.

함·께·읽·어·보·세·요

- 『우리는 언제나 다시 만나』 윤여림 글, 안녕달 그림 | 위즈덤하우스
- 『루비에게 친구가 생겼어요』 티나 버크 글 · 그림 | 글뿌리

악어오리 구지구지

글·그림 | 천즈위엔
옮김 | 박지민
출판사 | 예림당

알 하나가 오리 알 둥지로 굴러 들어간다. 얼마 후 점박이, 얼룩이, 달빛이, 구지구지가 태어난다. 하지만 구지구지가 악어라는 사실은 아무도 모른다. 구지구지는 오리 품에서 자라 오리도 아니지만, 무서운 악어도 아닌 악어오리로 살아간다. 그러던 어느 날 악어들이 나타나 구지구지가 악어라는 사실을 알려준다.

나는 악어야? 오리야?

- **활동목표**
  - 나의 정체성에 대해 알 수 있다.

도 입

❶ 나를 소개한다.

- 나의 가족은 누구인가요?
- 내가 좋아하는 것과 싫어하는 것은 무엇인가요?
- 내가 잘하는 것과 못하는 것은 무엇인가요?

❷ 우리 가족의 생김새나 습관 등을 생각해 보고 별명을 지어본다.

전 개

❶ 그림책 표지를 탐색한다.

- '악어 오리'가 뭘까요?
- 엄마 오리는 무엇을 하고 있나요?
- 세 마리의 오리와 악어는 어떤 관계일까요?
- 엄마 오리가 책을 읽어줄 때 악어는 어떤 기분일까요?

❷ 그림책을 감상한다.

- 커다란 알에서 누가 태어났나요?
- 악어 오리는 악어일까요? 오리일까요?
- 세 마리의 아기 오리와 악어 오리의 다른 점은 무엇인가요?
- 알을 품는 엄마 오리는 어떤 책을 읽고 있나요?
- 악어는 왜 자신을 오리라고 생각하나요?

❸ 그림책을 회상하며 이야기 나눈다.

- 구지구지와 아기 오리들이 친하게 지낼 수 있었던 이유는 무엇일까요?
- 악어와 오리처럼 서로 생김새가 달라도 친하게 어울려 놀 수 있을까요?

마무리

❶ 구지구지와 오리의 모습이 다른 것처럼 나와 다른 사람에 대해 이야기를 나눈다.

- 나와 다른 모습을 한 사람들은 누가 있을까요?
- 나와 피부 색깔이 다른 사람들을 본 적이 있나요?
- 그들을 만나면 어떻게 대해야 할까요?

❷ 어느 때 가족을 사랑한다고 느끼는지 말해보세요.

- **확장활동**

준비물 : 흰색 펠트지, 글루건, 도화지, 색연필

활동방법

❶ 알에서 깨어난 아기 오리와 악어 오리를 만든다.

- 흰색 펠트지 두 장을 겹쳐서 오리 알 세 개와 악어 알 한 개를 크기가 다르게 그린다.
- 악어 알은 색연필로 앞면을 색칠한다.
- 네 개의 알을 가위로 오린다.
- 오리와 악어가 알에서 나올 수 있도록 앞면 중앙을 지그재그 모양으로 오린다.
- 글루건으로 앞장과 뒷장의 가장자리를 붙인다.
- 아기 오리 세 마리의 얼굴을 도화지에 그린다.
- 푸른 점(점박이), 줄무늬(얼룩이), 노란색(달빛이) 아기 오리의 특징을 색연필로 표현한다.
- 악어의 얼굴을 도화지에 그린 다음 색칠한다.
- 아기오리와 악어의 얼굴을 가위로 오린다.

❷ 펠트지로 만든 알 속에 아기오리와 악어의 얼굴을 넣고 이야기를 만들어 역할극을 한다.

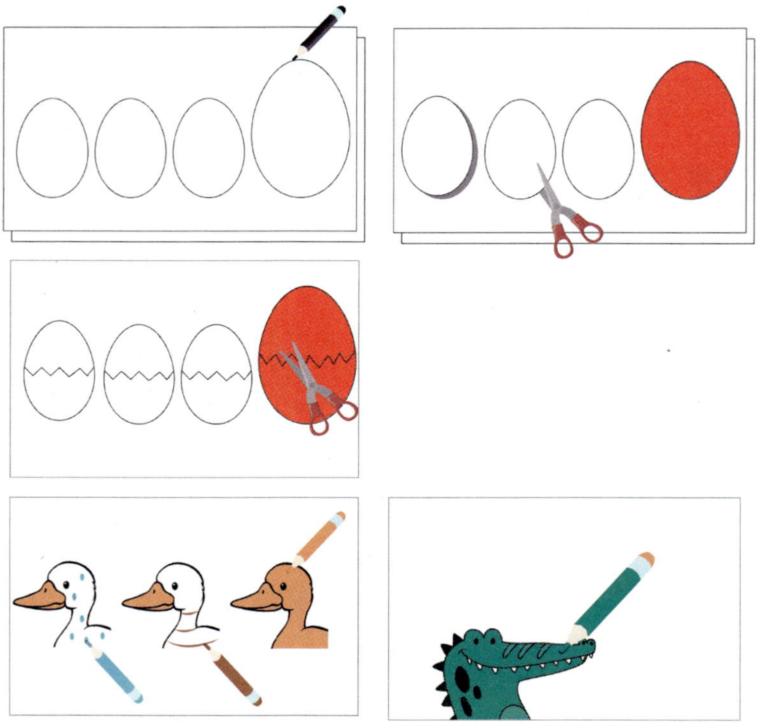

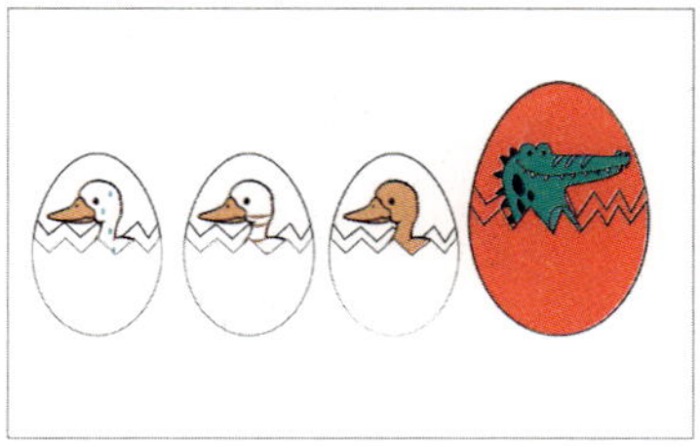

함·께·읽·어·보·세·요

- 『기러기』 몰리뱅 글 · 그림. 이명희 옮김 | 마루벌
- 『내가 영웅이라고?』 존 블레이크 글. 악셀 셰플러 그림. 서애경 옮김 | 사계절

그래서 모든 게 달라졌어요

글·그림 | 올리버 제퍼스
옮김 | 박선하
출판사 | 주니어김영사

콩콩이 나라의 콩콩이들은 모두 똑같이 생겼고 행동도 모두 똑같아야 한다. 그런데 콩돌이는 다르다. 콩콩이들은 스웨터를 짜서 입고 다니는 콩돌이를 모두 이상하게 쳐다본다. 하지만, 친구 콩아는 콩돌이와 같은 스웨터를 짜서 입고 다닌다. 그 후 다른 콩콩이들도 콩돌이와 콩아를 따라 똑같이 스웨터를 입는다. 또 새로운 모습으로 변화한 콩돌이를 본 콩콩이들은 점점 변화를 두려워하지 않으면서 콩콩이 나라는 모든 게 달라져 간다.

멋쟁이 콩돌이

- **활동목표**
  - 내 생각과 개성으로 나를 표현한다.

도 입

❶ '무엇이 똑같을까' 동요를 부르며 똑같은 모양의 물건을 찾아본다.

(♬ 무엇이 무엇이 똑같을까? / 젓가락 두 짝이 똑같아요. /
달걀 한 판이 똑같아요. / 윷가락 네 짝이 똑같아요. ♬)

❷ 우리들이 모두 똑같이 생겼다면, 어떤 방법으로 나를 알릴 수 있는지 생각해 본다.

❸ 유행에 대해서 이야기를 나눈다.

- 유행이란 무엇일까요?
- 친구들 사이에서 요즘 유행하고 있는 놀이나 게임, 옷은 어떤 것이 있을까요?

전 개

❶ 그림책 표지를 탐색한다.

- 표지에 있는 많은 친구들은 누구일까요?
- 다 똑같이 생겼는데 왜 한 친구만 주황색 옷을 입었을까요?
- 친구들은 왜 저런 표정을 지었을까요?

❷ 그림을 자세히 살펴보면서 그림책을 읽는다.

- 아래 내용을 리듬을 넣어 물어본다.
- 나는 나는 콩 나라에 갔었지. 콩콩이는 무얼 입었니? (주황 스웨터)
- 나는 나는 콩 나라에 갔었지. 콩콩이는 어떻게 생겼니? (타원형, 계란 모양 등)
- 나는 나는 콩 나라에 갔었지. 콩콩이의 표정은 어떠니? (자신감, 당당함 등)
- 콩돌이가 친구들과 다르게 한 것은 무엇인가요?
- 콩아는 왜 콩돌이를 따라 스웨터를 입었을까요?
- 콩콩이들이 콩돌이의 스웨터를 왜 끔찍하게 생각했나요?
- 콩콩이들이 새 스웨터를 입기 시작한 이유는 무엇일까요?
- 콩돌이가 모자를 쓴 모습을 본 후 콩콩이 나라는 어떻게 변했나요?

❸ 그림책을 회상하며 이야기 나눈다.

- 친구들의 옷이나 모자, 액세서리를 보고 이상하다고 생각한 적이 있나요?
- 왜 그렇게 생각했나요?
- 현재의 내 모습에서 변화하고 싶은 모습이 있나요?
- '다름'과 '틀림'의 뜻을 말해볼까요?

마무리

❶ 나의 개성에 대해서 이야기를 나눈다.

❷ 나와 다른 친구의 모습을 인정해 주고, 창의적인 생각과 용기에 대해 칭찬해 준다.

● 확장활동

준비물 : 머리와 얼굴이 들어갈 수 있는 종이봉투 또는 쇼핑백, 색지, 사인펜, 가위, 풀, 신문지

활동방법

❶ 다양한 재료로 나만의 패션을 만들어 표현해 본다.

- 종이봉투를 머리에 뒤집어쓰고 자신의 눈과 입의 위치를 봉투에 표시한 후, 눈과 입 부분을 가위를 이용해 구멍을 뚫는다.
- 사인펜과 색지를 사용하여 종이봉투에 내 얼굴과 머리를 꾸민다.
- 신문지와 색지로 내가 입고 싶은 옷(모자, 머플러, 벨트, 신발, 액세서리 등)을 만든다.
- 종이봉투를 얼굴에 쓰고 만든 옷을 입은 다음 모델처럼 걸으며 패션쇼를 한 후, 나의 패션에 대해 설명한다.

❷ 친구들과 함께 했다면 투표를 해서 패션 리더를 뽑고 어떤 점이 좋았는지 이야기한다.

- 친구의 패션을 인정해 주고, 창의적인 생각과 용기에 대해 칭찬한다.

함·께·읽·어·보·세·요

- 『황금알을 낳는 거위』 마시멜로 글. 강미선 그림 | 한국헤르만헤세
- 『마을 뒷산에 옹달샘이 있어요』 김성호 글. 이승원 그림 | 비룡소

된장찌개

글 | 천미진
그림 | 강은옥
출판사 | 키즈엠

바람이 몹시 불던 날 멸치 세 마리가 오돌오돌 떨며 숲속 길을 가다가 온천을 발견한다. 멸치 세 마리가 온천물을 즐기고 있을 때 된장을 머리에 이고 있는 감자와 호박, 파, 버섯, 마지막으로 두부가 추위를 이기려 온천에 차례로 들어온다. 행복한 모습으로 온천을 즐기고 있을 때 하늘에서 함박눈이 내린다. 우리 고유의 음식인 된장찌개가 만들어지는 과정을 재미있게 보여준다.

된장찌개가 최고야

- **활동목표**
  - 된장찌개 만드는 과정을 알 수 있다.

도 입

❶ 겨울 음식에 대해 이야기 나눈다.

- 겨울이 되면 어떤 음식이 생각날까요?
- 좋아하는 겨울 음식은 어떤 것이 있나요?

❷ 우리나라 고유의 음식에 대해 이야기 나눈다.

- 우리나라 고유의 음식은 무엇이 있을까요?
- 된장찌개를 먹어본 경험이 있나요?

전 개

❶ 표지를 보며 이야기 나눈다.

- 이 그릇의 이름은 무엇인가요?
- 뚝배기 안에는 누가 들어가 있나요?
- 뚝배기 안에 있는 채소들의 표정은 어떤가요?

❷ 속표지를 보며 이야기 나눈다.

- 대파, 감자, 버섯의 표정은 어떤가요?
- 왜 그런 표정을 짓고 있을까요?

❸ 그림책을 읽고 이야기 나눈다.

- 누가 제일 먼저 온천에 도착했나요?
- 멸치가 온천을 발견했을 때 기분은 어땠을까요?
- 감자들이 머리에 이고 있는 것은 무엇일까요?
- 차가운 바람이 불자 호박들에게 어떤 일이 일어났나요? (예 : 재채기, 콧물 흘리기)
- 파란색의 온천물은 어떤 색으로 변했나요?
- 온천물에 모인 채소들은 어떻게 친해졌나요?
- 된장찌개에는 어떤 재료들이 들어갔나요? (멸치, 된장, 감자, 호박, 파, 버섯, 두부)

❹ 그림책을 회상하며 이야기를 나눈다.

- 온천에 가본 경험이 있나요?
- 우리 집 된장찌개에는 어떤 재료가 들어가나요?
- 추위를 이길 수 있는 음식은 어떤 것이 있을까요?
- 된장찌개와 함께 먹으면 더 맛있는 반찬은 무엇이 있을까요?
- 된장을 이용해 어떤 음식을 만들 수 있나요?

마무리

❶ 음식을 만드는 사람에 대한 고마움을 이야기한다.

❷ 된장찌개를 만들 때 여러 재료의 조화로움이 중요함을 이야기 나눈다.

● 확장활동

준비물 : 온천을 표현할 수 있는 파란 천, 역할 머리띠 (멸치, 감자, 된장, 호박, 버섯, 대파, 두부)

활동방법

❶ 된장찌개 만들기 역할놀이를 한다.

- 파란 천을 바닥에 펼쳐 놓는다.
- 아이들에게 역할 머리띠를 하나씩 쓰게 한다.
- 천의 가장자리에 아이들이 동그랗게 선다.
- 선생님이 이야기 줄거리를 재구성하며 재료 순서대로 파란 천 안쪽으로 아이들을 들어가게 한다.

(예) 해설 : 찬바람이 불던 어느 날이에요.
아이들 : 추위에 떠는 모습을 표현한다.
해설 : 멸치 세 마리가 따뜻한 온천물로 들어갔어요.
멸치 세 마리 : 온천물에 들어 간 느낌을 표현한다.
해설 : 감자들은 된장을 머리에 이고 춥다고 투덜대며 온천으로 들어갔어요.
감자: 투덜대며 온천물로 들어가는 모습을 표현 한다.
교사는 이어서 줄거리를 계속 재구성하며 역할놀이를 한다.

- 모두 들어가면 음률을 붙여 '따끈따끈 된장찌개 스르륵 스르륵 내 몸이 녹네!'하며 노래를 부른다.
- 노래가 끝나면 '된장찌개 최고'라고 외치며 마친다.

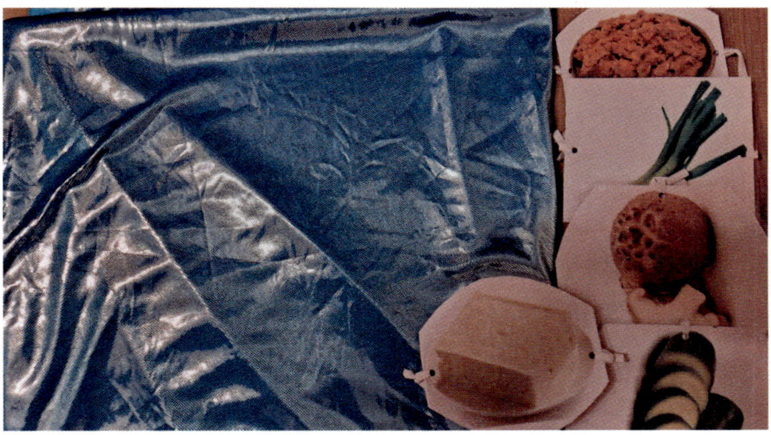

추가활동

① 된장찌개에 들어가는 재료 탐색 오감놀이를 한다.

- 투명 비닐 봉투를 한 장씩 나누어 준다.
- 호박, 버섯, 두부를 순서대로 적당한 크기로 나누어 준다.
- 나누어 준 재료를 오감을 느끼며 빵칼로 자른다.
- 자른 재료들을 봉투에 담아 주물러 본다.
- 느낌이 어땠는지 이야기를 나눈다.

함·께·읽·어·보·세·요

- 『에퉤퉤! 똥 된장 이야기』 장세현 글 · 그림 | 휴먼어린이
- 『밥 먹자!』 김보나 글, 윤정주 그림 | 키즈스플레

맛있는 구름 콩

글 | 임정진
그림 | 윤정주
출판사 | 국민서관

흰 구름을 부러워하는 콩들이 구름처럼 멋지게 되고 싶어 물속으로 들어가고 맷돌 안으로 들어가 부서지기도 하고 펄펄 끓는 가마솥에서 부글부글 끓기도 해 보지만 무언가 부족하다고 느낀다. 그때 간수가 들어와 몽글몽글 구름으로 피어나고 여러 과정을 지나서 벽돌 구름이 되어 자랑스러워한다. 두부 만드는 과정을 이해하기 쉽고 재미있게 알려주는 책이다.

나도 꿈이 있어요.

- **활동목표**
  - 나의 꿈이 무엇인지 안다.
  - 콩이 두부가 되는 과정을 알 수 있다.

도 입

❶ 노란콩을 탐색해 본다.

- 500ml 생수 통 안이 안보이게 가린 후 노란 콩을 1/3넣고 흔들어 본다.
- 이게 무슨 소리일까요?
- 콩으로 만든 음식은 무엇이 있을까요?

❷ '나는 콩' 손유희를 해본다.

전 개

① 표지를 보며 이야기 나눈다.

- 콩들이 지금 무엇을 하는 걸까요?
- 콩들은 어떤 표정인가요?

② 면지를 보며 이야기 나눈다.

- 여기가 지금 어디일까요?
- 하늘에 둥둥 떠다니는 것이 무엇일까요?

③ 그림책을 읽고 이야기 나눈다.

- 콩들이 익어서 어떤 색으로 변했나요?
- 콩들은 왜 물속으로 들어갔나요?
- 맷돌을 본 적이 있나요?
- 콩들이 왜 변장을 했을까요?
- 간수가 없다면 콩은 어떻게 되었을까요?
- 콩이 구름이 되면 어디로 가고 싶어 할까요?
- 보자기를 쓰고 변장을 한다면 나는 어떻게 변하고 싶나요?
- 콩은 왜 구름을 멋지게 생각했을까요?
- 벽돌 구름이 된 콩들은 왜 자랑스러웠나요?

④ 그림책을 회상하며 이야기를 나눈다.

- 새로운 단어를 찾아보세요. (삼태기, 맷돌, 간수, 삼베 등)
- 간수는 어떤 맛일까요?
- 어느 장면이 가장 재미있었나요?
- 콩이 두부가 되어가는 과정을 알아볼까요?

마무리

① 꿈을 이루기 위해 어떤 노력이 필요한지 말해본다.

● 확장활동

준비물 : 500ml 생수통 1개, 두부, 플라스틱 모양 틀, 지퍼 백, 노란 콩, 여러 색깔의 빨대, 종이상자, 색종이, 빵 끈, 투명 플라스틱 컵 1개, 유성 사인펜

활동방법

❶ 노란 콩을 만져보고 느낌을 이야기한다.

- 종이상자에 콩을 넣고 데굴데굴 굴려본다.
- 노란 콩에 유성 사인펜을 이용하여 여러 가지 표정을 그린다.
- 투명 플라스틱 컵에 노란 콩을 담은 후 빨대를 여러 개 꽂는다.
- 색종이에 하트 모양을 오린 후 나의 꿈을 적어본다.

❷ 두부를 준비해서 냄새를 맡아본다.

- 두부를 1cm 두께로 자른 후 모양 틀을 이용해 찍기 놀이를 해본다.
- 지퍼 백에 두부를 넣고 주물러 만져본다.
- 두부를 오감으로 느낀 이야기를 해본다.

❸ 두부를 오감으로 느낀 이야기를 해 본다.

추가활동

❶ 플라스틱 접시에 콩을 넣은 후 일회용 숟가락으로 콩 옮기기 놀이를 해본다.

함·께·읽·어·보·세·요

- 『다 콩이야』 도토리 글 · 그림 | 보리
- 『왜 음식을 골고루 먹어야 할까요?』 클레어 레웰린 글, 마이크 고든 그림, 최인자 옮김 | 서교

머리에 뿔이 났어요

글·그림 | 데이비드 스몰
옮김 | 김종렬
출판사 | 한길사

어느 목요일 아침, 주인공 이모겐에게 커다란 사건이 생긴다. 자고 일어났더니 머리에 긴 뿔이 생긴 것이다. 가족들은 깜짝 놀랐고 엄마는 기절한다. 하지만 이모겐에게 있어 머리 뿔은 그저 신기하고 재미있는 사건이며, 집안에서 여러 가지 쓸모가 있을 거라 생각한다. 금요일에 머리뿔은 사라졌지만, 이모겐에게 또 다른 무엇인가가 생겨난다.

난 괜찮아!

- **활동목표**
  - 어떤 상황에서도 긍정적으로 생각할 수 있다.

도 입

❶ 뿔에 관해 이야기를 나눈다.

- 머리에 뿔이 있는 동물은 무엇이 있나요?
  (예 : 사슴, 염소, 소, 양 등)
- 만약 나에게 뿔이 생겼다면 좋은 점은 무엇일까요?
- 싫은 점은 무엇일까요?
- 그런 나의 모습을 본다면 가족들은 어떻게 생각할까요?

전 개

❶ 그림책 표지를 탐색한다.

- 표지의 아이가 나와 다른 점이 있나요?
- 그런 모습을 한 아이의 표정은 어떤가요?
- 창문 밖으로 나와 있는 뿔을 안으로 넣으려면 어떻게 해야 할까요?

❷ 아이에게 어떤 일이 생길지 상상하면서 그림책을 감상한다.

- 뿔이 생긴 이모겐에게 불편한 점은 무엇인가요?
- 뿔이 생긴 이모겐을 본 어른들의 반응은 어땠나요?
- 엄청나게 큰 뿔을 이모겐은 어떻게 이용했나요?
- 뿔이 사라지고 난 뒤, 이모겐에게 무엇이 생겼나요?

❸ 그림책을 회상하며 이야기를 나눈다.

- 다른 사람에게는 없는 뿔이 생겼을 때, 이모겐은 어떤 기분이 들었을까요?
- 만약 어느 날 갑자기 나에게 뿔이 생긴다면 어떻게 할까요?
- 내 몸에 새로 생겼으면 좋겠다고 생각하는 것이 있나요?
- 나와 다른 모습을 한 사람들을 본 적이 있나요?
- 그 사람들을 어떻게 대해야 할까요?

마무리

❶ 나와 다른 모습을 한 사람들을 이해하고 모두 더불어 살아가는 방법에 대해 이야기를 나눈다.

- **확장활동**

준비물 : 다양한 형태로 변신할 수 있는 생활도구 (예 : 묶을 수 있는 끈, 소쿠리, 긴 풍선, 튀김용 젓가락, 스카프, 보자기 등)

활동방법

❶ 주변의 생활 도구를 이용하여 변신 놀이를 한다.

- 생활 도구로 변신하고 싶은 것을 만들어 내 몸에 붙인다.
(예: 소쿠리로 만든 거북이의 등, 스카프로 만든 독수리 날개, 긴 풍선으로 만든 코끼리 코, 튀김용 젓가락으로 만든 도깨비 뿔 등)
- 변신한 모습으로 다니며 "나에게 000이 생겼어."라고 말한다.
- 상대방이 어떤 말을 하더라도 언제나 "고마워, 이게 있으면 000 할 수 있어."라고 답한다.

함·께·읽·어·보·세·요

- 『줄무늬가 생겼어요』 데이빗 섀논 글 · 그림. 조세현 옮김 | 비룡소
- 『깃털없는 기러기 보르카』 존 버닝햄 글 · 그림. 엄혜숙 옮김 | 비룡소

부엉이와 보름달

글 | 제인 욜런
그림 | 존 쇤헤르
옮김 | 박향주
출판사 | 시공주니어

환한 보름달이 둥실 떠 있는 흰 눈으로 가득한 밤, 아빠와 주인공은 부엉이를 만나러 산으로 올라간다. 오빠도 주인공만 했을 때 아빠와 함께 부엉이를 만나러 갔었다. 이제는 주인공 차례다. 부엉이를 구경하러 갈 때는 추위도, 무서움도 물리치고 참아 내는 용기만 필요하다. 주인공은 부엉이를 만나는 과정을 통해 더 성장해 나간다.

내가 해냈어!

- **활동목표**
  - 인내와 용기가 필요할 때를 안다.

도 입

❶ 동요 '겨울밤'을 부르며 부엉이와 친숙해진다.

(♬ 부엉 부엉새가 우는 밤 / 부엉 춥다고서 우는데
우리들은 할머니 곁에 / 모두 옹기종기 앉아서 / 옛날이야기를 듣지요♬)

❷ '참는 것'에 대해 이야기를 나눈다.

- 무엇을 참아 본 적이 있나요?
  (예 : 무서움, 오줌, 배고픔 등)
- 왜 참았는지 이유를 말해보세요.

전 개

① 그림책 표지를 탐색한다.

- 어느 계절이며, 하루 중 언제일까요?
- 두 사람은 어떤 사이이며 무엇을 하고 있나요?
- 속표지에서 문밖으로 나가려는 주인공은 어떤 기분일까요?

② 그림책을 감상한다.

- 주인공은 왜 부엉이를 만나고 싶어 했나요?
- 부엉이를 만나기 위해서는 어떤 마음가짐이 필요했나요?
- 왜 보름달이 뜨는 날에 부엉이를 보러 갔나요?
- 아빠는 부엉이를 어떻게 불렀나요?
- 부엉이와 서로 바라볼 때, 주인공은 어떤 생각을 했을까요?
- 부엉이를 보고 온 후, 주인공에게 생기는 변화가 있을까요?
- 내게는 어떤 소망이 있나요?
- 소망을 이루는 데 필요한 것은 무엇인가요?
- 아빠랑 나랑 둘만 가진 추억이 있나요?
- 한 번도 안 해 본 새로운 경험을 할 때의 기분은 어땠나요?

마무리

① 내가 컸다고 생각할 때가 언제인지 이야기 나눈다.

- 확장활동

준비물 : 색종이, 사인펜, 눈알 스티커, 휴지심, 풀, 종이테이프

활동방법

① 휴지심을 이용하여 부엉이를 만든다.

- 휴지심에 색종이를 붙인다.
- 휴지심 위쪽 부분의 양 끝을 남기고 가운데를 안으로 눌러 반달모양으로 접는다.
- 눈알을 붙이고 코를 그려서 얼굴부분을 만든다.
- 몸통에 매직으로 부엉이 털을 V자로 그려주고, 양 날개와 발을 그려서 붙인다.

❷ 완성된 부엉이로 놀이를 한다.

- 종이테이프로 출발선을 표시한다.
- 출발선에서 50cm 떨어진 곳을 도착점으로 하여 종이테이프를 붙여 표시한다.
- 두 개의 부엉이를 출발선에 놓고 부엉이 뒤쪽을 엄지와 검지로 튕겨서 도착점까지 먼저 도착하면 승리한다.
- 도중에 부엉이가 넘어지면 어떻게 할 것인지 규칙을 정한다.
  (예 : 실격한다, 처음부터 다시 시작한다, 넘어진 지점에서 다시 시작한다 등)

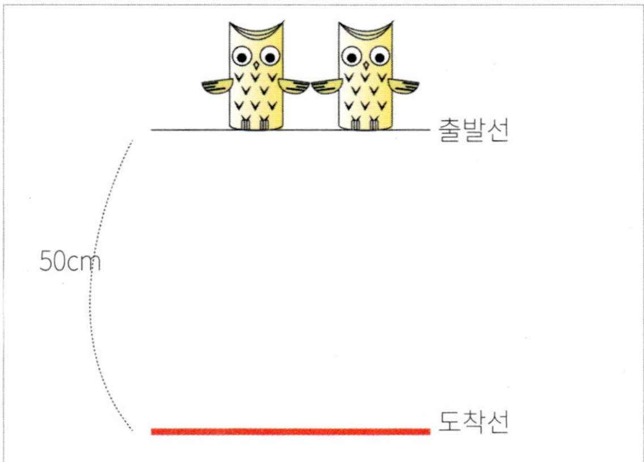

추가활동

1. 아빠처럼 부엉이 울음소리를 흉내 낸다. 호흡을 점점 길게 하여 소리 내어본다.

2. 숨을 쉬지 않고 더 오랫동안 부엉이 울음소리를 낼 수 있는지 시합을 한다.

함·께·읽·어·보·세·요

- 『산에 가자』 이상권 글. 한병호 그림 | 보림
- 『아빠가 우주를 보여준 날』 울프 스타르크 글. 에바 에릭손 그림. 사과나무 옮김 | 크레용하우스

열두 띠 이야기
글 | 케이트 다고우
그림 | 이고르 올레니코프
옮김 | 김선영
출판사 | 사파리

시간을 알려주고 사람들의 띠가 되는 열두 동물이 정해지게 된 이야기로 사람들은 태어난 그해에 해당하는 열두 띠 가운데 하나를 갖게 된다. 동물들은 옥황상제의 말에 따라 사람들에게 시간을 알려 주는 벼슬을 얻기 위해 강 건너기 경주를 벌이게 된다. 어떤 동물들이 열두 띠 동물에 들어가게 되었는지, 열두 띠가 어떤 순서로 어떻게 정해졌는지 그림책을 읽으며 알 수 있다.

나는 무슨 띠일까?

- **활동목표**
  - 열두 띠 동물(12간지)을 알고, 우리 문화를 소중히 여기는 마음을 기를 수 있다.

도 입

❶ 올해는 무슨 동물의 해일까요?

❷ 나와 가족의 띠를 아는 대로 말해본다.

❸ 내가 알고 있는 띠에 해당하는 동물을 말해본다.

전 개

1. 그림책 표지를 탐색한다.
   - 표지에 어떤 동물들이 있나요?
   - 맨 위에 있는 동물은 누구인가요?

2. 면지와 속표지를 보며 무엇이 떠오르는지 상상해 본다.

3. 그림책의 매 장마다 동물들의 그림이 하나씩 늘어나는 것을 살피며 읽는다.
   - 옥황상제는 사람들의 불평을 해결하기 위해 어떤 방법을 생각해 냈나요?
   - 수영을 못하는 고양이와 쥐는 어떻게 강을 건너기로 했나요?
   - 양과 원숭이, 닭은 어떻게 강을 건넜나요?
   - 제일 먼저 소가 도착했는데 왜 쥐가 1등이 되었나요?
   - 차례대로 강에 도착한 동물들을 알아볼까요?
   - 고양이는 왜 열두 동물에 들지 못했나요?
   - 열두 동물이 얻은 벼슬은 무엇이었나요?

4. 그림책을 회상하며 이야기를 나눈다.
   - 늦잠 자는 쥐를 깨워 준 고양이를 물에 빠트린 쥐의 행동을 생각해 볼까요?
   - 사람들에게 비를 내려주고 오느라 5등으로 온 용을 보며 무슨 생각이 드나요?
   - 내가 알고 있는 동물 중 우리의 띠가 되었으면 하는 동물이 있나요?

5. 뒤 면지를 보며 열두 동물의 특징을 알아본다.

마무리

1. 열두 띠 동물의 순서를 확인해 본다.

2. 열두 동물과 관련한 속담을 알아본다.

   (예 : 쥐-쥐구멍에도 볕 들 날 있다. 소-소 잃고 외양간 고친다.
   호랑이-호랑이는 죽어서 가죽을 남기고 사람은 죽어서 이름을 남긴다.)

3. 그림책 표지를 다시 한번 탐색한다.

- 확장활동

준비물 : 8절 혹은 4절 색상지, 색종이, 가위 풀, 열두 띠 동물 사진

활동방법

❶ 열두 띠 동물 카드를 만들어 맞추기 놀이를 한다.

- 8절(4절) 색상지를 가로로 반을 잘라 긴 직사각형 2장을 만든다.
- 2장의 긴 직사각형을 모두 4면이 되도록 지그재그로 접고 맨 끝의 한 면을 겹쳐 붙여 앞뒤 합해서 14면이 되게 한다.
- 맨 앞장을 표지로 하여 앞면에 열두 띠 동물 사진 6장을 차례로 붙이고 뒤집어서 6면에 차례대로 동물 사진을 붙인다.
- 마지막 장은 뒤표지로 한다.
- 동물 사진 아래에 '십이지 간' 글자를 쓰고 위에 색종이를 붙여 가린 후, 어떤 동물이 다음 순서에 오는지 맞히기 놀이를 한다.

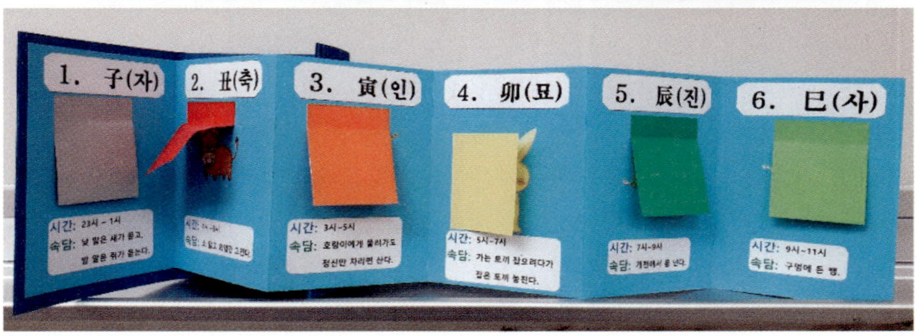

함·께·읽·어·보·세·요

- 『꼬끼오, 새날을 열어라』 강성은 글 · 그림 | 위즈덤하우스

참고문헌

강성화 · 김경희(2014). 영유아를 위한 문학교육. 서울: 동문사.

고문숙 · 임영심 · 김수향 · 손혜숙(2013). 아동문학교육. 서울: 양서원.

교육부(2019). 누리과정 해설서 의사소통 영역.

김정원 · 전선옥 · 이연구(2014). 유아문학교육. 서울: 학지사.

김진결(2009). 걸리버 여행기에 나타난 스위프트의 인간관 연구. 서울시립대학교 교육대학원 석사학위 논문.

김현미(2013). 그림책을 활용한 부모 · 유아 상호작용 중심의 부모교육 프로그램 개발 및 적용. 덕성여자대학교 일반대학원 박사학위 논문.

김현자 · 조미영 · 김기웅 · 노희연 · 서화니 · 조득현(2013). 아동문학. 서울: 창지사.

김현희 · 박상희(2009). 유아문학 이론과 적용. 서울: 학지사.

노상경(2016). 한국 창작 그림책 읽기 상호작용에서 나타나는 만 3세 유아의 반응. 성신여자대학교 박사학위 논문.

민경록(2016). 어린이그림책의 서평에 관한 연구. 청주대학교 일반대학원 박사학위 논문.

정진헌 · 박혜숙(2013). 한국의 그림책 인식과 형성과정. 동화와 번역, 26, 291-315.

보건복지부(2020) 제 4차 어린이집 표준보육과정 해설서 의사소통 영역.

서정숙 · 김언경 · 안은희 · 최현주 · 최소린(2016). 그림책 읽어주기의 실제. 서울: 창지사.

서정숙 · 남규(2011). 유아문학교육. 서울: 창지사.

성미영 · 민미희 · 정현심 · 김효영(2016). 아동문학교육. 서울: 학지사.

이상금 · 장영희(2001). 유아문학론. 경기: 교문사.

이수지(2011). 이수지의 그림책. 서울: 비룡소.

이영 · 이정희 · 김온기 · 이미란 · 조성연 · 이정림 · 박신진 · 유영미 · 이재선 · 신혜원 · 나종혜 · 정지나 · 문영경(2017). 영유아발달(개정판). 서울: 학지사.

이차숙(2012). 그림책 읽기의 의미 구성적 과정에 대한 이해. 한국영유아보육학, 73, 55-80.

장혜순(2008). 유아문학교육의 이론과 실제. 서울: 도서출판 파란마음.

정혜원(2008). 1910년대 아동문학 연구. 성신여자대학교 일반대학원 박사학위 논문.

조경자 · 이현숙 · 이문정 · 곽아정(2013). 어린이문학교육. 서울: 학지사.

조명숙(2013). 상호텍스트성을 활용한 그림책 읽기 활동이 유아의 이야기 이해력에 미치는 영향. 가천대학교 일반대학원 석사학위 청구논문.

______(2017). 그림책 텍스트의 구조적 관계 분석 및 유아 반응 탐색. 가천대학교 일반대학원 박사학위 청구논문.

조성순(2019). 한국 그림책 발달 과정 연구. 인하대학교 일반대학원 박사학위 논문.

조은숙(2006). 한국의 그림책 발전. 어린이 문학교육 연구, 7(2), 113-151.

차은정(2008). 근대화와 영국 아동문학: 문학적 관점에서 아동문학 발전의 역사적 조건 재해석. 새한영어영문학, 50(1), 101-124.

최지훈(2001). 어린이를 위한 문학. 서울: 비룡소.

현은자 · 변윤희 · 강은진 · 심향분(2004). 그림책의 그림읽기. 서울: 마루벌.

황상미(2018). 상호보완적 관계를 위한 디지털 그림책의 인터렉션 디자인 연구. 한양대학교 일반대학원 박사학위 논문.

Arizpe, E., & Styles, M. (2004). Children reading pictures. 그림 읽는 아이들: 시각 언어에 대한 아동의 이해. 이경은 옮김. 서울: 미진사(원서출간 2003).

Nodelman, P. (2001). The pleasures of children' s literature. 어린이 문학의 즐거움 1, 2. 김서정 옮김. 서울: 시공사(원서출간 1996).

Nodelman, P. (2011). Words about Pictures. 그림책 론: 어린이 그림책의 서사 방법. 김상욱 옮김. 서울: 보림 출판사(원서출간 1988).

Rosenblatt, L. M. (1994). *The reader, the text & the poem: the transactional theory of the literary work*. ILL : Southern ILLinois University Press.

Shulevitz, U. (1985). *Writing with Pictures; How To Write and Illustrate Children's Books*. New York : Watson-Guptill Publications.

Sipe, L. (2011). Storytime; Young Children's Literary Understanding In the Classroom. 유아교사의 그림책 읽어주기: 유아의 문학적 이해 및 문학교육. 서정숙 옮김. 서울: 창지사(원서출간 2008).

Tadashi, M. (1990). 어린이와 그림책. 이상금 옮김. 서울: 샘터(원서출간 1973).

부모 · 교사 · 자녀가 함께하는

그림책이랑 놀이랑

초판 1쇄 발행 2021년 10월 11일
초판 2쇄 발행 2022년 7월 4일

지 은 이 | 사단법인 색동회
권효순 · 이민옥 · 김경미 · 우나현 · 조명숙
펴 낸 이 | 김기섭
편 집 인 | 이상희
펴 낸 곳 | 창지사 www.changjisa.com
08589 서울시 금천구 가산디지털 1로 83 파트너스타워 1차 9층
전화 (02)719-2211~3
팩스 (02)701-9386
등 록 | 1977년 4월 28일 · 제1-421호

ISBN 978-89-426-1473-8 (93370)

값 21,000원